亚太地区
股市联动性研究

An Empirical Analysis of Co-movement for
Asian-Pacific Stock Markets

李海峰◎著

中国财经出版传媒集团
经济科学出版社
Economic Science Press

图书在版编目（CIP）数据

亚太地区股市联动性研究/李海峰著 . —北京：
经济科学出版社，2017. 12
ISBN 978 – 7 –5141 – 8877 – 6

Ⅰ. ①亚… Ⅱ. ①李… Ⅲ. ①股票市场 – 研究 –
亚太地区 Ⅳ. ①F833. 05

中国版本图书馆 CIP 数据核字（2017）第 322019 号

责任编辑：于海汛 李 林
责任校对：刘 昕
责任印制：潘泽新

亚太地区股市联动性研究

李海峰 著

经济科学出版社出版、发行 新华书店经销
社址：北京市海淀区阜成路甲 28 号 邮编：100142
总编部电话：010 – 88191217 发行部电话：010 – 88191522
网址：www. esp. com. cn
电子邮件：esp@ esp. com. cn
天猫网店：经济科学出版社旗舰店
网址：http：//jjkxcbs. tmall. com
北京财经印刷厂印装
710 × 1000 16 开 14.5 印张 240000 字
2017 年 12 月第 1 版 2017 年 12 月第 1 次印刷
ISBN 978 – 7 – 5141 – 8877 – 6 定价：39. 00 元
（图书出现印装问题，本社负责调换。电话：010 – 88191510）
（版权所有 侵权必究 举报电话：010 – 88191586
电子邮箱：dbts@ esp. com. cn）

前　言

　　当今世界是金融全球化高速发展的时代，金融全球化加强了各国资本市场之间的联系，国际资本流动跨境活跃。随着各国（地区）金融自由化改革步伐的加快，股票市场自由化程度的提高，各国（地区）股市之间的联动性在不断增强，各国（地区）股票市场的价格走势往往会相互影响。2007 年由美国次贷危机引发的全球金融危机是继 1929 年大萧条之后世界所发生的最严重的一次危机，这次金融危机使许多国家（地区）金融系统遭受重创，金融危机导致股票市场规模迅速下滑，GDP 增长放缓，经济发展低迷。全球金融危机的发生不仅影响一国（地区）股票市场的收益，而且也会对一国（地区）股票市场的波动产生影响。同时，随着金融全球化趋势的增强，各国股市间的联动程度也在不断加深，金融危机的发生势必会给各国（地区）股票市场间联动性造成影响，影响着股市间在收益和波动上的传播过程，本书的研究正是在这样的背景下确立的。本书主要研究的是亚太 22 个国家（地区）股票市场的联动性是否由于金融危机的发生而变化，以及变化程度如何。

　　本书的研究分为理论和实证两个方面，在理论上，分别从资本流动和贸易流动两个方面对亚太股市联动性产生的路径进行分析，旨在为亚太股市联动性的变化提供理论支撑。在实证方面分别采用 Granger 因果检验、Johansen 协整检验、脉冲响应和方差分解以及 VAR（3）- GARCH（1，1）- BEKK 模型对亚太股市间的联动性进行分析。全书的主要研究内容如下。

　　（1）Granger 因果检验。通过该检验来分析金融危机前后亚太股市间的因果联系（双向、单向）是否发生改变，一国（地区）股市收益的变化是否会受到别国（地区）股市收益的影响。

　　（2）Johansen 协整检验。该方法试图分析金融危机的发生是否使亚太股市间的长期均衡状态发生变化，为了确保协整分析的准确性，我们分别采用下列三个模型进行迹检验和最大特征根检验：亚太股指收益率序列不包含确定趋势，协整方程含有截距项；收益率序列含线性确定性趋势，协整方程仅含有截距项；收益率序列含有二次确定性趋势、协整方程有截距和线性确定性趋势。

（3）脉冲响应和方差分解。随着金融全球化趋势的加深，亚太股市间的联动强度也会不断深化，一国（地区）股市的波动除了受到自身的影响之外，还会更多地受到其他国家（地区）股市波动的影响（取决于股票市场的自由化程度）。通过脉冲响应和方差分解则能够很好地描述这种影响。

（4）溢出效应。文中将溢出效应分为收益均值溢出效应和波动溢出效应进行分析，是前面关于股市联动性的进一步研究。Granger 因果检验只能说明股市间是否存在双向因果联系和单向因果联系，但不能说明一国（地区）股市收益对别国（地区）股市收益的影响程度，只是说明一种状况，而不能进行微观解读。收益均值溢出效应则能够从微观角度对各股市间在收益上的影响程度进行深入分析，通过分析，能够更清晰地发现亚太股市间在收益上的溢出程度。通过波动溢出效应则能发现亚太股市彼此间是否存在单向和双向波动溢出效应，以及该效应的影响程度。

本书通过上面介绍的计量方法对亚太地区股市间联动性在危机前后的变化情况进行分析，得出的主要结论如下。

（1）通过对亚太各国（地区）股市间的相关程度分析后发现，从整体来看，无论是收益间的相关性，还是波动间的相关性，都由于金融危机的发生而提高。

（2）Granger 因果检验表明，金融危机的发生使得亚太股市间的影响关系发生明显变化，打破了危机之前各股市之间关系的原有格局，同时，每个国家（地区）对其他国家（地区）的影响范围也发生了很大程度的变化。美国在全球经济、金融中所具有的特殊地位，无论是在危机前，还是在危机后，其股票市场的变化都对其他各国（地区）股票市场有着显著的影响。

（3）方差分解表明，金融危机前后期不同国家（地区）股市波动对其他国家（地区）股市波动的贡献度各有不同，危机后，有的贡献度增加，有的贡献度减少。有两个国家股票市场比较例外，一个是中国沪深股票市场、另一个是斯里兰卡股票市场。中国和斯里兰卡无论是在危机前还是在危机后，股市波动绝大部分来自于自身冲击的影响，受到外部的干扰较少。脉冲响应也从不同程度反映了危机前后各国（地区）股市冲击对其他各国（地区）股市产生的影响，总体来看，危机后，一国（地区）股市对他国（地区）股市所造成的冲击幅度和持续期要强于危机前。

（4）采用 VAR（3）- GARCH（1，1）- BEKK 模型对亚太各国（地区）股市间的收益均值溢出效应和波动溢出效应进行危机前后的比较研究。研究结果表明，金融危机的发生使亚太股市间联动的格局发生明显的变化。从收益均值溢出效应分析结果来看，危机前后亚太股市间相互影响的国家在数量上发生明显变化，危机前，一国（地区）股市收益受到多个国家（地区）股市收益变动的影响，但危机后，这一国（地区）受到其他国家（地区）股市收益变动影响的国家（地区）数量减少；有的国家（地区）则发生完全相反的情况，危机前其受到影响的国家（地区）数量少，但危机后，数量却明显增多。同时，金融危机的发生，使得亚太股市彼此间在收益上的双向溢出效应明显增加，VAR（3）模型详细地说明了危机前后亚太各国（地区）在均值溢出效应方面的影响程度。GARCH（1，1）- BEKK 模型则详细分析了亚太股市间的波动溢出效应情况，分析发现，危机前后，亚太股市间的单向和双向波动溢出效应明显不同。受金融危机的影响，危机后，亚太股市间的波动溢出效应无论是在单向溢出效应还是在双向溢出效应上都明显增加。

在本书的分析中，较为特殊的是美国和斯里兰卡。由于美国在全球经济、金融中所具有的特殊地位，无论是在危机前，还是在危机后，其股票市场的变化都对其他各国（地区）股票市场有着显著的影响。同时还发现，斯里兰卡股票市场与各国（地区）股票市场之间存在严重分割性，股票市场的国际化程度极低，股票市场几乎处于完全自我的发展状态。

本书在研究角度、研究方法、数据材料和实证结论等方面具有一定的创新性。

在研究视角上，本书以全球金融危机的爆发为切入点，站在国际投资者的视角上对亚太 22 个国家（地区）股市联动性状况进行深入分析，全面、细致地探讨危机前后亚太股市彼此间的影响和依赖程度，为投资者根据自己的偏好合理配置资产投资组合，分散风险，最大化收益提供科学依据。

在研究方法上，本书采取 Granger 因果检验、Johansen 协整检验、脉冲响应、方差分解和 VAR（3）- GARCH（1，1）- BEKK 模型相结合的方法对亚太 22 个国家（地区）股市联动性进行分析，弥补之前学者只使用其中某些计量方法分析的缺陷，使得对问题的分析更加透彻。

在研究数据上，与国内学者研究股票市场国际联动性所使用的股票市场指数相比，本书以摩根士丹利国际资本公司（MSCI）编制的跟踪各国或地区股票表现的日指数作为分析 22 个国家（地区）股票市场联动性的初始数据。该指数统一以美元计价，不仅有代表意义、便于比较，而且避免了处理数据的误差。而且该指数所具有的客观性、公正性、实用性、参考性等特点更确定了它的独特优势。

在实证结论上，本书统一采用以美元表示的 MSCI 指数对亚太股市间的联动性进行实证研究，实证研究结果表明，危机前后亚太股市间的影响格局发生了明显的改变。一些国家（地区）股票市场在危机前存在着不同程度的联系，但危机后，原有的联系消失，重新建立新的联系。收益均值溢出效应和波动溢出效应危机前后变化明显。

综上所述，本书是在对之前学者研究的基础上，采用新的数据，运用多种国际流行的计量方法，对亚太 22 个国家（地区）股市间的联动性进行深入的研究，得出一些有意义的结果。对于市场投资者而言，当各国（地区）股市联动性很强时，投资者可以通过一国（地区）股票市场价格指数的走势对其他国家（地区）股票市场的价格指数走势进行判断，从而根据自己的偏好合理配置资产投资组合，分散风险，最大化收益；对于政策制定者和监管层而言，通过股市间的联动性状况分析，加强金融监管，制定有效措施防范金融危机的传染效应进一步扩大，从而保护本国（地区）投资者的利益和维持本国（地区）金融市场的稳定。

目　　录

第 1 章

导　　论

1.1　研究动因及思路

当今世界正处于一个金融全球化高速发展的时代，金融全球化加强了亚太各国（地区）资本市场之间的联动性，国际资本流动跨境比较活跃，而股票市场作为资本市场的代表，近年来飞速发展，使得亚太各国（地区）股市之间的联动性不断增强。其原因在于，以前的投资者倾向于将很大一部分资金投资在本土资本市场，而不管国外资本市场的收益有多高，这就是所谓的本土偏好（Home Bias）。这种偏差被认为是和国外资本市场联动所遇到的困难的结果，并且严重阻碍了亚太地区股票市场国际一体化进程的步伐。但现在随着亚太各国（地区）资本市场投资环境的改善、资本管制的放松，投资者本土偏好发生改变，纷纷跨境将资金投资到国外资本市场（股票市场），随着国外投资者在本国投资的增加，导致了本国特定投资者情绪在本国股票市场上的作用削弱；同时，经济金融全球化为企业跨国销售和多样化融资提供可能，而且各国的企业更多地受到国际商业周期的影响，从而导致亚太各国股票市场的联动性逐渐增加。

2007 年由美国次贷危机引发的全球金融危机是继 1929 年大萧条之后世界所发生的最严重的一次危机。这次金融危机给亚太地区各国（地区）经济造成严重的影响，导致股票市场交易规模迅速下滑，GDP 增长放缓。同时，由于亚太地区乃至全球经济金融一体化程度不断增强，各国（地区）股市的联动性也在不断增强，因此，金融危机所引发的金融动荡会迅速地通过美国股票市场传染到其他与美国经济、金融相联系的国家（地区）的股票市场，引起股票市场价格走势出现巨大的变化。同时，金融动荡的多米诺骨牌效应又加剧了除美国之外其他亚太国家（地区）股票市场之间的联系，打破了原有的格局，从而形成"自促成"式的传染路径。同时又以逆反馈效应的形式对美国股票市场产生影响。亚太股市间原有的联动性也会由于金融危机的爆发而发生变动。

基于以上考虑，本研究的目的主要是从实证上考察：（1）亚太股市间的联动性是否由于金融危机的发生而改变？主要体现在，各国（地区）股市收益彼此影响的关系和程度是否发生变化？一国（地区）股市受到冲击后对其他各国（地区）的动态影响程度如何？以及一国（地区）股市受到冲击后对其他各国（地区）股市变动的贡献度如何？（2）金融危机的发生是否使得亚太各股市间的均值溢出效应和波动溢出效应发生改变？是否在危机前一国（地区）股市变动对其他股市依赖程度弱（强），而在危机后依赖程度强（弱）？这些问题都是本书需要详加分析的。

根据上述研究目的，本书的研究思路如下：首先对亚太股票市场联动性传导路径进行分析，为本书的实证研究提供理论依据。其次采用国际上比较流行的计量经济研究方法对金融危机前后亚太股市联动性的变化情况进行比较分析，以便弄清金融危机对亚太股市联动性格局所带来的影响。最后对亚太股市联动性的分析情况进行总结。

本书研究的意义在于：第一，对市场投资者而言，当各国（地区）股市联动性很强时，投资者可以通过一国（地区）股票市场价格指数的走势准确地对其他国家（地区）股票市场的价格指数走势进行判断，从而根据自己的偏好合理配置资产投资组合，分散风险，最大化收益；第二，对政策制定者和监管层而言，通过股市间的联动性状况分析，加强金融监管，制定有效措施防范金融危机的传染效应进一步扩大，从而保护本国（地区）投资者的利益和维持本国（地区）金融市场的稳定。

1.2　对研究主题的说明

本书主要研究的是金融危机前后亚太地区股市间的联动性问题，这里有两个概念需要加以说明，一个是联动性，另一个是溢出效应。从字面上来看，这两个概念似乎彼此间没有联系，但我们所讲的股市间的联动性强弱恰恰是通过溢出效应加以反映的。各国（地区）股市之间正是通过溢出效应来反映彼此之间的联系。如果一国（地区）股市所产生的溢出效应对其他股市影响较明显的话，那么就可以认为其他股市与该国（地区）股市的联动性较强。如果将联动性作为股市间联系强弱的结果来看的话，那么，股市间的溢出效应则是这种联动性产生的原因，或者说是推动力。溢出效应是对股市间联动性的微观解读。由于在本书的研究中，我们除了详细分析亚太各国（地区）股市间的溢出效应外，还将通过 Granger 因果检验、方差分解和脉冲响应等计量方法对股市间的彼此联系进行整体上的分析，因此，确定了本书的研究题目——亚太地区股市联动性实证研究。

1.3　本书主要内容与结构

全书共 7 章，主要章节内容安排如下。

第 1 章是导论，主要说明本书写作的动因、思路、研究方法及主要贡献等。

第 2 章是文献综述，分别从国外和国内两个角度对现有文献进行述评，之后是一个总的评价，反映本书研究的起点。

第 3 章分别从国际资本流动和国际贸易流动两个视角对亚太股市联动的传导路径进行分析，为后文的实证分析提供理论支撑。

第 4 章是亚太股市联动性的计量方法分析，分别对 ARCH 和 GARCH 模型，VAR 模型的稳定性特征、稳定性条件，Granger 因果检验的含义、方法和滞后阶数的确定以及对脉冲响应和方差分解的原理和方法进行了阐述和分析。同时对 Johansen 协整检验中的特征根迹检验、最大特征值检验和协整方程形式进行了详细的分析，以便为后文的实证分析提供技术支持。

第 5 章是全书核心内容之一，主要研究的是亚太股市的联动性问题，分别运用 Granger 因果检验、Johansen 协整检验、脉冲响应和方差分解等计量方法对亚太 22 个国家（地区）股市联动性在危机前后的变动情况进行对比分析，以便说明全球金融危机的爆发对亚太股市间联动性的影响程度。

第 6 章也是全书核心内容之一，是在第 5 章研究的基础上采用 VAR(3) – GARCH(1，1) – BEKK 模型从溢出效应（收益均值溢出效应和波动溢出效应）视角进一步深入分析亚太股市间的联动性情况。

第 7 章是本书的主要结论和进一步研究的方向。

图 1-1 是分析框架示意图,简明地展示了本书的逻辑演进过程。

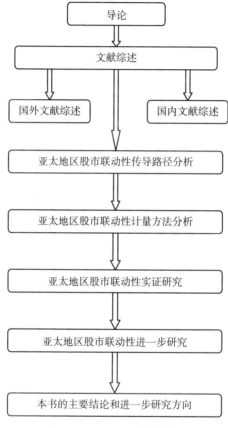

图 1-1　本书分析框架示意

1.4　研究方法与主要贡献

本书运用国际上比较流行的 VAR(n) - GARCH(1 , 1) - BEKK 模型、Johansen 协整检验、Granger 因果检验、脉冲响应和方差分解等计量经济学研究方法对亚太 22 个国家（地区）股票市场在全球金融危机爆发前后的联动性进行实证研究。

本书的创新之处主要体现在以下几个方面。

第一，样本数据选取。与国内学者研究股票市场国际联动性所使用的股票市场指数相比，本书以摩根士丹利国际资本公司（MSCI）编制的跟踪各国或地区股票表现的日指数作为分析 22 个国家（地区）股票市场联动性的初始数据。该指数统一以美元计价，不仅有代表意义、便于比较，而且避免了处理数据的误差。

第二，样本国家（地区）选取。本书首次对亚太 22 个国家（地区）股票市场在金融危机爆发前后的联动性进行实证研究，可以使我们全面了解金融危机对亚太股票市场所带来的影响。

第三，选择了新视角。与国内相关研究相比，本书以全球金融危机的爆发为切入点对亚太股市的联动性进行深入研究，详细分析 22 个国家（地区）股票市场彼此间的影响和依赖程度，为投资者根据自己的偏好合理配置资产投资组合，分散风险，最大化投资收益提供科学依据。

第四，实证结论。本书统一采用以美元表示的 MSCI 指数对亚太股市间的联动性进行实证研究，实证研究结果表明，危机前后亚太股市间的影响格局发生了明显的改变。一些国家（地区）股票市场在危机前存在着不同程度的联系，但危机后，原有的联系消失，重新建立新的联系。收益均值溢出效应和波动溢出效应危机前后变化明显。

第 2 章

文 献 综 述

2.1　国外相关文献综述

国外学者对国际股票市场之间的联动性进行了大量的研究，其研究成果主要为，哈马等（Hamao et al.，1990）[1] 运用 EGARCH 模型对纽约、东京和伦敦股票市场间的收益和波动溢出效应进行研究。大部分研究结果表明，美国股票市场收益和波动对其他发达国家和新兴国家股票市场具有明显的溢出效应，卡洛伊（Karolyi，1995）[2] 采用多变量 GARCH 模型发现多伦多和纽约股票市场的收益和波动存在多期的联动性。

约翰（K. C. John Wei et al.，1995）[3] 研究了从发达的股票市场（纽约、东京、伦敦）到新兴股票市场（中国香港、中国台湾）的股票收益短期波动和价格变化的溢出效应。同时分析了股票市场的开放程度在多大程度上会影响股票收益和波动的溢出。结果表明，东京股票市场对中国台湾和中国香港股票市场的影响要小于纽约股票市场对中国台湾和中国香港股票市场的影响；尽管中国台湾股市没有中国香港股市开放，但是，中国台湾股票市场比中国香港股票市场对发达国家股票市场的价格和波动具有

---

①　Hamao Y.，Masulis, Ronald W.，Ng V.　"Correlations in price changes and volatility across international stock markets". *Review of Financial Studies*. 1990（3）：281 – 307.

②　Karolyi G. Andrew，Rene M. Stulz.　"Why markets move together? An investigation of US, Japan stock return comovements using ADRS". *The Review of Financial Studies*. 1995（3）：5 – 33.

③　K. C. John Wei，Yu Jane Liu，Chau Chen Yang，Guey Shiang Chaung.　"Volatility and price change spillover effects across the developed and emerging markets". *Pacific Basic Finance Journal*. 1995（3）：113 – 136.

更强的敏感性。

罗伯特·霍等（Robert C. W. Fok et al., 1997）[1] 对美国、日本、中国香港、中国台湾的股票市场指数和中国深市、沪市股票市场指数波动的因果关系和波动的溢出效应进行研究。发现日本股票市场的波动对美国股票市场产生影响，而中国香港股市和美国股市间存在反馈影响。当美国股市收益发生波动时，香港、台湾、上海、深圳四地股市收益会同时发生波动。同时，研究还发现，地理上的邻近和经济上的联系不一定就能引起各股市间较强的波动。

拉姆钱德和苏斯梅尔（Latha Ramchand and Raul Susmel, 1998）[2] 运用 SWARCH 模型对美国股票市场与国外股票市场在相关性和时变方差间的关系展开研究。研究发现，方差会随着时间和状态变化而变化，市场间的协方差结构也会随着时间的推移而发生变化。在美国股市方差比较高的时期，国外股票市场与美国股票市场的相关性比较高，此时多样化投资组合的收益会降低。同时，运用 SWARCH 模型构造均值—方差最优投资组合来反映协方差结构的时间和状态变化属性。研究发现，与双变量 GARCH 模型相比，运用 SWARCH 模型进行投资组合会导致较高的夏普比率。

郑津吉（Jin Gil Jeong, 1999）[3] 运用高频数据（5 分钟）研究了 3 个国际股票市场（美国、英国、加拿大）在重叠交易时间内当日股市波动的跨境传播模式。研究发现：（1）以在重叠交易时间内 3 个国际股票市场时变条件方差作为研究的对象，发现来自这三个市场的信息不均衡，而且具有集群性；（2）在重叠交易时间内，国内股票市场的条件方差不仅受自身市场波动（国内信息）的影响，同时也受到国外市场波动（国外信息）的影响，意味着，股票市场的突然波动会传播给其他跨境市场；（3）随着滞后长度的增加，波动溢出效应并不会同步降低，意味着来自国外的波动冲击对国内股票市场条件方差的影响具有持久性；（4）股票市场波动的传播机制并不是单向的，比如，仅从美国传播到国外股票市场。这说明国际

① John Wei – Shan Hu, Mei – Yuan Chen, Robert C. W. Fok, Bwo – Nung Huang. "Causality in volatility and volatility spillover effects between US, Japan and four equity markets in the South China Growth Triangular". *Journal of International Financial Markets*, *Institutions and Money*. 1997 （7）：351 – 367.

② Latha Ramchand, Raul Susmel. "Volatility and cross correlation across major stock markets". *Journal of Empirical Finance*. 1998 （5）：397 – 416.

③ Jin Gil Jeong. "Cross – border transmission of stock price volatility：evidence from the overlapping trading hours". *Global Finance Journal*. 1999 （1）：53 – 70.

股票市场之间存在很强的依赖性。任何市场所产生的信息对其他跨境股票市场来说都是非常重要的，不管股票市场资本化程度如何。

纳吉（Ng，2000）[1] 对收益和波动溢出效应从美国和日本股票市场传播到环太平洋地区其他股票市场的程度进行研究。通过构造波动溢出模型来分析是否区域性（日本）或者全球性（美国）市场因素对环太平洋地区股票市场收益波动产生重要影响，以及是何种力量将波动效应传染给其他地区。研究发现，区域性和全球性因素是引起环太平洋地区股票市场波动的重要因素，全球性因素的影响要强。而且，美国股票市场的波动会迅速地传播到其他股票市场。

卡奈（Colm Kearney，2000）[2] 以英国、法国、德国、日本和美国在1973～1994 年股票市场指数月末数据和商业周期数据（利率、汇率、通货膨胀率和工业生产值）为样本对股票市场的波动如何在各国之间传播进行了研究。研究发现，美国股票市场或者日本股票市场的波动是引起全球股票市场波动的原因，进而引起欧洲股票市场的波动。通货膨胀波动的变化与股票市场的波动显著正相关，在某种程度上，通货膨胀的波动对股票市场波动程度存在显著的反向影响。这意味着，低通货膨胀与高的股票市场波动相联系。

弗兰西斯（Francis In，2001）[3] 运用 VAR – EGARCH 模型对 1997～1998 年金融危机期间亚洲股票市场间波动性的传播进行研究，发现中国香港和韩国股票市场之间存在双向的波动溢出效应，韩国和泰国股市间存在单向的波动传播，即韩国股市会将波动效应传播给泰国，引起泰国股市的波动。研究还发现，中国香港股市在对其他股票市场波动的传播过程中起到重要作用。股票市场一体化会对来自本地区股票市场的信息或者来自其他股票市场的信息做出反应，特别是"坏消息"，反应会更明显。

何琳（Ling T. He，2001）[4] 运用月度数据和 FLS 估计方法对美国股票市场和长期利率对中国香港股市和韩国股市的影响展开分析。研究表明，

① Ng, A. "Volatility spillover effects from Japan and the US to the Pacific – Basin". *Journal of International Money and Finance*. 2000（9）：207－233.

② Colm Kearney. "The determination and international transmission of stock market volatility". *Global Finance Journal*. 2000（11）：31－52.

③ Francis In, Sangbae Kim, Jai Hyung Yoon, Christopher Viney. "Dynamic interdependence and volatility transmission of Asian stock markets evidence from the Asian crisis". *International Review of Financial Analysis*. 2001（10）：87－96.

④ Ling T. He. "Time variation paths of international transmission of stock volatility：US vs. Hong Kong and South Korea". *Global Finance Journal*. 2000（12）：79－93.

在某些时期，美国股市和长期利率同时对中国香港股票市场有显著影响，但在其他时期则不具有显著的影响。韩国股票市场对美国股市和长期利率的变动不敏感，出现此现象与韩国经济开放度低有关。但随着开放度的增加，韩国国外负债和债务的国际传播增加，韩国股市对美国股市的变化愈发敏感。国际资本市场间联系的动态属性表明，了解国际资本市场相互联系的时间变动路径轨迹的一个有效方法就是探究国际资本市场间股票价格联动的传播机制。国际资本市场间联系的连续时间变动路径的信息不仅对追求有效地多样化投资的管理者是重要的，而且对国际经济和金融政策的制定也同样重要。

江河与乌苏（Jang and Sul，2002）[1] 对亚洲股票市场在亚洲金融危机发生前、发生时、发生后的联动性进行研究后发现，在金融危机期间亚洲股市间的联动性增强。约翰逊（Johnson，2002）[2] 对 12 个亚洲股票市场与日本股票市场的一体化程度进行估计，发现澳大利亚、中国内地、中国香港、马来西亚、新加坡和新西兰等的股票市场与日本股票市场呈高度一体化。宫越（Miyakoshi，2002）[3] 采用双变量 EGARCH 模型分析从美国、日本股票市场到其他 7 个亚洲股票市场的收益和波动的溢出规模进行分析，分析发现亚洲股票市场间存在明显的区域一体化趋势。

辰吉（Tatsuyoshi，2003）[4] 以美国和日本为样本分析了其股票市场收益波动的溢出效应对其他亚洲股票市场的影响。研究发现，美国股票市场的波动对亚洲股票市场的收益产生影响，而日本股票市场的波动不具有此影响；亚洲股票市场的波动更多地受日本股票市场的影响；亚洲股票市场的波动对日本股票市场具有反向的影响。

芭勒（Bala，2004）[5] 对新加坡与中国香港、日本、美国和英国股票市场波动溢出性进行研究发现，新加坡股票市场与中国香港、美国、日本和英国的股票市场间的波动存在着高度的联动性。

---

① Jang, H., Sul, W. "The Asian financial crisis and the comovement of Asian stock markets". *Journal of Asian Economics*. 2002（13）：94 – 104.

② Johnson, R., Soenen, L. "Asian econonmic integration and stock market comovement". *Journal of Financial Research*. 2002（25）：141 – 157.

③ Premaratne, Miyakoshi, T. "Spillover of stock return volatility to Asian equity markets from Japan and the US". *Journal of international Financial Markets*, *Institutions and Money*. 2002（13）：383 – 399.

④ Tatsuyoshi, Miyakoshi. "Spillovers of stock return volatility to Asian equity markets from Japan and the US". *International Financial Markets*, *Institutions and Money*. 2003（13）：383 – 399.

⑤ Bala, L., Premaratne, G. "Stock market volatility examining North America, Europe and Asia". *Far Eastern Meeting of the Econometric Society*. 2004.

易卜拉欣和蔓遂（Ibrahim and Mansor H，2006）[①] 运用1998 年 1 月至2003 年 12 月期间的月度股票指数对印度尼西亚、菲律宾、新加坡、泰国、马来西亚等亚洲股市的国际联动性非对称响应进行分析。采用 VAR 模型研究当美国和日本股票市场收益指数处于上升趋势和下降趋势时，这些国家的股票市场是否会发生不同的反应。研究表明：（1）相对于股票市场指数的国际依赖性而言，美国股市比日本股市更能对这些国家股市产生影响；（2）美国股市处于下降趋势时对亚洲股市指数具有显著的影响，然而，当美国和日本股市指数处于上升趋势时却对亚洲股市指数影响不显著；（3）基于脉冲响应函数的响应模式进一步证实了亚洲股票市场在受到美国股市的正向和负向冲击时的非对称响应；（4）仅在亚洲危机爆发之前，亚洲股市非对称响应程度比较明显，亚洲股市在国际金融危机爆发时脆弱性明显。

陆云澍（Chuang，2007）[②] 采用 VAR – BEKK 模型对东亚 6 个股票市场间波动溢出性进行研究。研究表明，东亚股票市场波动间的依存度很高。此外，还发现日本股票市场在东亚股票市场中起着重要的作用，日本市场的革新有助于对其他地区的股票市场的方差进行预测。同时发现，与收益均值溢出效应相比，股票市场间的波动冲击更具有持久性，更易对其他股票市场产生影响。

王新建（Jianxin Wang，2007）[③] 研究表明，印度和泰国的股票市场波动与国外投资者股票交易之间具有较强的同步正相关。尽管国外投资者出售股票只占日股票交易的很小部分，但对两国股票市场的波动却具有非常高的解释力。并且，在印度，国内外投资者群体内交易通常与股票市场的波动呈负相关。同时，对国外投资者交易行为所产生的不同影响进行了经济解释，首先运用股票市场杠杆效应，即股市下跌比股市上升更能引起股市的波动。国外投资者出售股票比购买股票更能引起两国股票市场的波动。研究还发现，股票市场的不确定性在经济萧条期比经济扩张期更明显。

---

① Ibrahim, Mansor H. "International linkage of ASEAN stock prices: An analysis of response asymmetries". *Applied Econometrics and International Development*. 2006（3）：191 – 202.

② Chuang, Y., Lu, J., Tswei, K. "Interdependence of international equity variances: Evidence from East Asian markets". *Emerging Markets Review*. 2007（8）：311 – 327.

③ Jianxin Wang. "Foreign equity trading and emerging market volatility: Evidence from Indonesia and Thailand". *Journal of Development Economics*. 2007（4）：798 – 811.

万曼苏马哈茂德（Wan Mansor Mahmood，2007）[①] 以亚太地区 6 个股票市场（马来西亚、韩国、泰国、中国香港、日本、澳大利亚）为例，研究在 1993 年 1 月至 2002 年 12 月期间的月股票市场价格指数与经济变量（汇率、消费价格指数、工业生产指数）之间的动态相关性。集中分析这些变量之间的长期均衡和在短期内多变量之间的因果关系。研究结果表明，在长期，股票价格指数与各变量间存在均衡关系；短期内，只有四个地区（日本、韩国、中国香港、澳大利亚）变量间存在因果关系。除了中国香港和泰国外，其他四个国家股票价格指数和变量间存在短期的相关性，中国香港仅汇率和股票价格指数间存在显著相关性，泰国仅产出和股价指数间存在显著相关性。

戴曼迪斯（Panayiotis F. Diamandis，2008）[②] 对拉丁美洲四国（阿根廷、巴西、智利、墨西哥）与美国在 1988 年 1 月至 2006 年 7 月股票市场之间的动态相关性展开研究。动态条件相关模型（DCC）估计表明，在 1997～1998 年拉美和俄罗斯金融危机期间，拉丁美洲国家股票市场与发达国家股票市场之间存在短期相互依赖。但经过初期干扰后，股市最终又恢复到初始状态。同时发现，1990～2000 年早期，拉丁美洲国家股票市场存在波动转换状态（Volatility Switch Regimes），SWARCH – L 模型估计表明，拉美四个股票市场存在高度波动性，尤其是在金融危机事件发生期波动性更明显，但是，高波动状态持续期很短。

里约翰（Lee，2009）[③] 采用双变量 GARCH 模型分析亚洲 6 个国家股票市场的波动溢出效应，研究发现 6 个国家股票市场间在统计上具有显著的波动溢出效应。安亚柳（Liu，1997）[④] 对美国、日本和 4 个其他亚洲股票市场的均值和波动溢出效应进行研究发现，在对 4 个其他亚洲股票市场收益率和波动性的传导上，美国股市要强于日本股市。翁沙旺（Wongswan，

① Wan Mansor Mahmood, Nazihah Mohd Dinniah. "Stock Returns and Macroeconomic Influences: Evidence from the Six Asian – Pacific Countries". *Working Paper. http://papers. ssrn. com/sol3/papers. cfm? abstract_id* = 995108. 2007.

② Panayiotis F. Diamandis. "Financial liberalization and changes in the dynamic behavior of emerging market volatility: Evidence from four Latin American equity markets". *Research in International Business and Finance*. 2008（22）: 362 – 377.

③ Lee, J. S. "Volatility spillover effects among six Asian countries". *Applied Economic Letters*. 2009（16）: 501 – 508.

④ Liu, Y. A., Pan. 1997. "Mean and volatility spillover effects in the US and Pacific – Basin stock markets". *Multinational Finance Journal*. 1997（1）: 47 – 62.

2006)[1] 对从美国、日本股票市场到韩国、泰国股票市场信息传播进行分析，发现发达股票市场和新兴股票市场之间的波动性在短期内具有显著的联系。

林品宽（Kuan Pin Lin，2009）[2] 对中国与世界股票市场间的波动性以及相关性进行了研究。所研究的样本期间为中国股市开始到 2006 年 12 月整 15 年的样本期。运用 DCC 模型从动态视角分析上证 A 股、深圳 A 股、上证 B 股、深圳 B 股的指数的波动性与世界主要股票市场指数波动之间的方差、协方差和相关性。由于中国 A 股允许国内投资者投资，而 B 股允许国外投资者投资，研究发现，在过去的 10 年，A 股的波动性下降，而且研究并没有发现 A 股市场与世界股票市场之间存在非对称性的波动性。相反，由于金融全球化趋势的不断加强，各国间的关联性不断加深。但研究发现，中国 A 股指数与世界股票市场指数之间不存在相关性，B 股市场指数与西方国家股票市场之间有较低程度的相关性，与亚洲国家和地区股票市场的相关性要高。

尼克洛瓦等（Biljana Nikolova et al.，2009）[3] 运用 EGARCH 模型对"金砖四国"（巴西、俄罗斯、印度和中国）在 1995 年 1 月至 2006 年 10 月间的股票市场收益、波动和彼此间的动态相关性展开分析。研究结果表明，在"金砖四国"中，印度的区域和世界金融一体化程度最高，其次分别是巴西、俄罗斯、中国。印度与亚太地区间的条件波动性呈负相关，其原因在于南亚危机对印度影响较弱。由于中国金融体系相对封闭，没有表现出区域金融一体化的特征，其波动性仅与世界金融市场相关，这为投资者进行多样化投资提供了可能。动态相关性（DCC）分析表明，随着"金砖四国"市场自由化提高和主权风险的升级增强了区域与世界条件相关性水平。亚洲危机对俄罗斯和印度与它们各自区域条件相关的波动水平产生显著影响，对巴西和中国与世界之间的条件相关波动产生明显影响。同时还发现，政治动荡和军事行动对区域和世界的条件相关性影响是负面的。

① Wongswan, J. "Transmission of information across international equity markets". *Review of Financial Studies*. 2006 (19): 1157 – 1189.

② Kuanpin Lin, Albert J. Menkveld, Zhishu Yang. "Chinese and world equity market: Areview of the volatility and correction in the first fifteen years". *China Economic Review*. 2009 (20): 29 – 45.

③ Ramaprasad Bhar, Biljana Nikolova, "Return, Volatility spillovers and dynamic correlation in the BRIC equity market: An analysis using a bivariate EGARCH framework". *Global Finance Journal*. 2009 (19): 203 – 218.

穆克吉和米什拉（Kedar nath Mukherjee and Ram Kumar Mishra, 2010）[1] 对印度和其他 12 个亚洲国家在 1997 年 11 月至 2008 年 8 月份之间股票市场一体化与波动溢出效应进行实证研究。研究发现：（1）除了不同程度的相关性外，印度与大部分亚洲国家股票市场之间存在双向同期盘中溢出效应；（2）从其他国外股票市场到印度股票市场的盘中收益波动同期溢出效应较强；（3）与同期波动溢出不同，信息的传播滞后一天，而印度与主要亚洲国家股票市场间的动态盘中溢出效应不明显；（4）中国香港、韩国、新加坡和泰国股票市场明显流入到印度；（5）印度股票市场的波动对巴基斯坦和斯里兰卡股票市场具有很强的影响。

耶尔马兹（Kamil Yilmaz, 2010）[2] 采用滚动窗口方法研究发现，亚洲 10 个股票市场在 1992 ~ 2009 年，在金融危机发生期间和未发生金融危机期间，股市收益和波动的溢出效应明显不同。收益溢出指数表明亚洲股票市场的一体化程度不断加深，而当主要金融市场发生危机时（包括亚洲金融危机）波动溢出指数则表现出明显的振荡。在全球金融危机发生期间，收益和波动的溢出指数都达到了各自的峰值。

约翰·贝尔尼（John Beirne, 2010）[3] 采用三元 VAR – GARCH – M 模型，以亚洲、欧洲、拉丁美洲和中东的 41 个新兴股票市场为对象，对本地区股票市场的全球性（成熟股票市场）和区域性溢出状况进行研究，试图以收益均值溢出、波动率和交叉股票市场间的 GARCH – M 效应来了解溢出的传播渠道。研究发现在大部分新兴股票市场国家（地区）确实存在着全球性和区域性溢出效应。亚洲和拉丁美洲新兴国家（地区）股票市场存在着收益均值溢出效应，而欧洲国家新兴股票市场中方差的溢出效应居主导地位。同时还发现，在亚洲股票市场，全球性溢出处于主导地位，而在拉丁美洲和中东，区域性溢出处于主导地位。

哈立德·阿米拉（Khaled Amira, 2011）[4] 以美国、加拿大、英国和

① Kedar nath Mukherjee, Ram Kumar Mishra. "Stock market integration and volatility spillover: India and its major Asian counterparts". *Research in International Business and Finance*. 2010 (24): 235 – 251.

② Kamil Yilmaz. "Return and volatility spillovers among the Asian equity markets". *Journal of Asian Economics*. 2010 (21): 304 – 313.

③ John Beirne, Guglielmo Maria Caporale, Marianne Schulze – Ghattas, Nicola Spagnolo. "Global and regional spillovers in emerging stock markets: A multivariate GARCH in mena analysis". *Emerging Markets Review*. 2010 (11): 250 – 260.

④ Khaled Amira, Abderrahim Taamouti, Georges Tsafack. "What drives international equity correlations? Volatility or market direction?". *Journal of International Money and Finance*. 2011 (30): 1234 – 1263.

法国的股票市场指数为样本，运用脉冲响应函数研究在国际股票市场中股票收益与波动之间相关性的影响因素。研究表明，如果不考虑股票市场收益，仅考虑波动对相关性产生影响，发现这种影响具有不对称性。然而，一旦考虑了股票收益，这种波动所产生的影响就会消失，说明波动性与相关性之间是相互联系的，却不是互为因果关系。相关性的增强是由股票的过去收益和市场方向所推动的，而不是波动性所影响的。

周翔怡（Xiangyi Zhou，2012）[①] 运用 GMM 方法对中国证券市场与世界证券市场在 1996 年 2 月至 2009 年 12 月之间波动的溢出效应进行研究，研究发现，次贷危机发生后美国股票市场产生很大的波动，在这种"坏消息"的影响下，世界其他各国股市也发生了明显的波动。而这种波动又通过反馈效应传播到了美国股票市场。自 2005 年以来，中国股票市场的波动对世界其他股票市场也有了显著的影响。但研究表明，上海股票、深圳股票、香港股票、台湾股票之间股票市场波动的相互影响比中国与欧洲、其他亚洲国家（地区）股票市场之间的影响更明显。2007 年 2~7 月中国股票市场的波动溢出效应深深地影响了其他股票市场。但是由于对外资流入的限制使得次贷危机发生后中国沪深股市没有显示出明显的波动性。

图尔汗·科尔克马兹（Turhan Korkmaz，2012）[②] 对哥伦比亚、印度尼西亚、越南、埃及、土耳其和南非五个国家股票收益的联动性和波动的溢出效应进行研究，结果表明，溢出效应的影响具有同步性，但溢出性很低。然而，这五国股票市场有时却显示出高度的联动性。因果关系结构进一步显示区域内和区域间股票收益和波动溢出效应存在着相互依赖性。

2.2 国内有关文献综述

虽然国内学者对股票市场国际联动性的研究要晚于国外，但最近几年关于这方面的研究不断增加，在此仅列出一些在这方面比较典型的研究成果。

陈守东、韩广哲、荆伟（2003）[③] 采用协整分析和 ECM 对中国沪深

① Xiangyi Zhou, Weijin Zhang, JieZhang. "Volatility spillovers between the Chinese and world equity markets". *Pacific - Basin Finance Journal*. 2012（20）：247 - 270.

② Turhan Korkmaz, Emran I. Cevik, Erdal Atukeren. "Return and Volatility spillovers among CIVETS stock markets". *Emerging Markets Review*. 2012（13）：230 - 252.

③ 陈守东，韩广哲，荆伟. 主要股票市场指数与我国股票市场指数间的协整分析 [J]. 数量经济技术经济研究. 2003（5）：124 - 129.

股市和美国、日本、英国、中国香港股票市场在 1992 年 11 月 20 日至 2002 年 7 月 12 日间的相关性进行分析，发现中国沪深股市与国际股票市场间不存在协整关系，中国沪深股市分割现象明显。

莫扬（2004）[①] 采用广义误差分布假定的 ARMA – EGARCH – M 模型，对纽约（道琼斯指数）、伦敦（伦敦金融时报 100 指数）、东京（日经 225 指数）和上海（上证综合指数）四个股市收益率在 1997 年 7 月 1 日至 2003 年 9 月 8 日间的分布特征和各股市波动性存在差异的原因和影响进行分析。研究发现，沪市对信息冲击的吸收能力较差，当受到新信息冲击后，股市收益率表现出强烈的波动聚集性。东京股市收益率在受到新信息冲击时波动性不是很强烈。纽约和伦敦股市收益率的波动要弱于沪市，强于东京股市。

金雪军（2007）[②] 研究了中国 A 股、B 股市场与美国股市在 1994 ~ 2006 年间的联动性情况。研究表明，存在着美国股市到中国 B 股市场的单向的波动溢出效应，B 股市场对来自美国股市的冲击比 A 股反应更敏感。同时认为溢出效应是中国 A 股市场与美国股市产生联动性的原因，而传染效应是中国 B 股市场与美股产生联动性的原因。

李晓广、张岩贵（2008）[③] 对 2006 年 7 月至 2008 年 3 月期间美国、日本、英国、中国香港和中国沪深股票市场的联动性动态变化进行研究。研究表明，次贷危机发生后，中国股票市场与世界股票市场的联动性增强，尤其是与伦敦和中国香港股票市场的联动性不断提高。

龚朴、黄荣兵（2009）[④] 以次贷危机为背景用时变 t-copula 模型对中美股票市场在 2005 年 1 月 1 日至 2008 年 10 月 31 日之间的联动性进行研究，试图发现，次贷危机的发生是否导致中美股市的联动性发生变化，以及次贷危机对中国内地股市的影响程度如何。研究表明，美国次贷危机的发生确实引起中国内地股市发生振荡，但次贷危机对内地股市冲击有限，波动呈阶段性变化，同时研究还发现，在内地股市波动阶段香港股市起到传导性作用，也即是，次贷危机的传染效应首先传播到香港股市，再由香

---

① 莫扬. 股票市场波动性的国际比较研究 [J]. 数量经济技术经济研究 . 2004（10）：49 – 56.

② 金雪军. 中国股市和美国股市之间联动性研究 [D]. 浙江大学博士学位论文 . 2007.

③ 李晓广，张岩贵. 我国股票市场与国际市场的联动性研究——对次贷危机时期样本的分析 [J]. 国际金融研究 . 2008（11）：75 – 80.

④ 龚朴，黄荣兵. 次贷危机对中国股市影响的实证分析——基于中美股市的联动性分析 [J]. 管理评论 . 2009（2）：21 – 32.

港股市传播到内地股市。

王志芬、张雪玲（2009）[①] 也以美国次贷危机为背景运用协整方法和格兰杰检验对 2006 年 1 月 4 日至 2009 年 2 月 27 日中美股市（沪深 300 指数、香港恒生指数、标普 500 指数）的联动性进行分析。分析表明，次贷危机前，三大股指之间存在长期均衡关系，且美国股市在一定程度上引起内地股市和香港股市的波动；次贷危机后的一段时间内，中美股市的联动性降低，不存在长期均衡关系，沪深股市则充当了美国股市的先行指标。

胡秋灵、刘伟（2009）[②] 以金融危机为背景，从股票收益率视角，运用 VAR 模型、格兰杰因果关系检验、脉冲响应和方差分解方法对中国内地股市（沪市）、香港股市（恒生指数）和美股股市（道琼斯工业指数）在 2007 年 8 月 1 日至 2008 年 12 月 31 日的联动性进行分析。结果表明，在全球金融危机发生期间，中国沪深股市与美国股市间的联动性增强，中国股市更易受美国股市的影响。中国香港股市与内地股市的联动性减弱。

西村友作（2009）[③] 采用 EGARCH 模型和 CCF 检验法对中美股市在 2000 年 1 月 4 日至 2007 年 12 月 31 日间的联动性进行研究。EGARCH 模型分析表明，中美股市间的联动性具有持续性和非对称性特点，而 CCF 检验法发现美国股票市场对中国股票市场存在着单向的波动溢出效应。

谢麟（2009）[④] 运用多维 GARCH – BEKK（1, 1）模型，以上证 A 股和 MSCI 全球指数为研究对象，分析在 2002 年 6 月 3 日至 2008 年 5 月 31 日间中国股市与国际股市间的动态一体化程度。研究发现随着中国金融自由化程度的不断提高，中国沪深股市与国际股票市场的一体化程度加深，联动性逐渐加强。

李艺娜（2009）[⑤] 对东盟五国（印度尼西亚、马来西亚、菲律宾、新加坡、泰国）在 1994 年 12 月至 2009 年 1 月间股票市场的一体化程度进

① 王志芬，张雪玲. 次贷危机对中美股市联动性的影响分析 [J]. 经济评论，2009（9）：33 – 35.

② 胡秋灵，刘伟. 金融危机背景下中港美股市联动性分析——基于收益率的实证研究 [J]. 科学·经济·社会. 2009（4）：39 – 44.

③ 西村友作. 中美两国股票市场联动性研究——基于 CCF 检验法的新证据. 经济评论 [J]. 2009（2）：43 – 49.

④ 谢麟. A 股市场与国际市场的动态一体化程度研究——基于多维 GARCH – BEKK（1, 1）的实证分析 [D]. 厦门大学硕士学位论文. 2009.

⑤ 李艺娜. 东盟五国股票市场一体化研究 [D]. 厦门大学硕士学位论文. 2009.

行研究。通过协整检验、格兰杰因果检验、VAR 模型、VEC 模型和脉冲响应分析后发现，在整个时期五国股票市场之间不存在长期均衡关系，但考虑亚洲金融危机的影响后发现股票市场间存在协整关系，各国股市间并不是完全分割的，从而认为亚洲金融危机是东盟五国股票市场一体化出现的转折点。

吴英杰（2010）[①] 采用 VECM、基于 DAG 的 VAR 模型、脉冲响应和方差分解方法对美国、英国、日本、法国、中国香港和中国内地间股市在 2003 年 3 月至 2008 年 12 月间的联动性进行分析。研究发现，金融危机期间 6 个主要股票市场的联动性加强，但中国沪深股市的独立性依旧很强，美国股票市场的波动对其他股票市场产生显著影响，波动溢出效应明显。英国和美国股市之间的联动性之前多受两国实体经济竞争的影响，危机发生期间被全球风险导致的共同震动所取代。同时研究表明，危机发生期间，日本股票市场取代香港股票市场成为美国股市向亚洲股市波动传播的平台。

徐有俊、王小霞、贾金金（2010）[②] 采用 DCC – GARCH 模型对中国内地股票市场与亚洲新兴市场和美国股票市场在 1997 年 1 月 2 日至 2009 年 3 月 5 日间的联动性进行分析，并与印度股市的国际联动性进行对比分析。研究表明，相比印度股市而言，中国沪深股市的国际联动性程度很低，联动性多受区域因素的影响，受国际因素的影响要小，与亚洲新兴市场的联动性要高于对国际市场的联动性。国际金融危机的发生，使中国沪深股市与国际股市的联动性强度有所增加。

张兵、范致镇、李心丹（2010）[③] 采用多元 GARCH – DCC 模型对在 2001 年 12 月 12 日至 2009 年 1 月 23 日间中美股市长期均衡关系、均值溢出效应和波动溢出效应进行研究。研究表明中美股市之间不存在长期均衡关系，均值溢出效应和波动溢出效应不显著。

潘文荣（2010）[④] 从 QFII 和 QDII 制度两个角度分析在 1998 年 1 月 1 日至 2009 年 10 月 31 日间中国股市的世界联动性状况。研究发现，QFII

① 吴英杰. 全球金融危机背景下的股市联动性变化——基于 DAG 和结构 VECM 的实证分析 [J]. 南方金融. 2010 (4)：64 – 70.
② 徐有俊，王小霞，贾金金. 中国股市与国际股市联动性分析——基于 DCC – GARCH 模型研究 [J]. 经济经纬. 2010 (5)：124 – 128.
③ 张兵，范致镇，李心丹. 中美股票市场的联动性研究 [J]. 经济研究. 2010 (11)：141 – 151.
④ 潘文荣. QFII 及 QDII 制度下中国股市与世界联动性研究 [D]. 江西财经大学博士学位论文. 2010.

制度实施前后中国股市世界联动性明显不同，制度实施前与世界股票市场不存在协整关系，制度实施后则与世界股市间存在"同涨同跌"的长期均衡关系，且中国股票市场逐渐从内生性向外生性转变，转变趋势不断增强，表明与世界股票市场的联动性不断加强。

张朋飞（2010）① 对中国（上证综指）、美国（标准普尔500指数）、中国香港（恒生指数）、日本（日经225指数）和新加坡（海峡时报指数）股票市场的联动效应进行分析。协整分析表明四个股票指数之间不存在长期均衡关系，外部冲击对美国股市的影响很小，日本股市对来自美国股市的冲击反应较敏感，美国和日本股市冲击对中国香港和新加坡股市有很大影响，中国沪深股市主要受中国香港股市的影响。中国沪深股市和中国香港股市间存在着双向波动溢出效应，美国和日本股市则对中国股市有着单向波动溢出效应，新加坡和中国股市间不存在波动溢出效应。

方建武、安宁（2010）② 采用VAR模型、脉冲响应和方差分解方法对中美股市在2007年8月1日至2009年3月27日间的联动性进行分析。研究发现，在金融危机期间，美国股市对中国股市产生单方向的影响，且具有一定的持续性，并且两个股市不存在长期均衡关系。

陈潇、杨恩（2011）③ 运用GARCH模型对中美股市在2001年1月1日至2010年12月31日间的杠杆效应和波动溢出效应进行研究。结果表明，美国股票市场的杠杆效应要强于中国沪市和深市，沪市和深市间存在双向的波动溢出效应，中美股市之间不存在波动溢出效应。

杨飞虎、熊家财（2011）④ 以全球金融危机为背景运用VAR - MGARCH - BEKK模型对中国沪市、中国香港股市、美国股市和日本股市在2005年4月29日至2010年8月31日期间的波动情况进行分析。分析表明，危机前，中国香港和沪深股市之间存在着双向的波动溢出效应，美国股市和日本股市则通过中国香港股市对中国沪深股市产生影响；危机后，中国香港和沪深股市间只存在着单向的波动溢出，即中国香港股市对沪深股市具有波动溢出效应，同时美国、日本和中国香港间股市的联动性

① 张朋飞. 上海股票市场与世界主要股票市场及汇率的联动效应研究 [D]. 东北财经大学硕士学位论文. 2010.
② 方建武，安宁. 中美股市的联动性分析及预测 [J]. 经济问题探索. 2010 (4)：80 - 86.
③ 陈潇，杨恩. 中美股市杠杆效应与波动溢出效应——基于GARCH模型的实证分析 [J]. 财经科学. 2011 (4)：17 - 24.
④ 杨飞虎，熊家财. 国际金融危机背景下国内外股市波动溢出效应的实证研究 [J]. 当代财经. 2011 (8)：42 - 51.

增强，并通过中国香港股市对内地股市波动产生影响。

饶卫、闵宗陶（2011）[①] 利用 ARJI 跳跃扩散模型对美国、日本、中国香港和内地在 2004 年 6 月 30 日至 2010 年 6 月 30 日期间的四个股票市场联动性展开分析。研究发现，四个股票市场指数收益率存在着异常信息所造成的瞬间跳跃行为，而且跳跃频率随着时间变化。四个股票市场之间的波动相关性在金融危机发生后增强，同时，脉冲响应函数表明，新加坡股票市场波动的独立性较强，中国内地股票市场波动的独立性居次。

沈钦华、谈儒勇、赵雷（2011）[②] 运用协整检验、误差修正模型、格兰杰因果检验、VAR 模型对中国内地、中国香港和美国三个股市在 2007 年 2 月 1 日至 2008 年 12 月 31 日间联动性进行分析。研究表明，美国股市的波动对中国内地股市产生强烈的而影响，具有明显的波动溢出效应，而中国香港股市波动对内地的影响较弱，并且美国股市和中国香港股市对中国内地股市的波动溢出呈单向运动。

李红权、洪永淼、汪寿阳（2011）[③] 从信息溢出视角对美国（标准普尔指数）、中国香港（恒生指数）和中国内地（沪深 300 指数）股市在 2005 年 7 月 26 日至 2009 年 7 月 7 日间的联动性进行研究，以揭示在次贷危机前后三个股市间联动结构的变化和信息传递的变化。研究结果表明，美国股票市场对中国沪深股市和香港股市具有较强的信息溢出效应，发现美国次贷金融危机对中国香港股市和沪深股市具有传染效应。研究还表明，中国沪深股市不但是"独立市"，能够对美股、港股外围市场信息迅速作出反应，同时，沪深股市的波动也对外围股市产生影响。

吴刘杰、乔桂明（2011）[④] 采用 VAR 模型对金融危机后期美中国内地和中国香港股市在 2008 年 9 月 10 日至 2010 年 10 月 7 日间的联动性进行研究。研究发现由于金融危机的传染效应，使得三个股票市场间存在联动性。中国香港股市对内地股市的影响力减弱，中国沪深股市对美国股市

①　饶卫，闵宗陶. 金融危机对股市间波动的联动性影响 [J]. 财经问题研究. 2011（12）：60 - 66.
②　沈钦华，谈儒勇，赵雷. 金融危机期间各国股市联动性分析 [J]. 学海. 2011（4）：87 - 93.
③　李红权，洪永淼，汪寿阳. 我国 A 股市场与美股、港股的互动关系研究——基于信息溢出视角 [J]. 经济研究. 2011（8）：15 - 37.
④　吴刘杰，乔桂明. 后危机时代美国、中国香港和中国大陆股市的联动性研究——基于美国金融危机时期的数据验证 [J]. 金融理论与实践. 2011（4）：49 - 52.

和中国香港股市具有引导关系。

程梵（2011）[1] 对美国和"金砖四国"（中国、巴西、俄罗斯、印度）在 2007 年 8 月 8 日至 2011 年 8 月 7 日间的股市联动情况展开分析。研究发现，"金砖四国"与美国股市间存在着长期均衡关系，美国与巴西之间的股市联动性最强。

赵倩倩（2011）[2] 从股票收益率和波动率两方面对中美股市在 1998 年 1 月 6 日至 2010 年 12 月 31 日间的联动性进行研究。通过 VAR 模型、格兰杰因果检验、脉冲响应和方差分解方法分阶段研究后发现，全球金融危机爆发后，中美股市间收益率的联动性不断增强，存在着从美国股市到中国股市的单向均值溢出效应和波动溢出效应，同时存在着从中国股市到美国股市的同期内的信息传递效应。

傅传锐（2012）[3] 采用频带分解法对中美股市 2001 年 12 月 12 日至 2011 年 6 月 30 日间的联动性进行分析。发现双方股市存在着双向的格兰杰因果关系，从联动作用机制来看，中国沪深股票市场和美国股票市场在联动性上存在着"经济基础效应"和"市场传染效应"。

2.3 总体评价

从国内外已有的研究成果来看，在不同国家（地区）间股价指数波动的相互影响和股价溢出效应上国外的研究要比我国国内学者的研究深入许多，这可能与在研究中获取数据的难易程度有关，国外学者能够从更宽阔的视角对股票市场的联动性进行研究，得到了一些对投资者来说比较有价值的信息。相比而言，国内学者的相关研究大多数对中国内地、中国香港、美国、日本，或者"金砖四国"股票市场间的联动性进行研究，少数学者在分析时也将欧洲一些发达国家包含在内，对亚太地区股市间的联动性和溢出效应进行全面分析的研究视野相对狭窄。就所阅读的研究成果来看，直到目前国内学者还没有对亚太地区股票市场间的联动性和溢出效应进行全面详细的分析。随着经济、金融全球化趋势不断加强，亚太各国

① 程梵. 美国和"金砖四国"股市联动性研究 [D]. 东华大学硕士学位论文. 2011.
② 赵倩倩. 中美股市联动性实证研究 [D]. 首都经济贸易大学硕士学位论文. 2011.
③ 傅传锐. 中美股票市场周期波动的联动性研究——基于频带分解的新证据 [J]. 福州大学学报（哲学社会科学版）. 2012（2）: 36－44.

（地区）之间在经济、金融方面的依赖性不断增强，彼此间在资本市场上的联系越发密切，股票市场之间相互关联程度不断增强，从国际投资者的角度来了解亚太股市间的相关联程度究竟如何就显得尤为重要。基于此，才有了本书对亚太地区股市联动性的研究。

第 3 章

亚太股市联动性传导路径分析

3.1 资本流动路径的股市联动传导

随着金融全球化趋势的不断加强，资本跨境投资的障碍逐渐放松，以及国际投资环境的不断改善后，国际资本的跨境流动规模迅速增加，同时也为国际投资者在国际市场上进行投资组合，最大化投资收益提供可能。超大规模的国际资本在各国（地区）金融市场不断进出，对各国（地区）的金融市场产生重要的影响。然而金融危机的爆发给各国（地区）金融体系造成严重打击。金融危机对一国（地区）金融体系所造成的动荡将会通过国际金融渠道直接危及到其他国家金融市场的稳定。国际资本本身所具有的逐利性特征，使得当金融危机爆发，各国（地区）金融投资环境发生恶化后，国际资本会从一国（地区）迅速撤出流入到其他国家（地区），对其他国家（地区）金融环境产生恶性影响。当在一国（地区）的股票市场进行投资或投机活动的国际资本由于金融危机的爆发而频繁大规模进入和撤出时，就会对该国（地区）股票市场的流动性和波动性产生重大的影响，从而对各国（地区）股票市场之间的联动性产生影响。

通过国际资本渠道对股市联动性的影响原因在于，一国（地区）股票市场价格的变动会受国外资金流入与流出的影响，国外资金流动性变化直接影响的是向国外投资资金的供给量。如果一国（地区）的资本市场越开放，金融自由化程度越高，本国（地区）股票价格受到国外投资者的影响就越大。在国际投资者所处的国家（地区）中，如果此国家（地区）由于金融危机的发生，经济基本面或政策发生变化时，那么国际投资者就会对此国家（地区）的资金投资组合进行调整，增加或者减少资金在此国家（地区）的投资比例，这种改变会直接影响本国（地区）股市上资金供给量，资金供给量的变化直接会影响本国（地区）股市的波动。美国金融危机以多米诺骨牌效应迅速地在全球各国（地区）特别是在亚太地区传播，各国（地区）金融环境不断恶化。金融危机的直接反应就体现在美国股市发生大幅下跌时，全球股市也纷纷下跌，股市流动性在短时间内大规模消失，各国（地区）股市受到严重打击。其中一个主要原因就是金融危机使得大型的金融机构减少在国外投资的数额，投资头寸的减少会直接影响其他国家（地区）股市的波动，影响着各国（地区）间股票市场的联动性。

为了深入地分析受金融危机的影响，国际资本在各国（地区）资本市场流入和撤出，进行投资组合的行为，此处将从风险投资组合理论上加以详细说明。

3.1.1 国际资本渠道传导机制模型解释

1. 假设条件

假设一个代表性投资者自有资本数量为 E，投资组合的价值为 V。存在一种无风险资产和两种风险资产，无风险资产的预期收益率为 r_0，两种风险资产的预期收益率为 r_1 和 r_2，显然 $r_1 > 0$，$r_2 > 0$，波动率为 σ_1 和 σ_2，相关系数为 ρ。投资者可以在无风险资产和风险资产之间进行资产分配，y 表示由两种风险资产组成的风险资产组合 p 的份额，$1 - y$ 表示无风险资产份额。同时，在风险资产组合中，第一种风险资产的份额为 w，第二种风险资产的份额为 $1 - w$。

2. 推导过程

根据假设条件，可以得到风险资产组合 p 的预期收益率为：

$$r_p = wr_1 + (1 - w)r_2$$

风险资产组合 p 的标准差为：

$$\sigma_p = \left[w^2 \sigma_1^2 + (1 - w)^2 \sigma_2^2 + 2w(1 - w)\rho\sigma_1\sigma_2 \right]^{1/2}$$

为了实现最优风险资产组合，即风险既定下预期收益最大。预期收益既定下风险最小，需要调整风险资产的权重使资产配置线的斜率 s_p 最大，即：

$$\max_w s_p = \frac{r_p - r_0}{\sigma_p}$$

则风险资产组合 p 中两种风险资产份额分别为：

$$w = \frac{(r_1 - r_0)\sigma_2^2 - (r_2 - r_0)\rho\sigma_1\sigma_2}{(r_1 - r_0)\sigma_2^2 + (r_2 - r_0)\sigma_1^2 - (r_1 - r_0 + r_2 - r_0)\rho\sigma_1\sigma_2}$$

$$1 - w = \frac{(r_2 - r_0)\sigma_1^2 - (r_1 - r_0)\rho\sigma_1\sigma_2}{(r_1 - r_0)\sigma_2^2 + (r_2 - r_0)\sigma_1^2 - (r_1 - r_0 + r_2 - r_0)\rho\sigma_1\sigma_2}$$

此处，我们假定对两种风险资产的需求为正，则存在两种情况：

第一种情况：$(r_1 - r_0)\sigma_2^2 - (r_2 - r_0)\rho\sigma_1\sigma_2 > 0$，

且 $(r_2 - r_0)\sigma_1^2 - (r_1 - r_0)\rho\sigma_1\sigma_2 > 0$；

第二种情况：$(r_1 - r_0)\sigma_2^2 - (r_2 - r_0)\rho\sigma_1\sigma_2 < 0$，

且 $(r_2 - r_0)\sigma_1^2 - (r_1 - r_0)\rho\sigma_1\sigma_2 < 0$。

在第二种情况下，意味着，$\dfrac{r_1 - r_0}{\sigma_1} < \rho \dfrac{r_2 - r_0}{\sigma_2}$，且 $\dfrac{r_2 - r_0}{\sigma_2} < \rho \dfrac{r_1 - r_0}{\sigma_1}$，

即，$\dfrac{r_1 - r_0}{\sigma_1} < \rho^2 \dfrac{r_1 - r_0}{\sigma_1}$。

由于相关系数需要满足 $-1 \leqslant \rho \leqslant 1$，所以第二种情况不成立，因此，只考虑第一种情况。

投资者不仅在风险资产组合中分配不同风险资产的份额，也要选择无风险资产和风险资产组合在其投资组合 c 中的份额。

投资组合 c 的预期收益率 r_c 为：$r_c = (1 - y)r_0 + yr_p$

投资组合 c 的方差为：$\sigma_c^2 = y^2\sigma_p^2$

投资者对其资产在无风险资产和风险资产组合中的分配受到效用函数的约束，令 U 表示投资组合效用，A 表示风险厌恶系数，A 越大表示风险厌恶越强。

假设 $U = r_c - \dfrac{1}{2}A\sigma_c^2$，为了选择最优的投资组合，必须满足投资者效用 U 的最大化，即：

$$\max_y U = (1 - y)r_0 + yr_p - \frac{1}{2}Ay^2\sigma_p^2$$

令一阶导数为 0。则：

$$y^* = \frac{r_p - r_0}{A\sigma_p^2}$$

所以，无风险资产的投资份额 $y_0 = 1 - \dfrac{r_p - r_0}{A\sigma_p^2}$

风险资产 1 的投资份额：

$$y_1^* = wy^* = \frac{(r_1 - r_0)\sigma_2^2 - (r_2 - r_0)\rho\sigma_1\sigma_2}{(r_1 - r_0)\sigma_2^2 + (r_2 - r_0)\sigma_1^2 - (r_1 - r_0 + r_2 - r_0)\rho\sigma_1\sigma_2}y^*$$

风险资产 2 的投资份额：

$$y_2^* = (1 - w)y^* = \frac{(r_2 - r_0)\sigma_1^2 - (r_1 - r_0)\rho\sigma_1\sigma_2 < 0}{(r_1 - r_0)\sigma_2^2 + (r_2 - r_0)\sigma_1^2 - (r_1 - r_0 + r_2 - r_0)\rho\sigma_1\sigma_2}y^*$$

3.1.2　模型分析

根据上述模型，我们分析风险厌恶程度、无风险利率、风险资产预期收益率等因素对国际资本流动的影响。一方面，当投资者投资总额发生变化，即使投资份额不变，也会导致不同市场投资数量发生变化，进而引起国际资本流动；另一方面，在投资者投资总额不变的条件下，投资份额变化也会导致资产投资数量的变动，进而引起国际资本流动。

1. 风险厌恶程度变动的影响

A 是投资者风险厌恶程度。当金融危机发生时，不确定性大大增加，投资者的风险厌恶程度加强。

$$\frac{\mathrm{d}y_o}{\mathrm{d}A} = \frac{r_p - r_0}{A\sigma_p^2} > 0$$

所以，A 增加，y_o 将增加。在其他条件不变的情况下，投资者风险厌恶程度的增加导致投资者对无风险资产投资份额增加，对风险投资组合的投资份额下降。由于 A 只出现在投资者的效用函数中，所以 A 的变化不会影响风险资产组合中两种资产的份额，但是，由于风险投资组合的投资份额下降，所以，两种风险资产的投资数量将会减少。

2. 无风险利率变动的影响

由于 $\frac{\mathrm{d}y_o}{\mathrm{d}r_0} = \frac{1}{A\sigma_p^2} > 0$，即无风险利率的投资份额对无风险利率的一阶导数为正，所以当无风险利率 r_0 上升时，无风险资产的投资份额会上升；当无风险利率 r_0 下降时，无风险资产的投资份额会下降。

3. 风险资产预期收益率变动的影响

此处，我们仅分析风险资产 1 预期收益率变动的影响。假设风险资产

1 原来的预期收益率为 r_1，变动后为 λr_1，且 $\lambda > 0$。若 $0 < \lambda < 1$，则表示风险资产 1 的预期收益率下降；若 $\lambda > 1$，则表示风险资产 1 的预期收益率上升。

当风险资产 1 的预期收益率变动后，风险资产组合中风险资产 1 的份额为：

$$w' = \frac{(\lambda r_1 - r_0)\sigma_2^2 - (r_2 - r_0)\rho\sigma_1\sigma_2 < 0}{(\lambda r_1 - r_0)\sigma_2^2 + (r_2 - r_0)\sigma_1^2 - (\lambda r_1 - r_0 + r_2 - r_0)\rho\sigma_1\sigma_2}$$

$$w' - w \frac{(\lambda r_1 - r_0)\sigma_2^2 - (r_2 - r_0)\rho\sigma_1\sigma_2 < 0}{(\lambda r_1 - r_0)\sigma_2^2 + (r_2 - r_0)\sigma_1^2 - (\lambda r_1 - r_0 + r_2 - r_0)\rho\sigma_1\sigma_2}$$

$$- \frac{(r_2 - r_0)\sigma_1^2 - (r_1 - r_0)\rho\sigma_1\sigma_2 < 0}{(r_1 - r_0)\sigma_2^2 + (r_2 - r_0)\sigma_1^2 - (r_1 - r_0 + r_2 - r_0)\rho\sigma_1\sigma_2}$$

$$= \frac{(1 - \rho^2)(r_2 - r_0)(\lambda - 1)r_1\sigma_1^2\sigma_2^2}{[(\lambda r_1 - r_0)\sigma_2^2 + (r_2 - r_0)\sigma_1^2 - (\lambda r_1 - r_0 + r_2 - r_0)\rho\sigma_1\sigma_2]}$$

$$[(r_1 - r_0)\sigma_2^2 + (r_2 - r_0)\sigma_1^2 - (r_1 - r_0 + r_2 - r_0)\rho\sigma_1\sigma_2]$$

由于上市的分母为正值，所以考虑分子的情况。

$\because -1 < \rho < 1, \therefore 1 - \rho^2 > 0$

又 $\because r_2 > r_0, \therefore r_2 - r_0 > 0$

又 $\because r_1 > r_0 > 0, \therefore \sigma_1^2 > 0, \sigma_2^2 > 0$

$\therefore (1 - \rho^2)(r_2 - r_0)r_1\sigma_1^2\sigma_2^2 > 0$

$\therefore$ 当 $0 < \lambda < 1$ 时，$\lambda - 1 < 0, (1 - \rho^2)(r_2 - r_0)(\lambda - 1)r_1\sigma_1^2\sigma_2^2 < 0$

当 $\lambda > 1$ 时，$\lambda - 1 > 0, (1 - \rho^2)(r_2 - r_0)(\lambda - 1)r_1\sigma_1^2\sigma_2^2 > 0$，即当风险资产 1 的预期收益率下降时，风险资产 1 的风险资产组合中的投资份额下降；当风险资产 1 的预期收益率上升时，风险资产 1 的风险资产组合中的投资份额上升。值得注意的是，风险资产预期收益率的真实变动和虚假变动都会导致投资组合份额的改变，形成了信息不完全条件下的资产配置和资产流动。

4. 风险资产波动率变动的影响

仅考虑风险资产 1 波动率增加的影响。假设风险资产 1 原来的波动率为 σ_1，变动后的波动率为 $\lambda\sigma_1$，且 $\lambda > 1$，则风险资产组合中风险资产 1 的投资份额为：

$$w' = \frac{(r_1 - r_0)\sigma_2^2 - (r_2 - r_0)\lambda\rho\sigma_1\sigma_2}{(r_1 - r_0)\sigma_2^2 + (r_2 - r_0)\lambda^2\sigma_1^2 - (r_1 - r_0 + r_2 - r_0)\lambda\rho\sigma_1\sigma_2}$$

$$w' - w \frac{(r_1 - r_0)\sigma_2^2 - (r_2 - r_0)\lambda\rho\sigma_1\sigma_2}{(\lambda r_1 - r_0)\sigma_2^2 + (r_2 - r_0)\lambda^2\sigma_1^2 - (r_1 - r_0 + r_2 - r_0)\lambda\rho\sigma_1\sigma_2}$$

$$- \frac{(r_2 - r_0)\sigma_1^2 - (r_1 - r_0)\rho\sigma_1\sigma_2}{(r_1 - r_0)\sigma_2^2 + (r_2 - r_0)\sigma_1^2 - (r_1 - r_0 + r_2 - r_0)\rho\sigma_1\sigma_2} < 0$$

$$\frac{(\lambda - 1)\sigma_1\sigma_2\{(r_1 - r_0)\sigma_2[(r_1 - r_0)\rho\sigma_2 - (r_2 - r_0)\sigma_1] + \lambda(r_2 - r_0)\sigma_1[(r_2 - r_0)\rho\sigma_1 - (r_1 - r_0)\sigma_2]\}}{[(r_1 - r_0)\sigma_2^2 + (r_2 - r_0)\lambda^2\sigma_1^2 - (r_1 - r_0 + r_2 - r_0)\lambda\rho\sigma_1\sigma_2]}$$

$$[(r_1 - r_0)\sigma_2^2 + (r_2 - r_0)\sigma_1^2 - (r_1 - r_0 + r_2 - r_0)\rho\sigma_1\sigma_2]$$

由于上式分母为正值，考虑分子的情况。

$\because \lambda > 1$, $\therefore \lambda - 1 > 0$

同时 $\sigma_1 > 0$, $\sigma_2 > 0$, $\therefore (\lambda - 1)\sigma_1\sigma_2 > 0$

又 $\because r_1 > r_0$, $r_2 > r_0$, $\therefore (r_1 - r_0)\sigma_2 > 0$, $\lambda(r_2 - r_0)\sigma_1 > 0$

又 $\because (r_1 - r_0)\sigma_2^2 - (r_2 - r_0)\rho\sigma_1\sigma_2 > 0$, 且 $(r_2 - r_0)\sigma_1^2 - (r_1 - r_0)\rho\sigma_1\sigma_2 > 0$

$\therefore (r_2 - r_0)\rho\sigma_1 - (r_1 - r_0)\sigma_2 < 0$, 且 $(r_1 - r_0)\rho\sigma_2 - (r_1 - r_0)\sigma_1 < 0$

$\therefore (r_1 - r_0)\sigma_2[(r_1 - r_0)\rho\sigma_2 - (r_2 - r_0)\sigma_1] + \lambda(r_2 - r_0)\sigma_1[(r_2 - r_0)\rho\sigma_1 - (r_1 - r_0)\sigma_2] < 0$

$\therefore$ 上式分子小于 0

所以，风险资产 1 波动率上升导致投资组合中风险资产 1 投资份额的下降。

此外，如果两种风险资产的相关系数大于 0，即一种风险资产波动率上升，另一种风险资产的波动率也会相应上升时，那么，风险资产组合的份额 y^* 会下降，无风险资产的份额 y_0 将上升。

当国际投资者在面临资本约束的条件下，如果金融危机给国际投资者造成损失，需要利用自有资金进行弥补，那么就会导致自有资本的下降。为了保证大于既定的最小比例要求，国际投资者将会按照最优资产组合确定的份额缩减所有资产的数量。在其他条件不变下，这意味着所有资产的投资数量减少，造成所投资本从原有的国家（地区）金融市场流出，在各国（地区）股票市场上的资金也会迅速撤出，转投到其他国家（地区）金融市场。总之，风险厌恶程度、无风险利率、资产收益率和波动率等因素变动都会对国际投资者的国际投资份额产生影响。如果国际投资者在国际市场中选择不同国家（地区）的金融资产，那么上述因素的变动会导致国际资本在不同国家（地区）金融市场变动，股票市场上的资金也会迅速流入和撤出，加剧一国（地区）股票市场的不稳定。正是由于金融危机的发生使得国际资本流动更容易受到市场预期以及信心变化的影响，再加上科技进步使得大规模跨境交易更加方便和快捷，同时，大量国际风险投资基金、投资银行等杠杆交易者的国际投资行为越发活跃，这些都造成了不同国家（地区）金融市场的内在不稳定，更容易受到外来的冲击，使得一个国家的金融危机迅速地蔓延到周边国家（地区）乃至全球。而股票市场作为国际投资者进行投机行为的理想热土，大规模的资金进入或撤出，严重地影响了该国（地区）股市的稳定。

前文的分析同样适合各国（地区）的本国（地区）投资者。当金融危机发生后，面临着国内投资环境的恶化，股票市场的波动，投资者为了减少投资损失，会再次进行投资组合，将资金更多地从股票市场撤出，转投到其他金融市场，寻找更好的投资替代品，以弥补损失。羊群效应的出现，使得投资者纷纷从股票市场撤出资金，股市流动性迅速下降，进一步加剧了本国（地区）股票市场的波动。

3.2 贸易流动路径的股市联动传导

随着经济全球化趋势的进一步加深，各国（地区）在彼此经济发展中的相互依赖性比以往任何历史时期都要强，国际贸易在各国（地区）经济发展中起到重要的作用。它不仅影响着本国（地区）经济的变化而且也影响着与本国（地区）有联系的其他国家（地区）的经济。主要体现在，当本国（地区）或世界经济在低迷时，人们对商品的需求就会减少，对国外产品的需求下降，影响着国外经济的发展。所以说国际贸易的存在一方面影响了本国（地区）的经济；另一方面也会影响国外的经济。此次全球金融危机的爆发，虽然一开始对金融市场打击严重，但这种影响迅速地扩散到实体经济，引发了不同程度的经济危机，对各国（地区）经济发展打击严重，经济发展低迷。表现最为明显的则体现在进出口上，进出口规模迅速下滑，国际贸易规模迅速下滑。亚太地区此次受到金融危机的影响就十分明显，受此影响，亚太各国（地区）经济发展长时间低迷，直到现在各国家（地区）还没有走出危机的阴霾。我们知道一国（地区）的进口必然是其他国家（地区）的出口，一国（地区）的出口也必然是其他国家（地区）的进口。如果一国（地区）的总需求能力下降，进口能力必然会降低，那么别国（地区）的出口会相应减少，影响到别国（地区）

经济的发展。经济一体化程度越高，国际贸易程度越高，国家（地区）之间在相关经济变量变动的同步性趋势也越强，因此，宏观经济基本面冲击造成的传染程度也会越深。相反，经济一体化程度较弱的国家（地区）对危机的免疫力越强。股票市场作为一国（地区）重要的投融资场所，为宏观经济的发展做着重要贡献，股票市场的波动是经济发展变化的最好晴雨表。亚太地区宏观经济发展环境的恶化，国际贸易规模的大幅度降低，这种负面信息会直接体现在各国（地区）股票市场上，各国（地区）股市间的联动程度也会发生变化。

金融危机的发生使得各国（地区）宏观经济环境恶化，国际贸易的低迷又进一步降低了各国（地区）间的经济发展，这种低迷的发展在贸易往来比较频繁的国家（地区）之间相互传染，形成了一种恶性循环，因此，可以看出，危机输入国贸易量的变化是贸易渠道传导的关键因素。接下来我们从贸易渠道的传导机制上加以讨论。

一国（地区）在危机发生后会导致该国（地区）收入的下降，进而对进口产品的需求下降。假设本国（地区）出口外国（地区）进口是由外国（地区）对本国（地区）产品的需求决定的，M^* 是商品的相对价格和国外国内收入水平的函数。同理，本国（地区）进口外国（地区）出口是由本国（地区）对外国（地区）产品的需求决定的，是商品的相对价格和本国国内收入水平的函数。p 表示扣除了价格水平因素后，用本国商品表示的进口外国商品的相对价格，即实际汇率。

$$M^* = M^*(p,\ Y^*),\ \frac{\partial M^*}{\partial p} > 0,\ \frac{\partial M^*}{\partial Y^*} > 0 \qquad (3-1)$$

$$M = M(p,\ Y),\ \frac{\partial M}{\partial p} < 0,\ \frac{\partial M}{\partial Y} > 0 \qquad (3-2)$$

贸易余额是出口额和进口额的差额，由实际利率，外国国民收入与本国国民收入决定，m 为进口边际倾向（$0 < m < 1$）。假定国外国民收入不变的条件下，贸易余额由自发性贸易余额、边际进口倾向和本国国民收入决定。

$$T = M^*(p,\ Y^*) - pM(p,\ Y) = T(q,\ Y^*,\ Y) \qquad (3-3)$$

$$\frac{\mathrm{d}T}{\mathrm{d}Y} = -p\frac{\mathrm{d}M}{\mathrm{d}Y} = -m < 0 \qquad (3-4)$$

本国国民收入的下降导致该国贸易余额的增加，其贸易伙伴国贸易余额的减少。所以，危机发生使得一国（地区）国民收入下降，会通过影响该国（地区）的贸易余额对其贸易伙伴国（地区）产生影响。

　　此外，危机的发生会导致汇率发生变化，影响到贸易伙伴国（地区）间产品的相对价格，从而引起各国（地区）间贸易量发生变化。

　　一般情况下，进口品的本币价值上升会导致本国需求的下降，进口品本币价值的下降导致本国需求的上升。假定汇率变动之前一国（地区）贸易余额为零，利用 η 表示进口需求的价格弹性，则根据式（3-3）可以推导出

$$\frac{\partial T}{\partial p} = \frac{M^*}{p}(\eta^* + \eta - 1) \tag{3-5}$$

　　η^* 表示外国进口价格弹性，即本国的出口价格弹性。在本国和外国的国民收入补办的条件下，本币贬值改善贸易余额的条件为进出口需求的价格弹性之和大于1，该条件即为马歇尔—米勒条件。当考虑本国国民收入的因素后，贬值改善一国贸易余额的条件还要求贬值引起的国民收入增加幅度超过国内吸收的增加幅度（边际吸收倾向小于1）。此外，贬值对贸易余额的影响存在时滞，之后可能使贸易余额在短期内恶化，经过一段时间后改善，即存在"J曲线效应"。

　　当满足上述条件，一国发生金融危机导致本币贬值，进口商品和劳务的价格增加，出口商品和劳务的外币价格下降，危机发生国出口竞争力增强，进而导致其贸易伙伴国出口减少和进口增加。金融危机发生后，几乎所有的亚太地区各国（地区）出口明显下滑，受到国际金融危机冲击的影响非常明显。

　　上述分析国际贸易的传导机制问题，看似与股票市场没有任何关系，但是我们要知道，一国（地区）经济发展高涨或低迷，会通过股票市场的活跃程度来体现出来，国际贸易作为经济发展的主要指标，其对经济发展产生重要影响，会间接影响本国（地区）股票市场的活跃程度。全球经济发展依赖程度空前提升，各国（地区）经济之间的联系可以说很大部分体现在彼此间的贸易往来上。危机的发生，各国（地区）经济的低迷，贸易往来降低，直接会影响到各自经济的发展。因此，经济低迷的负面影响就会直接反映到各国（地区）股票市场中去，从而导致各国（地区）股市的联动性发生变化。

第 4 章

亚太地区股市联动性计量方法分析

  本章主要是对亚太股市联动性实证研究所需要的计量方法进行详细分析。分别对 ARCH 模型、GARCH 模型、VAR 模型的含义、稳定性特征、稳定性条件，以及 Granger 因果关系检验、滞后阶数 p 的确定、脉冲响应、方差分解、Johansen 协整等计量方法进行介绍。

  由于我们研究的是亚太股市联动性问题，采用亚太各国（地区）股票市场指数（MSCI 指数）日收益率作为研究的数据，通过 ARCH 检验可以发现亚太指数收益之间是否存在自相关，也就是各国（地区）股市收益是否会受到前期收益水平的影响，以及收益率序列是否呈现波动集聚性，是否具有明显的 ARCH 效应。在第 5 章亚太股市日指数收益波动的相关性以及第 6 章的波动溢出效应分析上用到了 GARCH 模型的相关原理。在对亚太股市间的收益均值溢出效应进行分析时用到了 VAR 模型，只有在确保 VAR 模型是稳定的前提下才能进一步展开分析，因此，需要采用响应的方法对亚太股市联动性所需要的 VAR 模型进行稳定性检验，并确定最佳的滞后阶数。亚太股市收益之间是否存在着单向、双向或者不存在因果联系，这些都需要用 Granger 因果关系计量方法进行验证。随着金融全球化趋势的加深，亚太股市间的联动强度也会不断深化，一国（地区）股市的波动势必会在不同程度上对其他国家（地区）产生影响，通过脉冲响应和方差分解的计量方法可以解决此类问题。由于本书主要是从国际投资者的视角来分析亚太股票市场的联动性问题，这就不得不对亚太股市间的长期均衡情况进行总体了解，Johansen 协整检验恰好能够分析亚太股市间的这种长期均衡状态，为了确保协整分析的准确定性，我们分别采用亚太股指收益率序列不包含确定趋势，协整方程含有截距项；收益率序列含线性确定性趋势，协整方程仅含有截距项；收益率序列含有二次确定性趋势，协整方程有截距和线性确定性趋势这三种模型进行迹检验和最大特征根检验。以下就是对在第 5 章和第 6 章实证分析中所需要用到的计量方法进行分析。本章中所分析的计量方法主要来自高铁梅主编的《计量经济分析方法与建模——Eviews 应用及实例》。

4.1 ARCH 和 GARCH 模型分析

自回归条件异方差模型（ARCH）最早由恩格尔（Engle，R.，1982）提出，并由伯勒斯莱文（Bollerslev，T. 1986）发展成为 GARCH 模型，即广义自回归条件异方差模型。这些模型广泛应用于经济学的各个领域，尤其是用在金融时间序列当中。

4.1.1 ARCH 模型分析

为了刻画预测误差的条件方差中可能存在的某种相关性，恩格尔（Engle）提出了自回归条件异方差模型。ARCH 模型的主要思想是：扰动项 u_t 的条件方差依赖于它的前期值 u_{t-1} 的大小。ARCH（1）模型就是时刻 t 的 u_t 的条件方差 σ_t^2 依赖于时刻 $t-1$ 的扰动项平方的大小，即依赖于 u_{t-1}^2。

具体地说，考虑 k 变量回归模型：

$$y_t = \gamma_0 + \gamma_1 x_{1t} + \cdots + \gamma_k x_{kt} + u_t \quad (4-1)$$

如果 u_{t-1} 的均值为零时，对 y_t 取基于 $t-1$ 时刻的信息的期望，即 $E_{t-1}(y_t)$，有如下关系：

$$E_{t-1}(y_t) = \gamma_0 + \gamma_1 x_{1t} + \cdots + \gamma_k x_{kt} \quad (4-2)$$

由于 y_t 的条件均值近似等于式（4-1）的估计值，所以式（4-1）也称为均值方程。

在这个模型中，变量 y_t 的条件方差为：

$$\mathrm{var}(y_t/Y_{t-1}) = E_{t-1}(y_t - \gamma_0 - \gamma_1 x_{1t} - \cdots - \gamma_k x_{kt})^2 = E_{t-1}u_t^2 \quad (4-3)$$

式中：$\mathrm{var}(y_t/Y_{t-1})$ 表示基于 $t-1$ 时刻的信息集合 $Y_{t-1} = (y_{t-1}, y_{t-2}, \cdots, y_1)$ 的 y_t 的条件方差，出现这种情况的原因可能是因为扰动项存在自回归结构。

假设在 $t-1$ 时刻的所有信息的条件下，扰动项的平方 u_t^2 服从 AR（1）

过程：

$$u_t^2 = \alpha_o + \alpha_1 u_{t-1}^2 + \varepsilon_t \qquad (4-4)$$

式中：ε_t 是白噪声过程，满足：

$$E(\varepsilon_t) = 0 \qquad (4-5)$$

$$E(\varepsilon_t \varepsilon_s) = \begin{cases} \lambda^2, & t = s \\ 0, & t \neq s \end{cases} \qquad (4-6)$$

这样，扰动项 u_t 的条件分布是：

$$u_t \sim N[0, (\alpha_0 + \alpha_1 u_{t-1}^2)] \qquad (4-7)$$

也就是，u_t 服从以 0 为均值，$\alpha_0 + \alpha_1 u_{t-1}^2$ 为方差的条件正态分布。

方差方程（4-4）表示 u_t 的条件方差 σ_t^2 由两部分组成：一个常数项和前一时刻关于变化量的信息，用前一时刻的扰动项平方 u_{t-1}^2 表示 ARCH 项。

由于式（4-4）中的 u_t 的条件方差只依赖于前一期的扰动项平方干扰，所以称为 ARCH(1) 过程。通常用极大似然估计得到参数 γ_0，γ_1，γ_2，$\cdots$，γ_k，α_0，α_1 的有效估计。

一个自然的延伸是 ARCH(p) 过程，可以写为：

$$\text{var}(u_t) = \sigma_t^2 = \alpha_0 + \alpha_1 u_{t-1}^2 + \alpha_2 u_{t-2}^2 + \cdots + \alpha_p u_{t-p}^2 \qquad (4-8)$$

这时方差方程中的 $p+1$ 个参数 α_0，α_1，α_2，$\cdots$，α_p 也要和回归模型中的参数 γ_0，γ_1，γ_2，$\cdots$，γ_k 一样，利用极大似然估计法进行估计。

在 ARCH(p) 过程中，由于 u_t 是随机的，u_t^2 不可能为负，所以对于 $\{u_t\}$ 的所有实现值，只有 $\text{var}(u_t) = \sigma_t^2 = \alpha_0 + \alpha_1 u_{t-1}^2 + \alpha_2 u_{t-2}^2 + \cdots + \alpha_p u_{t-p}^2$ 是正的才是合理的。为使 u_t^2 协方差平稳，所以进一步要求方程：

$$1 - \alpha_1 z - \alpha_2 z^2 - \cdots - \alpha_p z^p = 0 \qquad (4-9)$$

的根全部位于单位圆外。如果 $\alpha_i (i = 1, 2, \cdots, p)$ 都非负，式（4-9）等价于 $\alpha_1 + \alpha_2 + \cdots + \alpha_p < 1$。

如果扰动项的条件方差中不存在自相关，就有：$\alpha_1 = \alpha_2 = \cdots = \alpha_p = 0$。这时：

$$\text{var}(u_t) = \sigma^2 = \alpha_0 \qquad (4-10)$$

从而得到误差的条件方差的同方差情形。

检验一个模型的残差是否含有 ARCH 效应的一个方法是残差平方相关图检验。平方相关图显示残差平方 $\hat{u}_t^2$ 序列直到意指定的滞后阶数的自相关（AC）系数和偏自相关（PAC）系数，并且计算相应滞后阶数的 Ljung-Box Q 统计量。残差平方相关图可以用于检验残差序列中是否存在 ARCH 效应。如果残差序列不存在 ARCH 效应，自相关和偏自相关系数在所有的滞后阶数都应为0，而且Q统计量应该不显著；否则，就说明残差序列中存在 ARCH 效应。

4.1.2　GARCH 模型分析

在 GARCH 模型中，要考虑两个基本的设定：一个是条件均值，另一个是条件方差。

标准的 GARCH(1，1) 模型为

$$y_t = x'_t \gamma + u_t \quad t = 1, 2, \cdots, T \qquad (4-11)$$

$$\sigma_t^2 = \omega + \alpha u_{t-1}^2 + \beta \sigma_{t-1}^2 \qquad (4-12)$$

式中：$x_t = (x_{1t}, x_{2t}, \cdots, x_{kt})'$ 是解释变量向量，$\gamma = (\gamma_1, \gamma_2, \cdots, \gamma_k)'$ 是系数向量。式（4 - 11）给出的均值方程是一个带有扰动项的外生变量的函数。由于 σ_t^2 是以前面信息为基础的一期向前预测方差，所以被称作条件方差，使式（4 - 12）称作条件方差方程。

式（4 - 12）中给出的条件方差有 3 个组成部分：

（1）常数项：ω；

（2）用均值方程的扰动项平方的滞后来度量从前期得到的波动性的信息：u_{t-1}^2（ARCH 项）；

（3）上一期的预测方差：σ_{t-1}^2（GARCH 项）。

GARCH(1，1) 模型中的 (1，1) 是指阶数为 1 的自回归项，GARCH项（括号中的第一项）和阶数为 1 的动平均项，ARCH 项（括号中的第二项）。普通的 ARCH 模型是 GARCH 模型的一个特例，即在条件方差方程中不存在滞后预测误差的说明（σ_{t-1}^2），也就是一个 GARCH(0，1) 模型。GARCH 模型都是通过极大似然函数方法估计的，如果假定扰动项服从条件正态分布，那么 GARCH(1，1) 模型在 t 时刻的对数似然贡献为：

$$l_t = -\frac{1}{2}\ln(2\pi) - \frac{1}{2}\ln\sigma_t^2 - \frac{1}{2}(y_t - x'_t\gamma)/\sigma_t^2 \qquad (4-13)$$

式中：

$$\sigma_t^2 = \omega + \alpha(y_{t-1} - x'_{t-1}\gamma)^2 + \beta\sigma_{t-1}^2 \qquad (4-14)$$

GARCH(1，1) 模型的这种设定通常可以在金融领域得到解释。因为代理商或贸易商可以通过建立长期均值的加权平均（常数），上期的预期方差（GARCH 项）和在以前各期中观测到的关于变动性的信息（ARCH项）来预测本期的方差。如果上升或下降的资产收益出乎意料地大，那么贸易商将会增加对下期方差的预期。

有两个可供选择的关于条件方差的描述可以帮助解释这个模型。

（1）用条件方差的滞后递归地替代式（4-12）的右端，就可以将条件方差表示为滞后扰动项平方的加权平均：

$$\sigma_t^2 = \frac{\omega}{1-\beta} + \alpha \sum_{j=1}^{\infty} \beta^{j-1} u_{t-j}^2 \qquad (4-15)$$

GARCH（1，1）模型的这种条件方差的说明与样本方差类似。但是，它包含了在更大滞后阶数上的、扰动项的加权条件方差。

（2）收益平方中的残差通过 $\nu_t = u_t^2 - \sigma_t^2$ 给出。用其替代方差方程（4-12）中的条件方差，整理后得到关于扰动项的模型：

$$u_t^2 = \omega + (\alpha + \beta) u_{t-1}^2 + \nu_t - \beta \nu_{t-1} \qquad (4-16)$$

因此，扰动项平方服从一个条件异方差的 ARMA（1，1）过程。决定波动冲击持久性的自回归的根是 α 与 β 的和。在很多情况下，这个根非常接近1，所以冲击会缓慢消失。

式（4-12）可以扩展成包含外生的或前定回归因子 z 的方差方程：

$$\sigma_t^2 = \omega + \alpha u_{t-1}^2 + \beta \sigma_{t-1}^2 + \delta z_t \qquad (4-17)$$

注意到从这个模型中得到的预测方差不能保证是正的。可以引入某些形式的回归算子，令它们总是正的，从而将产生负的预测值的可能性降到最小。例如，可以要求：$z_t = |x_t|$。

高阶 GARCH 模型可以含有任意多个 ARCH 项和 GARCH 项，记作 GARCH（q，p）。它的条件方差表示为：

$$\sigma_t^2 = \omega + \sum_{j=1}^{q} \beta_j \sigma_{t-j}^2 + \sum_{i=1}^{p} \alpha_i u_{t-i}^2 = \alpha_0 + \alpha(L) u_t^2 + \beta(L) \sigma_t^2 \qquad (4-18)$$

式中，p 是 ARCH 项的阶数，q 是 GARCH 项的阶数，$p > 0$，并且 $\beta_i \geq 0$，$1 \leq i \leq p$，$\alpha(L)$ 和 $\beta(L)$ 是滞后算子多项式。为了使 GARCH（q，p）模型的条件方差有明确的定义，相应的 ARCH（∞）模型为：

$$\sigma_t^2 = \theta_0 + \theta(L) u_t^2 \qquad (4-19)$$

其所有系数都必须是正数。只要 $\alpha(L)$ 和 $\beta(L)$ 没有相同的根，并且 $\beta(L)$ 的根全部位于单位圆外，那么当且仅当 $\theta_0 = \alpha_0/(1-\beta(L))$，$\theta(L) = \alpha(L)/(1-\beta(L))$ 的所有系数都非负时，这个正数限定条件才会满足。例如，对于 GARCH（1，1）模型 $\sigma_t^2 = \omega + \alpha u_{t-1}^2 + \beta \sigma_{t-1}^2$ 则要求所有的3个参数都是非负数。

4.2 VAR 模型介绍

向量自回归（VAR）是基于数据的统计性质建立模型，由西姆斯（Sims，1980）提出，该模型采用多方程联立的形式，它不以经济理论为基础，它把系统中每一个内生变量作为系统中所有内生变量的滞后值的函数来构造模型，从而将单变量自回归模型推广到由多元时间序列变量组成的"向量"自回归模型。VAR 模型常用于预测相互联系的时间序列系统及分析随机扰动对变量系统的动态冲击，从而解释各种经济冲击对经济变量形成的影响，进而估计全部内生变量的动态关系。

4.2.1 VAR 模型定义

VAR 模型是自回归模型的联立形式，所以称向量自回归模型。假设 y_{1t}，y_{2t} 之间存在关系，如果分别建立两个自回归模型：

$$y_{1t} = f(y_{1,t-1}, y_{1,t-2}, \cdots)$$
$$y_{2t} = f(y_{2,t-1}, y_{2,t-2}, \cdots)$$

则无法捕捉两个变量之间的关系。如果采用联立的形式，就可以建立起两个变量之间的关系。VAR 模型的结构与两个参数有关。一个是所含变量个数 N，一个是最大滞后阶数 k。

以两个变量 y_{1t}，y_{2t} 滞后 1 期的 VAR 模型为例：

$$\begin{cases} y_{1,t} = \mu_1 + \phi_{11,1} y_{1,t-1} + \phi_{12,1} y_{2,t-1} + \varepsilon_{1t} \\ y_{2,t} = \mu_2 + \phi_{21,1} y_{1,t-1} + \phi_{22,1} y_{2,t-1} + \varepsilon_{2t} \end{cases} \quad (4-20)$$

其中，ε_{1t}，$\varepsilon_{2t} \sim IID(0, \sigma^2)$，$\mathrm{cov}(\varepsilon_{1t}, \varepsilon_{2t}) = 0$。写成矩阵形式是：

$$\begin{bmatrix} y_{1t} \\ y_{2t} \end{bmatrix} = \begin{bmatrix} \mu_1 \\ \mu_2 \end{bmatrix} + \begin{bmatrix} \phi_{11,1} & \phi_{12,1} \\ \phi_{21,1} & \phi_{22,1} \end{bmatrix} \begin{bmatrix} y_{1,t-1} \\ y_{2,t-1} \end{bmatrix} + \begin{bmatrix} \varepsilon_{1t} \\ \varepsilon_{2t} \end{bmatrix} \quad (4-21)$$

设，$y_t = \begin{bmatrix} y_{1t} \\ y_{2t} \end{bmatrix}$，$\mu = \begin{bmatrix} \mu_1 \\ \mu_2 \end{bmatrix}$，$\Phi_1 = \begin{bmatrix} \phi_{11,1} & \phi_{12,1} \\ \phi_{21,1} & \phi_{22,1} \end{bmatrix}$，$\varepsilon_t = \begin{bmatrix} \varepsilon_{1t} \\ \varepsilon_{2t} \end{bmatrix}$，则

$$y_t = \mu + \Phi_1 y_{t-1} + \varepsilon_t \quad (4-22)$$

那么，含有 N 个变量滞后 k 期的 VAR 模型表示如下：

$$y_t = \mu + \Phi_1 y_{t-1} + \Phi_2 y_{t-2} + \cdots + \Phi_k y_{t-k} + \varepsilon_t, \quad \varepsilon_t \sim IID(0, \Omega) \quad (4-23)$$

其中，

$$y_t = (y_{1,t}, \ y_{2,t}, \ \cdots, \ y_{N,t})', \ \mu = (\mu_1, \ \mu_2, \ \cdots, \ \mu_N)'$$

$$\Phi_j = \begin{bmatrix} \phi_{11,j} & \phi_{12,j} & \cdots & \phi_{1N,j} \\ \phi_{21,j} & \phi_{22,j} & \cdots & \phi_{2N,j} \\ \cdots & \cdots & \cdots & \cdots \\ \phi_{N1,j} & \phi_{N2,j} & \cdots & \phi_{NN,j} \end{bmatrix}, \ j = 1, \ 2, \ \cdots, \ k, \ \varepsilon_t = (\varepsilon_{1t}, \ \varepsilon_{2t}, \ \cdots, \ \varepsilon_{Nt})'$$

y_t 为 $N \times 1$ 阶时间序列列向量，μ 为 $N \times 1$ 阶常数项列向量。Φ_1，$\cdots$，Φ_k 均为 $N \times N$ 阶参数矩阵，$\varepsilon_t \sim IID(0, \ \Omega)$ 是 $N \times 1$ 阶随机误差列向量，其中每一个元素都是非自相关的，但这些元素，即不同方程对应的随机误差项之间可能存在相关性。

因 VAR 模型中每个方程的右侧只含有内生变量的滞后值，它们与 ε_t 是不相关的，所以可以用 OLS 法依次估计每一个方程，得到的参数估计量都具有一致性。

4.2.2　VAR 模型的稳定性特征

VAR 模型的稳定性是指当把一个脉动冲击施加在 VAR 模型中某一个方程的新息（innovation）过程上时，随着时间的推移，分析这个冲击是否会逐渐地消失，如果是逐渐地消失，系统是稳定的；否则，系统是不稳定的。

以一阶 VAR 模型 $y_t = \mu + \Phi_1 y_{t-1} + \varepsilon_t$ 为例。当 $t = 1$ 时，有：

$$y_1 = \mu + \Phi_1 y_0 + \varepsilon_1 \qquad (4-24)$$

当 $t = 2$ 时，采用迭代方式计算：

$$\begin{aligned} y_2 &= \mu + \Phi_1 y_1 + \varepsilon_2 = \mu + \Phi_1 (\mu + \Phi_1 y_0 + \varepsilon_1) + \varepsilon_2 \\ &= (I + \Phi_1)\mu + \Phi_1^2 y_0 + \Phi_1 \varepsilon_1 + \varepsilon_2 \end{aligned} \qquad (4-25)$$

当 $t = 3$ 时，进一步迭代：

$$\begin{aligned} y_3 &= \mu + \Phi_1 y_2 + \varepsilon_3 = \mu + \Phi_1 [(I + \Phi_1)\mu + \Phi_1^2 y_0 + \Phi_1 \varepsilon_1 + \varepsilon_2] + \varepsilon_3 \\ &= (I + \Phi_1 + \Phi_1^2)\mu + \Phi_1^3 y_0 + \Phi_1^2 \varepsilon_1 + \Phi_1 \varepsilon_2 + \varepsilon_3 \end{aligned} \qquad (4-26)$$

对于 t 期，按上述形式：

$$y_t = (I + \Phi_1 + \Phi_1^2 + \cdots + \Phi_1^{t-1})\mu + \Phi_1^t y_0 + \sum_{i=0}^{t-1} \Phi_1^i \varepsilon_{t-i} \qquad (4-27)$$

由式（4-27）可知，$\Phi_1^0 = I$。通过上述变换，把 y_t 表示成了漂移项向量 μ、初始值向量 y_0 和新息向量 ε_t 的函数。可见系统是否稳定就决定于漂移项向量 μ、初始值向量 y_0 和新息向量 ε_t 经受冲击后的表现。

假定模型是稳定的，将有如下 3 个结论。

（1）假设 $t=1$ 时，对 μ 施加一个单位的冲击，那么到 t 期的影响是 $(I+\Phi_1+\Phi_1^2+\cdots+\Phi_1^{t-1})$，当 $t\rightarrow\infty$ 时，此影响是一个有限值，$(I-\Phi_1)^{-1}$。

（2）假设在初始值 y_0 上施加一个单位的冲击。到 t 期的影响是 Φ_1^t。随着 $t\rightarrow\infty$，$\Phi_1^t\rightarrow0$，影响消失（因为对于平稳的 VAR 模型，Φ_1 中的元素小于 1，所以随着 $t\rightarrow\infty$，取 t 次方后，$\Phi_1^t\rightarrow0$）。

（3）从 $\sum\limits_{i=0}^{t-1}\Phi_1^i\varepsilon_{t-i}$ 项可以看出，白噪音中的冲击离 t 期越远，影响力就越小。$\sum\limits_{i=0}^{t-1}\Phi_1^i=(I-\Phi_1)^{-1}$，称作长期乘子矩阵，是对 $\sum\limits_{i=0}^{t-1}\Phi_1^i\varepsilon_{t-i}$ 求期望得到的。

对单一方程的分析知道，含有单位根的自回归过程对新息中的脉动冲击有长久的记忆能力。同理，含有单位根的 VAR 模型也是非平稳过程。当新息中存在脉动冲击时，VAR 模型中内生变量的响应不会随时间的推移而消失。

4.2.3　VAR 模型稳定的条件

VAR 模型稳定的充分与必要条件是 $y_t=\mu+\Phi_1y_{t-1}+\varepsilon_t$ 中 Φ_1 的所有特征值都要在单位圆以内（在以横轴为实数轴，纵轴为虚数轴的坐标体系中，以原点为圆心，半径为 1 的圆称为单位圆），或特征值的模都要小于 1。

对于 VAR 模型，用特征方程判别稳定性。以式（4-28）中 $y_t=\mu+\Phi_1y_{t-1}+\varepsilon_t$ 为例，将其改写为：

$$(I-\Phi_1L)y_t=\mu+\varepsilon_t \qquad (4-28)$$

其中，$A(L)=(I-\Phi_1L)$。VAR 模型稳定的条件是特征方程 $|\Phi_1-\lambda I|=0$ 的根都在单位圆内。特征方程 $|\Phi_1-\lambda I|=0$ 的根就是 Φ_1 的特征值。

VAR 模型的稳定性也可以用相反的特征方程 $|I-L\Phi_1|=0$ 判别。即保持 VAR 模型平稳的条件是相反的特征方程 $|I-L\Phi_1|=0$ 的根都在单位圆以外。

对于 $k>1$ 的 k 阶 VAR 模型可以通过友矩阵变换（companion form），改写成 1 阶分块矩阵的 VAR 模型形式。然后利用其特征方程的根判别稳定性。具体变换过程如下：

给出 k 阶 VAR 模型

$$y_t = \mu + \Phi_1 y_{t-1} + \Phi_2 y_{t-2} + \cdots + \Phi_k y_{t-k} + \varepsilon_t \tag{4-29}$$

再给出如下等式：

$$y_{t-1} = y_{t-1}$$
$$y_{t-2} = y_{t-2}$$
$$\cdots$$
$$y_{t-k+1} = y_{t-k+1}$$

把以上 k 个等式写成分块矩阵形式：

$$
\begin{bmatrix} y_t \\ y_{t-1} \\ y_{t-2} \\ \cdots \\ y_{t-k+1} \end{bmatrix}_{NK \times 1}
=
\begin{bmatrix} \mu \\ 0 \\ 0 \\ \cdots \\ 0 \end{bmatrix}_{NK \times 1}
+
\begin{bmatrix} \Phi_1 & \Phi_2 & \cdots & \Phi_{k-1} & \Phi_k \\ I & 0 & \cdots & 0 & 0 \\ 0 & I & \cdots & 0 & 0 \\ \cdots & \cdots & \cdots & \cdots & \cdots \\ 0 & 0 & \cdots & I & 0 \end{bmatrix}_{NK \times NK}
\begin{bmatrix} y_{t-1} \\ y_{t-2} \\ y_{t-3} \\ \cdots \\ y_{t-k} \end{bmatrix}_{NK \times 1}
+
\begin{bmatrix} \varepsilon_T \\ 0 \\ 0 \\ \cdots \\ 0 \end{bmatrix}_{NK \times 1}
$$

$$\tag{4-30}$$

其中每一个元素都表示一个向量或矩阵。令：

$$y_t = (y_{t-1},\ y_{t-2},\ \cdots,\ y_{t-k+1})'_{NK \times 1}$$
$$A_0 = (\mu,\ 0,\ 0,\ \cdots,\ 0)'_{NK \times 1}$$

$$
A_1 =
\begin{bmatrix} \Phi_1 & \Phi_2 & \cdots & \Phi_{k-1} & \Phi_k \\ I & 0 & \cdots & 0 & 0 \\ 0 & I & \cdots & 0 & 0 \\ \cdots & \cdots & \cdots & \cdots & \cdots \\ 0 & 0 & \cdots & I & 0 \end{bmatrix}_{NK \times NK}
$$

$$E_t = (\varepsilon_t,\ 0,\ 0,\ \cdots,\ 0)'_{NK \times 1}$$

上式可写为：

$$y_t = A_0 + A_1 y_{t-1} + E_t \tag{4-31}$$

此时 k 阶 VAR 模型用友矩阵表示成了 1 阶分块矩阵的 VAR 模型。

VAR 模型的稳定性要求 A_1 的全部特征值，即特征方程 $|A_1 - \lambda I| = 0$ 的全部根必须在单位圆以内，或者相反的特征方程 $|I - L A_1| = 0$ 的全部根必须在单位圆以外。

4.3　Granger 因果检验

4.3.1　Granger 因果关系含义

VAR 模型的另一个重要应用就是分析了经济时间序列变量之间的因果关系。这种检验成为 Granger 因果检验。Granger 解决了 x 是否引起 y 的问题，主要看现在的 y 能够在多大程度上被过去的 x 解释，加入 x 的滞后值是否使解释程度提高。如果 x 在 y 的预测中有帮助，或者 x 与 y 的相关系数在统计上显著时，就可以说 "y 是由 x Granger 引起的"。

考虑对 y_t 进行 s 期预测的均方误差（MSE）：

$$MSE = \frac{1}{s}\sum_{i=1}^{s}(\hat{y_{t+i}} - y_{t+i})^2 \qquad (4-32)$$

数学语言描述为：如果关于所有的 $s > o$，基于（y_t，y_{t-1}，$\cdots$）预测 y_{t+s} 得到的均方误差，与基于（y_t，y_{t-1}，$\cdots$）和（x_t，x_{t-1}，$\cdots$）两者的得到的 y_{t+s} 的均方误差相同，则 y 不是由 x Granger 引起的。

4.3.2　Granger 因果关系检验

Granger 因果关系检验实质上是检验一个变量的滞后变量是否可以引入到其他变量方程中。一个变量如果受到其他变量的滞后影响，则称它们具有 Granger 因果关系。

在一个二元 p 阶 VAR 模型中：

$$\begin{pmatrix} y_t \\ x_t \end{pmatrix} = \begin{pmatrix} \phi_{10} \\ \phi_{20} \end{pmatrix} + \begin{pmatrix} \phi_{11}^{(1)} & \phi_{12}^{(1)} \\ \phi_{21}^{(1)} & \phi_{22}^{(1)} \end{pmatrix} \begin{pmatrix} y_{t-1} \\ x_{t-1} \end{pmatrix} + \begin{pmatrix} \phi_{11}^{(2)} & \phi_{12}^{(2)} \\ \phi_{21}^{(2)} & \phi_{22}^{(2)} \end{pmatrix}$$

$$\begin{pmatrix} y_{t-2} \\ x_{t-2} \end{pmatrix} + \cdots + \begin{pmatrix} \phi_{11}^{(p)} & \phi_{12}^{(p)} \\ \phi_{21}^{(p)} & \phi_{22}^{(p)} \end{pmatrix} \begin{pmatrix} y_{t-p} \\ x_{t-p} \end{pmatrix} + \begin{pmatrix} \varepsilon_{1t} \\ \varepsilon_{2t} \end{pmatrix} \qquad (4-33)$$

当且仅当系数矩阵中的系数 $\phi_{12}^{(q)}$，$q=1$，2，$\cdots$，p 全部为零时，变量 x 不能 Granger 引起 y，等价于变量 x 外生于变量 y。这时判断 Granger 原因的直接方法是利用 F - 检验来检验下述联合检验：

$$H_o: \phi_{12}^{(q)} = 0, \quad q = 1, 2, \cdots, p$$

H_1：至少存在一个 q 使得 $\phi_{12}^{(q)} \neq 0$

其统计量为：

$$S_1 = \frac{(RSS_0 - RSS_1)/p}{RSS_1/(T - 2p - 1)} \sim F(p, \ T - 2p - 1) \qquad (4-34)$$

服从 F 分布。如果 S_1 大于 F 的临界值，则拒绝原假设；否则接受原假设：x 不能 Granger 引起 y。

其中，RSS_1 是式（4 – 34）中 y 方程的残差平方和：$RSS_1 = \sum_{t=1}^{T} \hat{\varepsilon}_{1t}^{2}$，$RSS_0$ 是不含 x 的滞后变量（即 $\phi_{12}^{(q)} \neq 0$，$q = 1, 2, \cdots, p$）情况下的如下方程的残差平方和：

$$y_t = \phi_{10} + \phi_{11}^{(1)} y_{t-1} + \phi_{11}^{(2)} y_{t-2} + \cdots + \phi_{11}^{(p)} y_{t-p} + \widetilde{\varepsilon}_{1t} \qquad (4-35)$$

则有：$RSS_0 = \sum_{t=1}^{T} \hat{\widetilde{\varepsilon}}_{1t}^{2}$

在满足高斯分布的假设下，检验统计量式（4 – 33）具有精确地 F 分布。在 VAR 模型中，一个渐进等价检验由下式给出：

$$S_2 = \frac{T(RSS_0 - RSS_1)}{RSS_1} \sim \chi^2(p) \qquad (4-36)$$

如果 S_2 大于 χ^2 的临界值，则拒绝原假设，否则接受原假设：X 不能 Granger 引起 y。

4.3.3　滞后阶数 p 的确定

1. LR（似然比）检验

LR（Likelihood Ratio）检验方法，从最大的滞后阶数开始。

原假设：在滞后阶数为 j 时，系数矩阵 Φ_j 的元素均为 0；备择假设：系数矩阵 Φ_j 中至少有一个元素显著不为 0。

$$LR = (T - m) \left\{ \ln \left| \sum_{j-1}^{\hat{}} \right| - \ln \left| \sum_{j}^{\hat{}} \right| \right\} \sim \chi^2(k^2) \qquad (4-37)$$

式中，m 是可选择的其中一个方程中的参数个数：$m = d + kj$，d 是外生变量的个数，k 是内生变量个数，$\sum_{j-1}^{\hat{}}$ 和 $\sum_{j}^{\hat{}}$ 分别表示滞后阶数为 $j-1$ 和 j 的 VAR 模型的残差协方差矩阵的估计。当 $LR > \chi_a^2$ 时，拒绝原假设，表示统计量显著，增加滞后期能够显著增大极大似然的估计值。否则接受原假设。每次减少一个滞后数，直到拒绝原假设。

2. AIC 信息准则

AIC 准则是最小信息准则，可以帮助更好地确定 p，公式如下：

$$AIC = \log\left|\sum_p\hat{}\right| + \frac{2m^2p}{n}, \ p = 1, \cdots, k \qquad (4-38)$$

式中，$\left|\sum_p\hat{}\right|$ 指 VAR(p) 模型残差的协方差矩阵的行列式；n 是有效的观测数目；m 是变量序列的数目；p 是阶数，AIC 越小，表明模型越能有效反映变量之间的关系。

3. SC 准则

SC 准则也是一种最小信息准则，值越小，表明模型越能有效反映变量之间的关系。公式如下：

$$SC = \log\left|\sum_p\hat{}\right| + (\log n) \frac{m^2p}{n}, \ p = 1, \cdots, k \qquad (4-39)$$

含义同上。

4. HQ 准则

HQ 准则同样是取值越小，表明模型越能有效放映变量之间的关系。公式如下：

$$HQ = -\frac{2L}{n} + \frac{2k\log n}{n} \qquad (4-40)$$

式中，L 是似然函数，k 是待估计参数的个数，其他符号意义同上。

5. 最终预测误差（FEP）

模型建立的一个重要目的在于预测，因此可以从预测误差的大小判断模型合适的阶数。最终预测误差是建立在对滞后 p 期模型残差的方法调整的基础上得到的结果。其公式如下：

$$FPE(p) = \hat{\sigma}_p^2 \frac{n+k}{n-k} \qquad (4-41)$$

式中，$\hat{\sigma}_p^2$ 是滞后 p 期时模型残差的方差估计；n 是样本量；K 是 k 是待估计参数的个数。该指标是在低滞后阶数造成模型偏离实际与高滞后阶数造成模型残差方差加大之间的平衡。

4.4　脉冲响应

在实际应用中，由于 VAR 模型是一种非理性的模型，它无须对变量作任何先验性的约束，因此在分析 VAR 模型时，往往不分析一个变量的变化对另一个变量的影响如何，而是分析当一个误差项发生变化，或者说模型受到某种冲击时对系统的动态影响，这种分析方法成为脉冲响应函数方法。

脉冲响应函数是度量模型系统中，每个内生变量对它自己及所有其他内生变量的变化的反应。这个变化是某个内生变量受到一个干扰或者冲击，也就是其误差发生变动；而反应是指误差变动对自身的影响和对其他内生变量的影响，即如何在模型系统内传递。

考虑下面的两变量的 VAR(2) 模型：

$$x_t = a_1 x_{t-1} + a_2 x_{t-2} + b_1 z_{t-1} + b_2 z_{t-2} + \varepsilon_{1t}$$
$$z_t = c_1 x_{t-1} + c_2 x_{t-2} + d_1 z_{t-1} + d_2 z_{t-2} + \varepsilon_{2t} \tag{4-42}$$

式中，a_i，b_i，c_i，d_i 是参数，扰动项 $\varepsilon_t = (\varepsilon_{1t}, \varepsilon_{2t})'$，模型中随机误差项称为新息（innovation），假定是具有下面这样性质的白噪声向量：

$$E(\varepsilon_{it}) = 0 \quad 对于 \forall t \quad i = 1, 2$$
$$\mathrm{var}(\varepsilon_t) = E(\varepsilon_t \varepsilon_t') = \sum = \{\sigma_{ij}\}, 对于 \forall t \tag{4-43}$$
$$E(\varepsilon_{it} \varepsilon_{is}) = 0 \ 对于 \forall t \neq s \quad i = 1, 2$$

在式（4-42）中，如果 ε_{1t} 发生变化，不仅当期的 x 值立即改变，而且还会通过当期的 x 值影响到变量 x 和 y 未来的取值。脉冲响应函数试图描述这些影响的轨迹，显示任意一个变量的扰动如何通过模型影响所有其他变量，最终反馈到自身的过程。

假定上述系统从 0 期开始活动，且设 $x_{-1} = x_{-2} = z_{-1} = z_{-2} = 0$，又设第 0 期给定了扰动项 $\varepsilon_{10} = 1$，$\varepsilon_{20} = 0$，并且其后均为 0，即 $\varepsilon_{1t} = \varepsilon_{2t} = 0$，$t = 1$，2…，称此为第 0 期给 x 以脉冲。下面讨论 x_t 和 z_t 的响应，$t = 0$ 时：$x_0 = 1$，$z_0 = 0$，将其代入式（4-42）中；$t = 1$ 时，$x_1 = a_1$，$z_1 = c_1$，再把此结果代入式（4-42）中；$t = 2$ 时，$x_2 = a_1^2 + a_2 + b_1 c_1$，$z_2 = c_1 a_1 + c_2 + d_1 c_1$，继续计算下去，求得的结果为 x_0，x_1，x_2，x_3，x_4…，称为由 x 的脉冲引起的 x 的响应函数。同样所求得 z_0，z_1，z_2，z_3，z_4…称为由 x 的脉冲引起 z 的响应函数。

　　当然，第 0 期的脉冲反过来，从 $\varepsilon_{10}=0$，$\varepsilon_{20}=1$ 出发，可以求出由 z 的脉冲引起的 x 的响应函数和 z 的响应函数。

　　将上述讨论推广到多变量的 VAR(p) 模型，

$$y_t = \Phi_1 y_{t-1} + \cdots + \Phi_p y_{t-p} + \varepsilon_t \quad \text{或} \quad \Phi(L)y_t = \varepsilon_t, \quad t=1, 2, \cdots, T \quad (4-44)$$

　　其中，y_t 是 k 维内生变量列向量，p 是滞后阶数，T 是样本个数。ε_t 是 k 维扰动列向量，它们相互之间可以同期相关，但不与自己的滞后值相关且不与等式右边的变量相关。引入滞后算子，式 (4-44) 可表示为

$$\begin{aligned} y_t &= (I_k - \Phi_1 L - \cdots - \Phi_p L^p)^{-1} \varepsilon_t \\ &= (I_k + \Theta_1 L + \Theta_2 L^2 + \cdots)\varepsilon_t \end{aligned} \quad (4-45)$$

　　其中，$(I_k - \Phi_1 L - \cdots - \Phi_p L^p)(I_k + \Theta_1 L + \Theta_2 L^2 + \cdots) = I_k$。

　　因此，y_t 的第 i 个变量 y_{it} 可以写成：

$$y_{it} = \sum_{j=1}^{k} (\theta_{ij}^{(0)} \varepsilon_{jt} + \theta_{ij}^{(1)} \varepsilon_{jt-1} + \theta_{ij}^{(2)} \varepsilon_{jt-2} + \theta_{ij}^{(3)} \varepsilon_{jt-3} + \cdots), \quad t=1, 2, \cdots, T$$

$$(4-46)$$

　　其中，k 是变量个数。

　　因此，由 y_i 的脉冲引起的 y_i 的响应函数可以表示为：

$$\theta_{ij}^{(0)}, \quad \theta_{ij}^{(1)}, \quad \theta_{ij}^{(2)}, \quad \theta_{ij}^{(3)}, \quad \cdots \quad (4-47)$$

　　且由 y_i 的脉冲引起的 y_i 的累积响应函数为 $\sum_{q=0}^{\infty} \theta_{ij}^{(q)}$。

　　或者，

$$\theta_{ij}^{(q)} = \frac{\partial y_{i,t+q}}{\partial \varepsilon_{jt}}, \quad q=0, 1, \cdots; \ t=1, 2, \cdots, T \quad (4-48)$$

　　$\theta_{ij}^{(q)}$ 作为 q 的函数，描述了在时期 t，第 j 个变量的扰动项增加一个单位，其他扰动不变，且其他时期的扰动均为常数的情况下 $y_{i,t+q}$ 对 ε_{jt} 的一个单位冲击的反应，将其称作脉冲响应函数。

4.5　方差分解

　　方差分解是通过分析每一个结构冲击对内生变量的变化的贡献度，进一步评价不同结构冲击的重要性。因此，方差分解给出对 VAR 模型中的变量产生影响的每个随机扰动的相当重要的信息。其思路如下：

　　根据式 $y_{it} = \sum_{j=1}^{k} (\theta_{ij}^{(0)} \varepsilon_{jt} + \theta_{ij}^{(1)} \varepsilon_{jt-1} + \theta_{ij}^{(2)} \varepsilon_{jt-2} + \theta_{ij}^{(3)} \varepsilon_{jt-3} + \cdots)$, $\quad t=1$,

$2, \cdots, T$，可知各个括号中的内容是第 j 个扰动项 ε_j 从无限过去到现在时点对 y_i 影响的总和。求其方差，假定 ε_j 无序列相关，则：

$$E\big[\,(\theta_{ij}^{(0)}\varepsilon_{jt}+\theta_{ij}^{(1)}\varepsilon_{jt-1}+\theta_{ij}^{(2)}\varepsilon_{jt-2}+\theta_{ij}^{(3)}\varepsilon_{jt-3}+\cdots)^2\,\big]=\sum_{q=0}^{\infty}(\theta_{ij}^{(q)})^2\sigma_{jj},$$
$$i, j = 1, 2, \cdots, k \tag{4-49}$$

这是把第 j 个扰动项对第 i 个变量从无限过去到现在时点的影响用方差加以评价的结果。此处还假定扰动项向量的协方差矩阵 $\sum$ 是对角矩阵，则 y_i 的方差是上述方差的 k 项简单和：

$$\mathrm{var}(y_i)=\sum_{j=1}^{k}\Big\{\sum_{q=0}^{\infty}(\theta_{ij}^{(q)})^2\sigma_{jj}\Big\}, \quad i=1, 2, \cdots, k \tag{4-50}$$

y_i 的方差可以分解成 k 种不相关的影响，因此，为了测定各个扰动项相对于 y_i 的方差有多大程度的贡献，定义了如下尺度：

$$RVC_{j\to i}(s)=\frac{\displaystyle\sum_{q=0}^{s-1}(\theta_{ij}^{(q)})^2\sigma_{jj}}{\mathrm{var}(y_i)}=\frac{\displaystyle\sum_{q=0}^{s-1}(\theta_{ij}^{(q)})^2\sigma_{jj}}{\displaystyle\sum_{j=1}^{k}\Big\{\sum_{q=0}^{s-1}(\theta_{ij}^{(q)})^2\sigma_{jj}\Big\}}, \quad i, j = 1, 2, \cdots, k$$
$$\tag{4-51}$$

即相对方差贡献率（RVC）是根据第 j 个变量基于冲击的方差对 y_i 的方差的相对贡献度来观测第 j 个变量对第 i 个变量的影响。

式中 $RVC_{j\to i}(s)$ 具有如下的性质：

（1）$0\leqslant RVC_{j\to i}(s)\leqslant 1$，$i, j = 1, 2, \cdots, k$；

（2）$\sum_{j=1}^{k} RVC_{j\to i}(s)=1$，$i=1, 2, \cdots, k$。

如果 $RVC_{j\to i}(s)$ 大时，意味着第 j 个变量对第 i 个变量的影响大，相反地，$RVC_{j\to i}(s)$ 小时，可以认为第 j 个变量对第 i 个变量的影响小。

4.6　Johansen 协整检验

Johansen 协整检验是一种多变量协整检验，是约翰（Johansen，1988）和朱尼斯（Juselius，1990）提出的一种以 VAR 模型为基础的检验回归系数的方法。

下面将对于 k 个时间序列 $y_t=(y_{1t}, y_{2t}, \cdots, y_{kt})'$，$t=1, 2, \cdots, T$，

讨论这 k 个经济指标之间是否存在协整关系。协整的定义如下。

K 维向量时间序列 y_t 的分量间被称为 d，b 阶协整，记为 $y_t \sim CI(d,b)$，如果满足：

（1） $y_t \sim I(d)$，要求 y_t 的每个分量都是 d 阶单整的；（2）存在非零向量 β，使得 $\beta'y_t \sim I(d-b)$，$0 < b \leq d$。简称 y_t 是协整的，向量 β 又称为协整向量。

对于 k 维向量时间序列 y_t 最多可能存在 $k-1$ 个线性无关的协整向量，为了讨论方便，先考虑最简单的二维情形，不妨记 $y_t = (y_{1t}, y_{2t})'$，$t = 1$，2，$\cdots$，T，其中 y_1，y_2 都是 $I(1)$ 时间序列。若存在 c_1，使得 $y_1 - c_1y_2 \sim I(0)$；另有 c_2，使得 $y_1 - c_2y_2 \sim I(0)$，则有：

$$(y_{1t} - c_1y_{2t}) - (y_{1t} - c_2y_{2t}) = (c_1 - c_2)y_{2t} \sim I(0), \quad t = 1, 2, \cdots, T$$

由于 $y_2 \sim I(1)$，所以只能有 $c_1 = c_2$，可见 y_1，y_2 协整时，协整向量 $\beta = (1, -c_1)'$ 是唯一的。一般地，设由 y_t 的协整向量组成的矩阵为 B，则矩阵 B 的秩为 $r = r(B)$，那么 $0 \leq r \leq k-1$。

将上述讨论扩展到多指标情形，首先建立一个 VAR(p) 模型：

$$y_t = \Phi_1 y_{t-1} + \cdots = \Phi_p y_{t-p} + Hx_t + \varepsilon_t, \quad t = 1, 2, \cdots, T \quad (4-52)$$

式中 y_t 的各分量都是非平稳的 $I(1)$ 变量；x_t 是一个确定的 d 维的外生向量，代表趋势项、常数项等确定性项；ε_t 是 k 维扰动向量。在式（4-52）两端减去 y_{t-1}，通过添项和减项的方法，可得下面的式子：

$$\Delta y_t = \prod y_{t-1} + \sum_{i=1}^{p-1} \Gamma_i \Delta y_{t-i} + Hx_t + \varepsilon_t \quad (4-53)$$

式中，$\prod = \sum_{i=1}^{p} \Phi_i - I$，$\Gamma_i = -\sum_{j=i+1}^{p} \Phi_j$

由于 $I(1)$ 过程经过差分变换将变成 $I(0)$ 过程，即式（4-53）中的 Δy_t，y_{t-j} 都是 $I(0)$ 变量构成的向量，那么只要 $\prod y_{t-1}$ 是 $I(0)$ 向量，即 y_{t-1} 的各分量之间具有协整关系，就能保证 Δy_t 是平稳过程。y_{t-1} 的各分量之间是否具有协整关系主要依赖于矩阵 $\prod$ 的秩。设 $\prod$ 的秩为 r，则存在三种情况：$r = k$，$r = 0$，$0 < r < k$。

（1）如果 $r = k$，显然只有当 y_{t-1} 的各分量都是 $I(0)$ 时，才能保证 $\prod y_{t-1}$ 是 $I(0)$ 向量，而这与已知的 $I(1)$ 过程相矛盾，所以必有 $r < k$；

（2）如果 $r = 0$，意味着 $\prod = 0$，因此式（4-52）仅仅是个差分方程，各项都是 $I(0)$ 变量，不需要讨论 y_{t-1} 的各分量之间是否具有协整关系；

(3) $0 < r < k$ 表示存在 r 个协整组合，其余 $k - r$ 个关系仍为 $I(1)$ 关系。在这种情况下，$\prod$ 可以分解成两个 $k \times r$ 阶矩阵 α 和 β 的乘积：

$$\prod = \alpha\beta' \tag{4-54}$$

式中 $r(\alpha) = r$，$r(\beta) = r$，将式（4-54）代入式（4-53）得到：

$$\Delta y_t = \alpha\beta' y_{t-1} + \sum_{i=1}^{p-1} \Gamma_i \Delta y_{t-j} + H x_t + \varepsilon_t \tag{4-55}$$

上式要求 $\beta' y_{t-1}$ 为一个 $I(0)$ 向量，其每一行都是 $I(0)$ 组合向量，即 β 的每一列所表示的 y_{t-1} 的各分量线性组合都是一种协整形式，所以矩阵 β 决定了 y_{t-1} 的各分量之间协整向量的个数与形式。因此 β 成为协整向量矩阵，r 为协整向量个数。矩阵 α 的每一行 α_i 是出现在第 i 个方程中的 r 个协整组合的一组权重，称为调整参数矩阵。

将 y_t 的协整检验变成对矩阵 $\prod$ 的分析问题，这就是 Johansen 协整检验的基本原理。因为矩阵的秩 $\prod$ 等于它的非零特征根的个数，因此可以通过对非零特征根个数的检验来检验协整关系和协整向量的秩。

4.6.1 特征根迹检验（trance 检验）

由 r 个最大特征根可以得到 r 个协整向量，而对于其余 $k - r$ 个非协整组合来说，λ_{r+1}，$\cdots$，λ_k 应该为 0，于是可得到原假设、备择假设为：

$$H_{r0} : \lambda_{r+1} = 0 \qquad r = 0, 1, \cdots, k-1$$
$$H_{r1} : \lambda_{r+1} > 0$$

相应的检验统计量为：

$$\eta_r = -T \sum_{i=r+1}^{k} \ln(1 - \lambda_i), \quad r = 0, 1, \cdots, k-1 \tag{4-56}$$

η_r 称为特征根迹统计量。

（1）当 η_0 不显著时，即 η_0 值小于某一显著性水平下的 Johansen 分布临界值，接受 $H_{00}(r=0)$，表明有 k 个单位根，0 个协整向量，即不存在协整关系。当 η_0 显著时，即 η_0 值大于某一显著性水平下的 Johansen 分布临界值，拒绝 H_{00}，则表明至少有一个协整向量，必须接着检验 η_1 的显著性。

（2）当 η_1 不显著时，接受 H_{10}，表明只有一个协整向量，依次进行下去，直到接受 H_{r0}，说明存在 r 个协整向量。这 r 个协整向量就是对应于 r

个特征根的经过标准化的特征向量。根据右边假设检验，大于临界值拒绝原假设。继续检验的过程可归纳为如下的序贯过程。

$\eta_1 <$ 临界值，接受 H_{10}，表明只有 1 个协整向量；

$\eta_1 >$ 临界值，拒绝 H_{10}，表明至少有 2 个协整向量；

$\eta_r <$ 临界值，接受 H_{r0}，表明只有 r 个协整向量。

4.6.2 最大特征值检验

对于 Johansen 协整检验，另外一个类似的检验方法为最大特征值检验，其形式为：

$$\xi_r = -T\ln(1 - \lambda_i), \quad r = 0, 1, \cdots, k-1 \qquad (4-57)$$

式中 ξ_r 称为最大特征根统计量（$\lambda - \max$ 统计量）。检验从下往上进行，首先检验 ξ_0，如果：

$\xi_0 <$ 临界值，接受 H_{00}，无协整向量；

$\xi_0 >$ 临界值，拒绝 H_{00}，至少有 1 个协整向量。

接受 $H_{00}(r=0)$，表明最大特征根为 0，无协整向量，否则接受 H_{01}，至少有 1 个协整向量；如果 ξ_1 显著，拒绝 H_{10}，接受至少有 2 个协整向量的备择假设 H_{11}；依次进行下去，直到接受 H_{r0}，共有 r 个协整向量。

4.6.3 协整方程形式

与单变量时间序列可能出现非零、包含确定性趋势或随机趋势一样，协整方程也可以包含截距或确定性趋势。由式（4-53）假设方程可能会出现如下情况（Johansen，1995）。

（1）y_t 没有确定性趋势，协整方程没有截距：

$$\prod y_{t-1} + Hx_t = \alpha\beta'y_{t-1} \qquad (4-58)$$

（2）y_t 没有确定性趋势，协整方程有截距项 ρ_0：

$$\prod y_{t-1} + Hx_t = \alpha(\beta'y_{t-1} + \rho_0) \qquad (4-59)$$

（3）y_t 没有确定性线性趋势 $\alpha \perp \gamma_0$，但协整方程只有截距：

$$\prod y_{t-1} + Hx_t = \alpha(\beta'y_{t-1} + \rho_0) + \alpha \perp \gamma_0 \qquad (4-60)$$

（4）y_t 和协整方程都有线性趋势，协整方程的线性趋势表示为 $\rho_1 t$：

$$\prod y_{t-1} + Hx_t = \alpha(\beta'y_{t-1} + \rho_0 + \rho_1 t) + \alpha \perp \gamma_0 \qquad (4-61)$$

（5）y_t 有二次趋势 $\alpha\perp(\gamma_0+\gamma_1 t)$，协整方程有截距和线性趋势：

$$\prod y_{t-1}+Hx_t=\alpha(\beta'y_{t-1}+\rho_0+\rho_1 t)+\alpha\perp(\gamma_0+\gamma_1 t) \qquad (4-62)$$

式中 $\alpha\perp$ 是 $k\times(k-r)$ 矩阵，称为 α 的正交互余矩阵，即 $\alpha'\alpha=0$，且 $r(\alpha/\alpha\perp)=k$。

第 5 章

亚太地区股市联动性实证研究

5.1 样本选择、数据来源及处理

5.1.1 样本选择

本章主要研究的是全球金融危机爆发前后亚太地区股票市场的联动性情况，研究全球金融危机是否使得亚太股票市场收益率之间的联动性关系发生改变。在研究中主要采取 2004 年 1 月 1 日至 2012 年 10 月 24 日之间的亚太各股票市场日指数作为分析的初始数据，以 2008 年 9 月 15 日雷曼兄弟倒闭事件作为全球金融危机的开始，将数据划分为危机前（2004 年 1 月 1 日至 2008 年 9 月 14 日）和危机后（2008 年 9 月 15 日至 2012 年 10 月 24 日）两个样本。我们主要对亚太 22 个国家（地区）的股票市场进行分析，需要说明的是，本书所说的亚太地区指的是整个环太平洋东西两岸有股票市场的国家（地区）。这些国家和地区分别是：澳大利亚（Australia）、巴西（Brazil）、智利（Chile）、中国（China）、哥伦比亚（Columbia）、加拿大（Canada）、中国香港（Hong Kong，China）、印度（India）、印度尼西亚（Indonesia）、日本（Japan）、韩国（Korea）、马来西亚（Malaysia）、墨西哥（Mexico）、新西兰（New Zealand）、秘鲁（Peru）、菲律宾（Philippine）、俄罗斯（Russia）、新加坡（Singapore）、斯里兰卡（Srilanka）、中国台湾（Taiwan，China）、泰国（Thailand）、美国（USA）。

5.1.2　数据来源及处理

本书以摩根士丹利国际资本公司（MSCI）编制的跟踪各国或地区股票表现的日指数作为分析股票市场波动的初始样本。选取 MSCI 指数是因为它具有优于其他股票指数的特点，在指数编制的计价单位上，除了计算当地货币计价的指数外，也会同时编制以美元计价的股价指数，不仅有代表意义、便于比较，而且避免了处理数据的误差。基于此，本书 22 个股票市场的日指数统一采取以美元计价。[①]

股票指数日收益率表示为：

$$r_{i,t} = \log\left(\frac{P_{i,t}}{P_{i,t-1}}\right) \times 100$$

$r_{i,t}$ 表示 i 国（地区）在 t 日的股票指数收益率。$P_{i,t}$ 为 i 国（地区）在 t 日的股票日价格指数，$P_{i,t-1}$ 为 i 国（地区）在 $t-1$ 日的股票日价格指数。

图 5-1 描绘的是亚太地区 22 个国家（地区）股票市场在 2004 年 1 月 1 日至 2012 年 10 月 24 日期间的股票价格指数走势情况，该图囊括了全球金融危机发生前以及金融危机发生后的价格指数走势。当今世界，经济全球化和金融全球化的趋势逐渐增强，各国（地区）彼此间在经济领域和金融领域的依赖性不断加深，而股票市场作为经济和金融发展的主要平台，其走势在一定程度上反映了各国经济和金融发展的状况。同时，随着各国（地区）之间金融联动性的增强，金融危机传染效应会迅速地反映到各国市场中，这种传染效应会迅速地从股票市场中得以显现。从图中可以清晰地看出，全球金融危机对各国（地区）股市的影响很大。在金融危机发生初期，各国（地区）股市纷纷下跌，尤其是中国香港、墨西哥、中国内地、新加坡、巴西、加拿大、智利、秘鲁、俄罗斯等股票市场受其影响较深，下跌幅度最大。同时还发现，金融危机后期，亚太股市走势在某些时段呈现出很强的相似性，这是否说明全球金融危机的发生使得亚太股市间的联动性加强了呢？至此我们还不能给出一个明确的答案，但至少能够看出，金融危机发生后，亚太一些国家（地区）股市间的联动性发生变化。

---

① 数据来源网站：http://www.msci.com/。

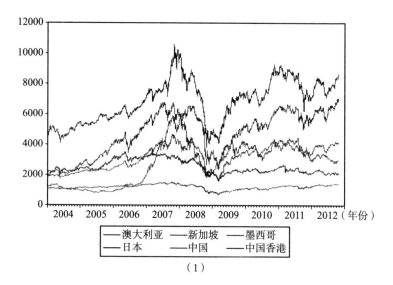

（1）

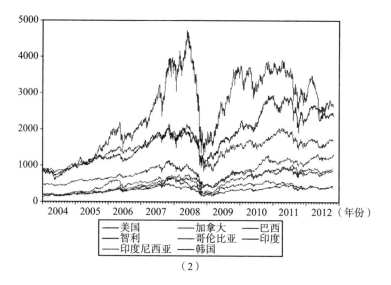

（2）

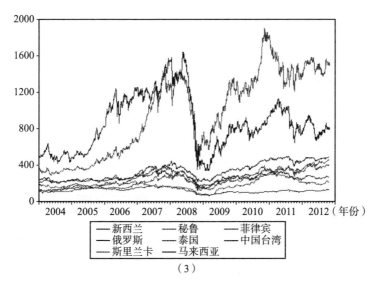

图 5 - 1　亚太地区股票市场日指数走势

5.2　亚太股市收益率分析

5.2.1　亚太股市收益率时间序列特征分析

　　股票市场对外部因素的影响非常敏感，一些大的事件（如全球金融危机）很容易引起股票市场出现过度反应。股票收益率受其影响，在较大幅度波动之后往往伴随着较大幅度的波动，而在较小的幅度波动之后伴随着较小的幅度波动，波动表现出明显集聚性。图 5 - 2 描绘的是亚太 22 个国家（地区）股票收益率的波动情况，从图中可以看出，股指收益率具有明显的波动集聚特征，特别是在全球金融危机发生期间，各国家（地区）股票收益率的波动幅度都非常明显。这说明，随着经济、金融全球化的趋势逐渐加强，各国（地区）在经济、金融方面联系日益密切，依赖度不断增强。美国作为世界经济发展的领头羊，在世界经济、金融发展中起到举足轻重的作用。此次由美国引发的全球金融危机以多米诺骨牌方式迅速在全球产生连锁反应，各国（地区）股票市场纷纷下跌，波动幅度非常大。

通过图 5 - 2 还可以直观地看出，金融危机前后期各国（地区）股票收益率的波动聚集程度也出现变化，特别是美国、加拿大、中国香港、印度、马来西亚、新西兰、秘鲁、新加坡、澳大利亚等股票收益率在金融危机后期的波动程度明显高于金融危机发生之前。

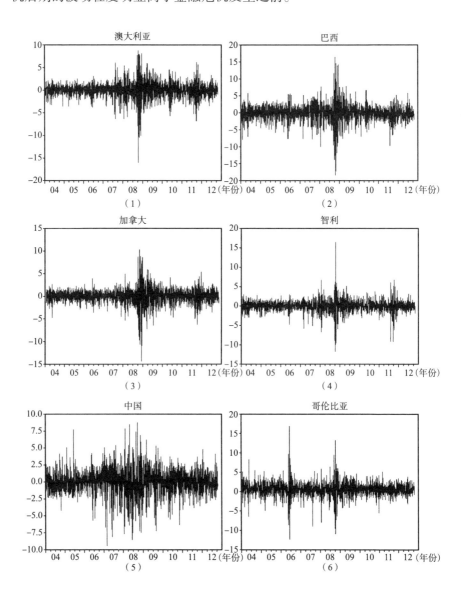

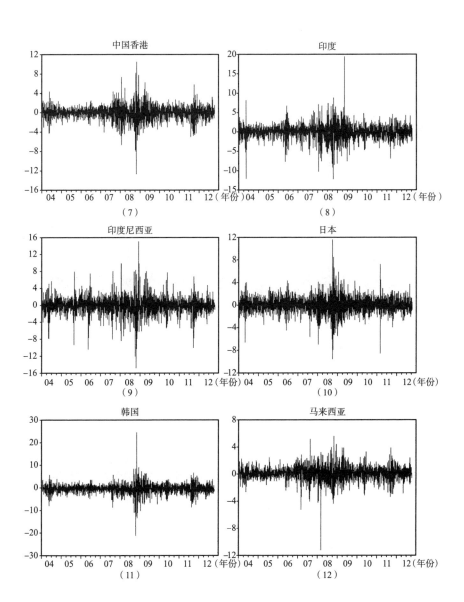

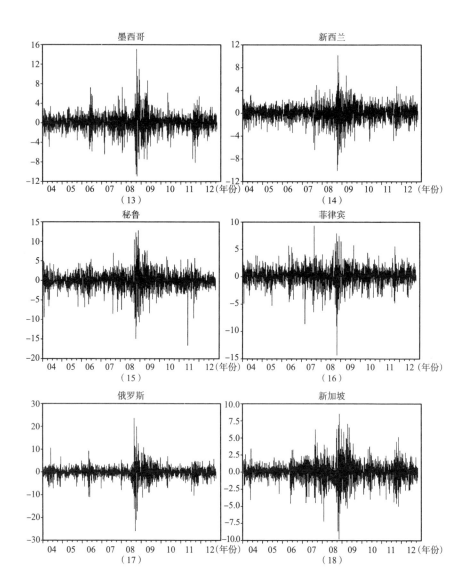

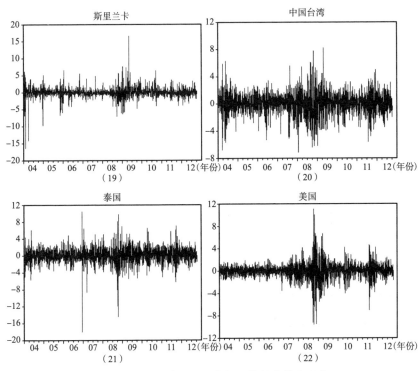

图 5 - 2　亚太地区股票市场日指数收益率变化

5.2.2　亚太股市收益率描述性统计分析

此部分主要对亚太 22 个国家（地区）股票市场指数收益率在金融危机发生前和金融危机发生后进行对比分析，以便了解金融危机对各国（地区）股票收益率的影响。表 5 - 1 和表 5 - 2 描述的是金融危机前后期各国（地区）股票收益率的各指标变动情况。

表 5 - 1　　　　　　金融危机发生前股票市场指数收益率
（2004 年 1 月 1 日至 2008 年 9 月 14 日）

	均值	标准差	偏度	峰度	J - B	prob	样本
中国	0.059	1.861	- 0.435	6.28	590	0.000	1227
菲律宾	0.059	1.523	- 0.243	6.18	529	0.000	1227
韩国	0.047	1.569	- 0.355	5.64	382	0.000	1227

	均值	标准差	偏度	峰度	J - B	prob	样本
马来西亚	0.028	0.989	-1.479	19.12	13726	0.000	1227
日本	0.012	1.274	-0.304	4.88	199	0.000	1227
斯里兰卡	0.015	1.315	-2.993	39.87	71312	0.000	1227
中国台湾	-0.0001	1.460	-0.372	5.65	388	0.000	1227
泰国	0.008	1.599	-0.986	18.59	12629	0.000	1227
中国香港	0.031	1.204	-0.197	7.08	857	0.000	1227
新加坡	0.044	1.177	-0.394	6.53	668	0.000	1227
印度	0.065	1.769	-0.627	7.97	1342	0.000	1227
印度尼西亚	0.078	1.850	-0.462	6.99	860	0.000	1227
澳大利亚	0.010	0.860	-0.233	5.26	272	0.000	1227
美国	0.040	1.355	-0.412	6.13	537	0.000	1227
巴西	0.107	2.051	-0.457	4.38	140	0.000	1227
俄罗斯	0.053	1.927	-0.574	7.05	905	0.000	1227
加拿大	0.055	1.121	-0.498	4.69	196	0.000	1227
秘鲁	0.079	1.793	-0.469	5.10	271	0.000	1227
新西兰	-0.008	1.188	-0.389	4.94	223	0.000	1227
智利	0.058	1.210	-0.323	6.058	499	0.000	1227
哥伦比亚	0.142	1.910	-0.322	12.94	5078	0.000	1227
墨西哥	0.082	1.455	-0.158	5.53	332	0.000	1227

表 5 - 2   金融危机发生后股票市场指数收益率
（2008 年 9 月 15 日至 2012 年 10 月 24 日）

	均值	标准差	偏度	峰度	J - B	prob	样本
中国	0.021	1.707	-0.226	5.67	328	0.000	1073
菲律宾	0.060	1.656	-0.771	11.01	2974	0.000	1073

	均值	标准差	偏度	峰度	J - B	prob	样本
韩国	0.028	2.515	- 0.140	18.57	10850	0.000	1073
马来西亚	0.051	1.058	0.008	5.57	294	0.000	1073
日本	- 0.018	1.609	- 0.098	9.74	2035	0.000	1073
斯里兰卡	0.055	1.578	1.954	22.34	17409	0.000	1073
中国台湾	0.014	1.627	- 0.132	5.66	320	0.000	1073
泰国	0.063	1.906	- 0.611	9.73	2094	0.000	1073
中国香港	0.025	1.634	- 0.171	10.74	2681	0.000	1073
新加坡	0.023	1.69	- 0.201	7.44	892	0.000	1073
印度	0.010	2.071	0.443	12.68	4228	0.000	1073
印度尼西亚	0.070	2.128	- 0.254	11.08	2929	0.000	1073
澳大利亚	0.011	1.702	- 0.292	10.34	2421	0.000	1073
美国	0.014	2.174	- 0.866	9.76	2176	0.000	1073
巴西	- 0.102	2.681	- 0.325	12.48	4039	0.000	1073
俄罗斯	- 0.012	3.151	- 0.369	15.62	7142	0.000	1073
加拿大	- 0.001	2.051	- 0.704	9.76	2130	0.000	1073
秘鲁	0.046	2.455	- 0.430	9.84	2124	0.000	1073
新西兰	0.020	1.749	- 0.502	7.34	888	0.000	1073
智利	0.035	1.753	- 0.288	16.49	8155	0.000	1073
哥伦比亚	0.068	1.724	- 0.481	12.00	3664	0.000	1073
墨西哥	0.027	2.097	- 0.039	9.97	2174	0.000	1073

从均值变化来看，日本、巴西、俄罗斯和加拿大等国的股市收益率均值在金融危机爆发前为正值，金融危机爆发后则为负值，说明金融危机对这几个国家股票市场的负向冲击比较明显；另外，中国台湾和新西兰股市收益率均值由危机前的负值转变为危机后的正值，而且变动幅度很大，分别由危机前的 - 0.0001、- 0.008 转变为危机后的 0.014、0.020；菲律

宾、印度尼西亚和澳大利亚的股市收益率均值为正值，且在金融危机前后未发生明显的变化；马来西亚、斯里兰卡和泰国股市收益率均值为正值，危机后较危机前有明显增加，其中泰国增幅较大，危机前为 0.008，危机后为 0.063；剩下的 10 个国家（地区）股市收益率均值虽然都为正值，但金融危机的发生使得均值都下降，值得指出的是，中国大陆股市收益率均值危机前为 0.059，危机后为 0.021。

从标准差（反映的是非条件波动）的变化来看，除了中国沪深股市和哥伦比亚股市收益率的标准差在金融危机后下降外，其他 20 个国家（地区）股市收益率的标准差在危机后都增加，且变动幅度较大的是韩国、澳大利亚、俄罗斯、加拿大。可以说明这几个国家受到金融危机的冲击后，股票市场的风险程度加大。因此，从收益—方差分析的角度来看，菲律宾、马来西亚、斯里兰卡、泰国和澳大利亚股票市场最具有投资价值。

从偏度指标来看，金融危机发生前期，亚太 22 个国家（地区）股市收益率均右偏，其中，马来西亚和斯里兰卡股市的不对称性比较明显。金融危机后期，马来西亚、斯里兰卡和印度股市收益率左偏，其他各国（地区）股市收益率依然是右偏，斯里兰卡股市的不对称性依旧明显。偏度为负表明较大的负向冲击比正向冲击更能引起股市收益的波动。22 个国家（地区）股票市场所对应的 J - B 统计值均拒绝了正态分布的假定，峰度指标均大于 3，说明股市收益率的分布具有高峰厚尾的特性。

5.2.3　单位根检验

一般地，在用金融时间序列数据分析问题时，往往都要对其进行单位根检验，以确保数据的平稳性。在后面的协整分析，格兰杰因果检验以及 VAR 模型分析中都需要确定亚太各股市指数及收益率的平稳性，因此，有必要先对 22 个国家（地区）股市指数和股市收益率的平稳性进行检验。如表 5 - 3 所示，在对亚太 22 个股票市场日指数进行 ADF 检验时，发现股票市场日指数均不平稳，而日指数的一阶差分，也就是股票日指数收益率是平稳的。

表5-3

单位根检验

	全样本期				危机发生前				危机发生后			
	日指数		日指数收益率		日指数		日指数收益率		日指数		日指数收益率	
	ADF	P值	ADF	P值	ADF	P值	ADF	P值	ADF	P值	ADF	P值
中国	-1.368	0.599	-47.499***	0.000	-0.842	0.806	-34.384***	0.000	-2.072	0.256	-32.798***	0.000
菲律宾	-0.739	0.835	-42.749***	0.000	-1.320	0.622	-31.426***	0.000	-0.512	0.886	-29.141***	0.000
韩国	-1.947	0.311	-46.715***	0.000	-1.506	0.530	-33.469***	0.000	-1.383	0.592	-32.137***	0.000
马来西亚	-0.703	0.844	-43.252***	0.000	-1.226	0.665	-31.662***	0.000	-0.819	0.812	-29.393***	0.000
日本	-1.574	0.496	-38.561***	0.000	-1.883	0.341	-37.471***	0.000	-2.777	0.062	-27.403***	0.000
斯里兰卡	-1.296	0.634	-24.032***	0.000	1.657	0.453	-25.437***	0.000	-1.187	0.682	-14.988***	0.000
中国台湾	-2.245	0.191	-45.916***	0.000	-1.892	0.336	-34.636***	0.000	-1.386	0.591	-30.436***	0.000
泰国	-0.519	0.885	-47.425***	0.000	-1.483	0.542	-34.945***	0.000	-0.654	0.856	-32.111***	0.000
中国香港	-1.756	0.403	-47.747***	0.000	-1.505	0.531	-34.759***	0.000	-1.073	0.728	-32.641***	0.000
新加坡	-1.577	0.494	-47.545***	0.000	-1.298	0.632	-35.139***	0.000	-1.068	0.730	-32.187***	0.000
印度	-1.745	0.408	-45.085***	0.000	-1.169	0.689	-33.004***	0.000	-1.353	0.606	-30.835***	0.000
印度尼西亚	0.916	0.784	-43.045***	0.000	-1.326	0.619	-31.592***	0.000	-1.176	0.687	-29.441***	0.000
澳大利亚	-1.758	0.402	-37.936***	0.000	-1.698	0.432	-39.099***	0.000	-1.072	0.728	-36.672***	0.000
美国	-2.070	0.257	-46.921***	0.000	-1.492	0.537	-34.314***	0.000	-1.632	0.466	-31.866***	0.000
巴西	-1.821	0.371	-45.212***	0.000	-0.951	0.722	-32.509***	0.000	-1.631	0.466	-24.214***	0.000

续表

	全样本期				危机发生前				危机发生后			
	日指数		日指数收益率		日指数		日指数收益率		日指数		日指数收益率	
	ADF	P值	ADF	P值	ADF	P值	ADF	P值	ADF	P值	ADF	P值
俄罗斯	-1.796	0.383	-44.277***	0.000	-1.376	0.595	-34.136***	0.000	-1.877	0.343	-29.436***	0.000
加拿大	-2.009	0.283	-21.656***	0.000	-1.213	0.671	-33.597***	0.000	-1.618	0.473	-15.036***	0.000
秘鲁	-1.173	0.688	-45.750***	0.000	-0.856	0.803	-33.242***	0.000	-1.450	0.559	-31.629***	0.000
新西兰	-1.558	0.504	-45.592***	0.000	-1.375	0.596	-34.069***	0.000	-1.041	0.740	-23.968***	0.000
智利	-1.357	0.605	-43.489***	0.000	-1.158	0.694	-20.165***	0.000	-1.451	0.558	-22.751***	0.000
哥伦比亚	-0.551	0.879	-43.331***	0.000	-1.418	0.575	-30.662***	0.000	-0.634	0.860	-30.911***	0.000
墨西哥	-1.696	0.433	-43.559***	0.000	-1.416	0.576	-32.487***	0.000	-1.124	0.708	-22.642***	0.000

注：***表示1%的显著性水平。

5.3　亚太股票市场相关性分析

随着全球金融自由化趋势的逐渐加强，全球金融往来越发密切，同时，各国（地区）股票市场也在不同程度上开始自由化进程，各国（地区）股票市场也更多地参与到国际资本市场中，使得各股票市场间的联系不断增强，这就为投资者在国际资本市场上进行多样化投资，分散风险提供可能。金融全球化带来好处的同时，我们也发现，金融危机所引发的金融动荡也会迅速地通过美国股票市场传染到其他与美国经济、金融往来的国家（地区）的股票市场中，引起股票市场价格走势出现巨大的变化，出现逆反馈效应，甚至引起其他国家（地区）股票市场"自促成"形式的危机传染。而且，金融危机的发生也会导致各国（地区）股市收益率之间的相关性和收益率波动之间的相关性发生变化。下面将对金融危机前后亚太地区股市收益率的相关性和收益率波动的相关性进行分析，以了解相关性在危机前后的变动情况。

5.3.1　亚太股市收益率相关性

表 5 - 4 和表 5 - 5 分别表示的是金融危机前和金融危机后亚太各国（地区）股市收益率的相关性。通过危机前后对比发现，各股市收益率之间的相关性都有所增加。

表 5 - 4　　　　　　　　　　危机前亚太地区股市收益率相关性

	美国	巴西	加拿大	智利	中国	哥伦比亚	中国香港	印度	印度尼西亚	日本	韩国
美国	1										
巴西	0.371	1									
加拿大	0.379	0.632	1								
智利	0.336	0.584	0.469	1							
中国	0.180	0.098	0.047	0.08	1						
哥伦比亚	0.258	0.383	0.292	0.371	0.084	1					

	美国	巴西	加拿大	智利	中国	哥伦比亚	中国香港	印度	印度尼西亚	日本	韩国
中国香港	0.598	0.285	0.207	0.253	0.298	0.256	1				
印度	0.427	0.255	0.179	0.202	0.174	0.271	0.521	1			
印度尼西亚	0.475	0.274	0.182	0.230	0.171	0.221	0.538	0.457	1		
日本	0.562	0.184	0.166	0.166	0.176	0.184	0.517	0.360	0.395	1	
韩国	0.565	0.303	0.215	0.258	0.209	0.236	0.626	0.452	0.489	0.585	1
马来西亚	0.490	0.231	0.207	0.215	0.218	0.189	0.495	0.373	0.494	0.366	0.478
墨西哥	0.264	0.685	0.551	0.550	0.061	0.379	0.237	0.191	0.224	0.115	0.250
新西兰	0.629	0.289	0.308	0.292	0.119	0.177	0.301	0.204	0.279	0.293	0.331
秘鲁	0.377	0.579	0.567	0.438	0.077	0.336	0.253	0.237	0.239	0.192	0.247
菲律宾	0.429	0.185	0.153	0.152	0.108	0.173	0.398	0.345	0.389	0.351	0.430
俄罗斯	0.389	0.430	0.371	0.366	0.081	0.351	0.284	0.289	0.282	0.223	0.299
新加坡	0.650	0.383	0.305	0.346	0.196	0.314	0.699	0.537	0.578	0.510	0.602
斯里兰卡	0.018	0.038	-0.002	0.056	0.0004	-0.023	0.030	0.010	0.038	0.062	0.007
中国台湾	0.480	0.251	0.204	0.225	0.161	0.197	0.542	0.402	0.443	0.491	0.657
泰国	0.364	0.266	0.19	0.234	0.110	0.193	0.404	0.294	0.403	0.306	0.402
澳大利亚	0.085	0.544	0.541	0.392	-0.025	0.217	0.088	0.088	0.068	0.023	0.104

	马来西亚	墨西哥	新西兰	秘鲁	菲律宾	俄罗斯	新加坡	斯里兰卡	中国台湾	泰国	澳大利亚
马来西亚	1										
墨西哥	0.181	1									
新西兰	0.321	0.200	1								
秘鲁	0.247	0.487	0.283	1							
菲律宾	0.441	0.145	0.296	0.209	1						
俄罗斯	0.268	0.374	0.230	0.378	0.197	1					
新加坡	0.568	0.332	0.407	0.355	0.398	0.384	1				
斯里兰卡	0.046	0.031	-0.009	0.009	0.044	0.027	0.054	1			
中国台湾	0.434	0.191	0.257	0.208	0.394	0.258	0.543	0.048	1		
泰国	0.359	0.225	0.218	0.236	0.238	0.241	0.436	0.041	0.358	1	
澳大利亚	0.052	0.644	0.058	0.346	0.037	0.188	0.128	-0.012	0.086	0.055	1

表 5 – 5　　　　　　　　金融危机后亚太地区股市收益率相关性

	美国	巴西	加拿大	智利	中国	哥伦比亚	中国香港	印度	印度尼西亚	日本	韩国
美国	1										
巴西	0.535	1									
加拿大	0.556	0.761	1								
智利	0.568	0.713	0.645	1							
中国	0.372	0.255	0.204	0.245	1						
哥伦比亚	0.545	0.622	0.584	0.577	0.244	1					
中国香港	0.678	0.459	0.428	0.423	0.487	0.424	1				
印度	0.546	0.490	0.459	0.492	0.319	0.447	0.545	1			
印度尼西亚	0.563	0.348	0.335	0.381	0.321	0.429	0.601	0.499	1		
日本	0.576	0.171	0.237	0.188	0.283	0.294	0.530	0.214	0.392	1	
韩国	0.673	0.391	0.357	0.362	0.388	0.395	0.677	0.451	0.553	0.574	1
马来西亚	0.646	0.359	0.354	0.409	0.363	0.399	0.592	0.523	0.605	0.436	0.631
墨西哥	0.551	0.845	0.749	0.723	0.246	0.593	0.450	0.518	0.368	0.149	0.396
新西兰	0.755	0.475	0.501	0.505	0.284	0.530	0.492	0.452	0.473	0.469	0.508
秘鲁	0.409	0.688	0.711	0.573	0.200	0.494	0.327	0.411	0.336	0.132	0.262
菲律宾	0.539	0.273	0.265	0.289	0.303	0.361	0.539	0.342	0.563	0.467	0.504
俄罗斯	0.617	0.653	0.638	0.552	0.261	0.602	0.486	0.520	0.433	0.292	0.494
新加坡	0.729	0.539	0.523	0.522	0.399	0.505	0.751	0.653	0.650	0.438	0.669
斯里兰卡	0.097	0.059	0.038	0.103	0.049	0.099	0.088	0.164	0.081	0.084	0.089
中国台湾	0.637	0.323	0.338	0.287	0.369	0.375	0.634	0.431	0.589	0.516	0.733
泰国	0.546	0.427	0.429	0.441	0.355	0.429	0.648	0.554	0.589	0.381	0.483
澳大利亚	0.324	0.735	0.771	0.598	0.134	0.429	0.279	0.382	0.175	0.020	0.238

	马来西亚	墨西哥	新西兰	秘鲁	菲律宾	俄罗斯	新加坡	斯里兰卡	中国台湾	泰国	澳大利亚
马来西亚	1										
墨西哥	0.381	1									
新西兰	0.529	0.503	1								
秘鲁	0.287	0.687	0.387	1							
菲律宾	0.553	0.264	0.468	0.218	1						
俄罗斯	0.460	0.631	0.536	0.531	0.332	1					
新加坡	0.677	0.576	0.577	0.471	0.459	0.614	1				
斯里兰卡	0.101	0.080	0.094	0.049	0.102	0.033	0.082	1			
中国台湾	0.639	0.314	0.467	0.223	0.552	0.426	0.618	0.081	1		
泰国	0.569	0.433	0.452	0.353	0.500	0.448	0.651	0.072	0.484	1	
澳大利亚	0.187	0.748	0.264	0.663	0.069	0.479	0.405	0.014	0.182	0.302	1

分别来看，危机前，美国与中国香港、日本、韩国、新西兰、新加坡之间的股市收益率相关性较强，与斯里兰卡和澳大利亚之间的相关性最弱，而与中国沪深股市之间的相关性也仅为 0.18；但危机后，除了与斯里兰卡股市收益率相关性依旧之外，与其他各国（地区）股票收益相关性明显增强。

危机前，巴西仅与加拿大、智利、墨西哥、秘鲁、美国之间的相关性较强；危机发生后，除了与之前这些国家间的相关性进一步增强外，与哥伦比亚、俄罗斯、新加坡的相关性也非常明显，分别由危机前的 0.383、0.430、0.383 增加到危机后的 0.622、0.653、0.539。

危机前，加拿大仅与墨西哥、秘鲁、美国间的相关性较强；危机后，除了与墨西哥、秘鲁、美国之间的相关性进一步增强外，与智利、哥伦比亚、新西兰、俄罗斯、新加坡间的相关性也明显增强。

危机前，智利仅与墨西哥之间的相关性较强，相关程度达到 0.550，危机后，与墨西哥向相关程度增加到 0.723，同时，与哥伦比亚、新西兰、秘鲁、俄罗斯、新加坡、美国间的相关性较强。

对中国沪深股市而言，虽然危机后与各国（地区）股市收益率之间的相关程度较危机前有所提高，但相关程度依然不明显，在这些股票市场中，仅与中国香港的相关性最强，也仅为 0.487。说明中国沪深股票市场的全球化趋势不强，股票市场的自由化程度不高，与其他各国（地区）股票市场还有很强的分割性。

哥伦比亚在危机前与亚太各股票市场间的相关性程度都很低，但在金融危机发生后，相关性变化很大，与墨西哥、新西兰、俄罗斯、新加坡股票收益率间的相关程度显著增强。

中国香港作为中国最发达的国际金融中心，金融自由化程度非常高，香港股票市场的国际化程度也非常高，与各国（地区）股市往来较密切。危机前，中国香港与美国、印度、印度尼西亚、日本、韩国、新加坡、中国台湾的股市收益率相关程度较强，危机后，除了与美国、印度、印度尼西亚、日本、韩国、新加坡、中国台湾相关性进一步增强外，与马来西亚、菲律宾、泰国间的相关性也有危机前的 0.495、0.398、0.404 增加到危机后的 0.592、0.539、0.648。

危机前，印度、中国香港和新加坡间的股市收益率相关性明显，危机后，与美国、中国香港、马来西亚、墨西哥、新加坡、泰国间的相关程度显著增强。

危机前，印度尼西亚与中国香港和新加坡间的股市收益率相关程度较强，危机后，除了与中国香港、新加坡相关程度进一步加强外，与美国、韩国、马来西亚、菲律宾、中国台湾、泰国间的相关性也明显加强。

日本在危机前与美国、中国香港、韩国、新加坡间的相关性较强，危机后，与新加坡股市收益率之间的相关性反而减弱，由危机前的 0.510 降为危机后的 0.438，与中国台湾股市收益率的相关性则由危机前的 0.491 增加到危机后的 0.516。

危机前，韩国与美国、中国香港、日本、新加坡、中国台湾间的股市收益率相关性较强，危机后，与美国、中国香港、新加坡、中国台湾间的相关性进一步增强，但与日本间的相关性稍有下降，由危机前的 0.585 降到危机后的 0.574。另外，金融危机的发生，也使得韩国与马来西亚、新西兰、菲律宾间的相关程度显著提高。

在金融危机发生之前，马来西亚仅与新加坡之间的股市收益率相关性比较高，为 0.568，而在金融危机爆发后，马来西亚与美国、中国香港、印度、印度尼西亚、韩国、新西兰、菲律宾、新加坡、中国台湾、泰国间的股市收益率相关性显著增强。说明，金融危机后期，马来西亚股票市场的区域联动程度加强。

危机前，墨西哥与巴西、加拿大、智利、澳大利亚间的相关性明显，危机后，除了与巴西、加拿大、智利、澳大利亚间的相关性进一步加强外，同时与美国、哥伦比亚、印度、新西兰、秘鲁、俄罗斯、新加坡间的相关性显著增强。

危机前，新西兰仅与美国股市收益率间的相关性明显，为0.629，危机后，与各国（地区）间的相关性明显提高，与美国、加拿大、智利、哥伦比亚、俄罗斯、新加坡的相关性显著增强。

危机前，秘鲁仅与巴西、加拿大间的相关性强，危机后，除了巴西、加拿大外，与智利、俄罗斯、澳大利亚间的相关性明显提高。

危机前，菲律宾、俄罗斯、泰国与亚太其他股市收益率间的相关性都非常低，危机后，相关程度改变明显。其中，菲律宾与美国、中国香港、印度尼西亚、韩国、中国台湾间的相关性明显；俄罗斯与美国、巴西、加拿大、智利、哥伦比亚、印度、新加坡间的相关性明显；泰国与美国、中国香港、印度尼西亚、马来西亚、新加坡间的相关性明显。

危机前，新加坡与美国、中国香港、印度、印度尼西亚、日本、韩国、马来西亚间的相关性较强，危机后，与美国、中国香港、印度、印度尼西亚、日本、韩国、马来西亚的相关性进一步增强，同时，与巴西、加拿大、智利、哥伦比亚、墨西哥、新西兰、俄罗斯间的相关性也明显提高。

危机前，中国台湾与中国香港、韩国、新加坡间的股市收益率相关性较强，危机后，除了与中国香港、韩国、新加坡的相关程度进一步增强外，与美国、印度、日本、马来西亚、菲律宾间的相关性也越发的明显。此外，澳大利亚在危机前与巴西、加拿大、墨西哥间的相关性较强，危机后，与智利、秘鲁间的相关性也很强。值得指出的是，无论是在危机前，还是危机后，斯里兰卡与亚太其他股票市场收益率间的相关性很弱，这可以在一定程度上说明斯里兰卡股票市场自由化程度很低，与其他股票市场的联动性较弱，一体化程度低，尚处于分割状态。

通过对亚太股市收益率间的相关性进行金融危机前后对比分析，发现金融危机之前，亚洲各股票市场更多地表现出亚洲区域内之间的相关性，与北美洲和南美洲股票市场间的相关性要弱些。金融危机发生后，亚洲股市收益率之间的国际相关性程度开始加强。

5.3.2　亚太股市收益率波动相关性

全球金融危机给各国（地区）股票市场带来严重的冲击，在影响股市收益率变动的同时，也带来股市的波动。随着股市全球化趋势的加强，金融危机所引发的股市波动会迅速地在各国（地区）股市间传播，引起别国（地区）股市波动。我们采用 GARCH 模型，以股票日指数收益率为初始数据，计算出了各股票市场日指数收益率的方差，以方差的变化来表示股票市场的波动程度。与之前的分析方法一样，同样以金融危机的发生为分界点来研究亚太股市间收益率波动的相关性，以衡量金融危机引发的股市波动在各国时间的变动情况。

表 5-6 和表 5-7 分别表示的是金融危机前后亚太股市收益波动的相关性情况。表 5-6 显示，金融危机发生前，中国与哥伦比亚、中国香港与哥伦比亚、马来西亚与哥伦比亚、新西兰与哥伦比亚、澳大利亚与哥伦比亚、俄罗斯与中国、澳大利亚与泰国之间在股票收益波动上不存在相互影响，也就是说这几个股票市场间不存在着波动的传染效应。值得指出的是，斯里兰卡与亚太其他国家（地区）股市收益间的波动相关性非常弱，大部分不存在相互影响，相关性大多为负。泰国与其他股市收益波动间的相关性也非常弱，波动影响甚至不显著。其他各国（地区）间均存在着不同程度的影响。当金融危机发生后，我们发现，各股市收益波动间的相关性明显加强，股市收益波动产生的影响迅速影响着各股票市场，美国股市收益波动对亚太股市产生的溢出效应和逆反馈效应以及亚太其他股市间由于受金融危机的影响而形成的"自促成"式的传染机制都导致了股市间波动的相关程度加强。与危机前相比，泰国与亚太各国（地区）股市收益波动间的相关性非常显著，这说明其他股市的波动对泰国股市影响很大。与危机前相比，危机后，斯里兰卡与亚太各国（地区）相关性明显增加，且相关性都为正，但与其他股票市场间收益波动相关程度相比，显得非常弱，这也进一步反映出了斯里兰卡股票市场的分割性明显，国际化程度极低。

表 5 - 6　　　　金融危机前股市收益波动相关性

	美国	巴西	加拿大	智利	中国	哥伦比亚	中国香港	印度	印度尼西亚	日本	韩国
美国	1										
巴西	0.668*** (0.000)	1									
加拿大	0.840*** (0.000)	0.749*** (0.000)	1								
智利	0.709*** (0.000)	0.756*** (0.000)	0.694*** (0.000)	1							
中国	0.582*** (0.000)	0.279*** (0.000)	0.465*** (0.000)	0.424*** (0.000)	1						
哥伦比亚	0.133*** (0.000)	0.421*** (0.000)	0.235*** (0.000)	0.232*** (0.000)	0.039 (0.176)	1					
中国香港	0.826*** (0.000)	0.678*** (0.000)	0.770*** (0.000)	0.802*** (0.000)	0.448*** (0.000)	0.053 (0.066)	1				
印度	0.551*** (0.000)	0.644*** (0.000)	0.578*** (0.000)	0.596*** (0.000)	0.333*** (0.000)	0.467*** (0.000)	0.584*** (0.000)	1			
印度尼西亚	0.475 (0.000)	0.645 (0.000)	0.492 (0.000)	0.528 (0.000)	0.191 (0.000)	0.417 (0.000)	0.447 (0.000)	0.586 (0.000)	1		

续表

	美国	巴西	加拿大	智利	中国	哥伦比亚	中国香港	印度	印度尼西亚	日本	韩国
日本	0.664 *** (0.000)	0.667 *** (0.000)	0.651 *** (0.000)	0.681 *** (0.000)	0.273 *** (0.000)	0.315 *** (0.000)	0.673 *** (0.000)	0.688 *** (0.000)	0.558 *** (0.000)	1	
韩国	0.644 *** (0.000)	0.601 *** (0.000)	0.570 *** (0.000)	0.469 *** (0.000)	0.195 *** (0.000)	0.218 *** (0.000)	0.602 *** (0.000)	0.593 *** (0.000)	0.488 *** (0.000)	0.682 *** (0.000)	1
马来西亚	0.643 *** (0.000)	0.437 *** (0.000)	0.556 *** (0.000)	0.497 *** (0.000)	0.467 *** (0.000)	0.048 (0.092)	0.524 *** (0.000)	0.428 *** (0.000)	0.394 *** (0.000)	0.386 *** (0.000)	0.404 *** (0.000)
墨西哥	0.590 *** (0.000)	0.799 *** (0.000)	0.701 *** (0.000)	0.657 *** (0.000)	0.239 *** (0.000)	0.456 *** (0.000)	0.555 *** (0.000)	0.560 *** (0.000)	0.536 *** (0.000)	0.624 *** (0.000)	0.455 *** (0.000)
新西兰	0.785 *** (0.000)	0.505 *** (0.000)	0.630 *** (0.000)	0.477 *** (0.000)	0.593 *** (0.000)	0.037 (0.199)	0.668 *** (0.000)	0.449 *** (0.000)	0.287 *** (0.000)	0.469 *** (0.000)	0.571 *** (0.000)
秘鲁	0.597 *** (0.000)	0.751 *** (0.000)	0.638 *** (0.000)	0.561 *** (0.000)	0.158 *** (0.000)	0.319 *** (0.000)	0.589 *** (0.000)	0.459 *** (0.000)	0.448 *** (0.000)	0.474 *** (0.000)	0.520 *** (0.000)
菲律宾	0.540 *** (0.000)	0.613 *** (0.000)	0.408 *** (0.000)	0.573 *** (0.000)	0.396 *** (0.000)	0.244 *** (0.000)	0.437 *** (0.000)	0.426 *** (0.000)	0.491 *** (0.000)	0.359 *** (0.000)	0.381 *** (0.000)
俄罗斯	0.212 *** (0.000)	0.484 *** (0.000)	0.342 *** (0.000)	0.292 *** (0.000)	0.039 (0.164)	0.631 *** (0.000)	0.171 *** (0.000)	0.421 *** (0.000)	0.391 *** (0.000)	0.390 *** (0.000)	0.403 *** (0.000)
新加坡	0.849 *** (0.000)	0.766 *** (0.000)	0.708 *** (0.000)	0.781 *** (0.000)	0.459 *** (0.000)	0.255 *** (0.000)	0.792 *** (0.000)	0.616 *** (0.000)	0.611 *** (0.000)	0.678 *** (0.000)	0.667 *** (0.000)

续表

	美国	巴西	加拿大	智利	中国	哥伦比亚	中国香港	印度	印度尼西亚	日本	韩国
斯里兰卡	−0.182*** (0.000)	0.005 (0.856)	−0.107*** (0.0002)	0.003 (0.913)	−0.296*** (0.000)	0.008 (0.78)	−0.07 (0.014)	−0.016 (0.567)	−0.034 (0.232)	−0.051 (0.075)	−0.044 (0.127)
中国台湾	0.607*** (0.000)	0.584*** (0.000)	0.611*** (0.000)	0.557*** (0.000)	0.251*** (0.000)	0.232*** (0.000)	0.605*** (0.000)	0.672*** (0.000)	0.499*** (0.000)	0.696*** (0.000)	0.818*** (0.000)
泰国	0.046 (0.105)	0.069 (0.015)	0.035 (0.224)	0.072 (0.012)	0.047 (0.099)	0.044 (0.128)	0.075 (0.009)	0.114 (0.0001)	0.134 (0.000)	0.063 (0.027)	0.075 (0.009)
澳大利亚	0.873*** (0.000)	0.545*** (0.000)	0.806*** (0.000)	0.600*** (0.000)	0.655*** (0.000)	0.040 (0.157)	0.749*** (0.000)	0.465*** (0.000)	0.307*** (0.000)	0.516*** (0.000)	0.523*** (0.000)

	澳大利亚	泰国	中国台湾	斯里兰卡	新加坡	俄罗斯	菲律宾	秘鲁	新西兰	墨西哥	马来西亚
马来西亚											1
墨西哥										1	0.395*** (0.000)
新西兰									1	0.335*** (0.000)	0.464*** (0.000)
秘鲁								1	0.522*** (0.000)	0.653*** (0.000)	0.345*** (0.000)
菲律宾							1	0.575*** (0.000)	0.443*** (0.000)	0.559*** (0.000)	0.525*** (0.000)

续表

	马来西亚	墨西哥	新西兰	秘鲁	菲律宾	俄罗斯	新加坡	斯里兰卡	中国台湾	泰国	澳大利亚
俄罗斯	0.067 (0.019)	0.452*** (0.000)	0.125*** (0.000)	0.338*** (0.000)	0.211*** (0.000)	1					
新加坡	0.587*** (0.000)	0.669*** (0.000)	0.631*** (0.000)	0.639*** (0.000)	0.705*** (0.000)	0.305*** (0.000)	1				
斯里兰卡	-0.112 (0.0001)	-0.08 (0.005)	-0.127*** (0.000)	0.229*** (0.000)	-0.088 (0.002)	-0.035 (0.215)	-0.136*** (0.000)	1			
中国台湾	0.407*** (0.000)	0.467*** (0.000)	0.574*** (0.000)	0.499*** (0.000)	0.389*** (0.000)	0.371*** (0.000)	0.620*** (0.000)	0.028 (0.331)	1		
泰国	0.099 (0.001)	0.050 (0.078)	0.031 (0.281)	0.077 (0.007)	0.078 (0.006)	0.034 (0.234)	0.128*** (0.000)	0.0002 (0.993)	0.097 (0.001)	1	
澳大利亚	0.623*** (0.000)	0.485*** (0.000)	0.831*** (0.000)	0.503*** (0.000)	0.423*** (0.000)	0.119*** (0.000)	0.667*** (0.000)	-0.195*** (0.000)	0.569*** (0.000)	0.011 (0.708)	1

注：*** 表示在 1% 的水平下显著，日指数收益的波动（条件方差）由 GARCH 模型计算而得。

表 5 - 7　　金融危机后股市收益波动相关性

	美国	巴西	加拿大	智利	中国	哥伦比亚	中国香港	印度	印度尼西亚	日本	韩国
美国	1										
巴西	0.950 *** (0.000)	1									
加拿大	0.889 *** (0.000)	0.942 *** (0.000)	1								
智利	0.877 *** (0.000)	0.785 *** (0.000)	0.650 *** (0.000)	1							
中国	0.736 *** (0.000)	0.808 *** (0.000)	0.743 *** (0.000)	0.591 *** (0.000)	1						
哥伦比亚	0.907 *** (0.000)	0.926 *** (0.000)	0.797 *** (0.000)	0.821 *** (0.000)	0.849 *** (0.000)	1					
中国香港	0.883 *** (0.000)	0.919 *** (0.000)	0.930 *** (0.000)	0.654 *** (0.000)	0.697 *** (0.000)	0.812 *** (0.000)	1				
印度	0.758 *** (0.000)	0.777 *** (0.000)	0.814 *** (0.000)	0.551 *** (0.000)	0.574 *** (0.000)	0.687 *** (0.000)	0.826 *** (0.000)	1			
印度尼西亚	0.851 *** (0.000)	0.871 *** (0.000)	0.892 *** (0.000)	0.630 *** (0.000)	0.657 *** (0.000)	0.741 *** (0.000)	0.926 *** (0.000)	0.811 *** (0.000)	1		
日本	0.844 *** (0.000)	0.833 *** (0.000)	0.765 *** (0.000)	0.718 *** (0.000)	0.594 *** (0.000)	0.820 *** (0.000)	0.820 *** (0.000)	0.679 *** (0.000)	0.731 *** (0.000)	1	

续表

	美国	巴西	加拿大	智利	中国	哥伦比亚	中国香港	印度	印度尼西亚	日本	韩国
韩国	0.884*** (0.000)	0.946*** (0.000)	0.907*** (0.000)	0.659*** (0.000)	0.825*** (0.000)	0.890*** (0.000)	0.934*** (0.000)	0.763*** (0.000)	0.864*** (0.000)	0.811*** (0.000)	1
马来西亚	0.784*** (0.000)	0.790*** (0.000)	0.762*** (0.000)	0.601*** (0.000)	0.666*** (0.000)	0.733*** (0.000)	0.852*** (0.000)	0.745*** (0.000)	0.866*** (0.000)	0.702*** (0.000)	0.860*** (0.000)
墨西哥	0.962*** (0.000)	0.968*** (0.000)	0.925*** (0.000)	0.835*** (0.000)	0.772*** (0.000)	0.906*** (0.000)	0.910*** (0.000)	0.805*** (0.000)	0.871*** (0.000)	0.832*** (0.000)	0.912*** (0.000)
新西兰	0.950*** (0.000)	0.960*** (0.000)	0.948*** (0.000)	0.768*** (0.000)	0.746*** (0.000)	0.876*** (0.000)	0.925*** (0.000)	0.826*** (0.000)	0.895*** (0.000)	0.843*** (0.000)	0.912*** (0.000)
秘鲁	0.867*** (0.000)	0.911*** (0.000)	0.950*** (0.000)	0.648*** (0.000)	0.720*** (0.000)	0.777*** (0.000)	0.893*** (0.000)	0.806*** (0.000)	0.873*** (0.000)	0.753*** (0.000)	0.877*** (0.000)
菲律宾	0.879*** (0.000)	0.914*** (0.000)	0.860*** (0.000)	0.703*** (0.000)	0.790*** (0.000)	0.892*** (0.000)	0.910*** (0.000)	0.727*** (0.000)	0.859*** (0.000)	0.799*** (0.000)	0.923*** (0.000)
俄罗斯	0.840*** (0.000)	0.894*** (0.000)	0.794*** (0.000)	0.706*** (0.000)	0.930*** (0.000)	0.933*** (0.000)	0.795*** (0.000)	0.665*** (0.000)	0.737*** (0.000)	0.706*** (0.000)	0.912*** (0.000)
新加坡	0.899*** (0.000)	0.896*** (0.000)	0.894*** (0.000)	0.714*** (0.000)	0.645*** (0.000)	0.806*** (0.000)	0.948*** (0.000)	0.873*** (0.000)	0.904*** (0.000)	0.837*** (0.000)	0.887*** (0.000)
斯里兰卡	0.257*** (0.000)	0.276*** (0.000)	0.311*** (0.000)	0.172*** (0.000)	0.248*** (0.000)	0.260*** (0.000)	0.290*** (0.000)	0.683*** (0.000)	0.307*** (0.000)	0.239*** (0.000)	0.277*** (0.000)
中国台湾	0.805*** (0.000)	0.865*** (0.000)	0.855*** (0.000)	0.631*** (0.000)	0.841*** (0.000)	0.806*** (0.000)	0.829*** (0.000)	0.781*** (0.000)	0.838*** (0.000)	0.664*** (0.000)	0.896*** (0.000)

续表

	美国	巴西	加拿大	智利	中国	哥伦比亚	中国香港	印度	印度尼西亚	日本	韩国
泰国	0.907*** (0.000)	0.900*** (0.000)	0.856*** (0.000)	0.752*** (0.000)	0.659*** (0.000)	0.846*** (0.000)	0.940*** (0.000)	0.790*** (0.000)	0.891*** (0.000)	0.830*** (0.000)	0.886*** (0.000)
澳大利亚	0.930*** (0.000)	0.954*** (0.000)	0.951*** (0.000)	0.778*** (0.000)	0.775*** (0.000)	0.856*** (0.000)	0.892*** (0.000)	0.752*** (0.000)	0.839*** (0.000)	0.791*** (0.000)	0.907*** (0.000)

	马来西亚	墨西哥	新西兰	秘鲁	菲律宾	俄罗斯	新加坡	斯里兰卡	中国台湾	泰国	澳大利亚
马来西亚	1										
墨西哥	0.819*** (0.000)	1									
新西兰	0.806*** (0.000)	0.960*** (0.000)	1								
秘鲁	0.770*** (0.000)	0.901*** (0.000)	0.929*** (0.000)	1							
菲律宾	0.822*** (0.000)	0.885*** (0.000)	0.884*** (0.000)	0.814*** (0.000)	1						
俄罗斯	0.758*** (0.000)	0.860*** (0.000)	0.822*** (0.000)	0.771*** (0.000)	0.874*** (0.000)	1					
新加坡	0.872*** (0.000)	0.934*** (0.000)	0.933*** (0.000)	0.880*** (0.000)	0.859*** (0.000)	0.752*** (0.000)	1				
斯里兰卡	0.306*** (0.000)	0.333*** (0.000)	0.340*** (0.000)	0.345*** (0.000)	0.230*** (0.000)	0.282*** (0.000)	0.388*** (0.000)	1			

续表

	马来西亚	墨西哥	新西兰	秘鲁	菲律宾	俄罗斯	新加坡	斯里兰卡	中国台湾	泰国	澳大利亚
中国台湾	0.852*** (0.000)	0.873*** (0.000)	0.850*** (0.000)	0.847*** (0.000)	0.821*** (0.000)	0.887*** (0.000)	0.824*** (0.000)	0.431*** (0.000)	1		
泰国	0.832*** (0.000)	0.892*** (0.000)	0.897*** (0.000)	0.830*** (0.000)	0.927*** (0.000)	0.789*** (0.000)	0.914*** (0.000)	0.275*** (0.000)	0.767*** (0.000)	1	
澳大利亚	0.769*** (0.000)	0.957*** (0.000)	0.937*** (0.000)	0.909*** (0.000)	0.861*** (0.000)	0.841*** (0.000)	0.882*** (0.000)	0.278*** (0.000)	0.856*** (0.000)	0.842*** (0.000)	1

注：*** 表示在 1% 的水平下显著，日指数收益的波动（条件方差）由 GARCH 模型计算而得。

5.3.3　自相关检验

一般来说，股票市场的收益率水平往往会受到前期收益率水平的影响，即股票市场指数收益率存在着自相关的特征，因此，股市收益率水平具有可传递的特征。当股票市场受到外来信息的冲击（比如金融危机），使得股市收益率幅度明显增大的，会使得后期收益率的波动幅度也处于较高水平。因此，股市收益率幅度较大的点常聚集在某个时间段，而收益率幅度较小的点聚集在另外一个时期，即收益率序列具有聚集性的特征。由于在受到外来信息的冲击下，指数收益率的波动幅度会呈现明显增大的趋势，造成了投资者对未来市场波动的不确定性增加，从而使得市场的投资风险增加。

因此，我们采用 Ljung – Box 检验亚太指数收益率和收益率平方的跨期依赖性。Ljung – Box 统计检验股市收益率是否存在 n 期滞后自相关。以 LB – Q（n）表示序列滞后 n 期的 Ljung – Box 统计量，LB – Q^2（n）表示序列的平方滞后 n 期的 Ljung – Box 统计量。分别采取滞后 6 期、12 期、18 期、24 期，即 LB – Q(6)、LB – Q(12)、LB – Q(18)、LB – Q(24)，LB – Q 统计量以 1% 的临界水平拒绝了序列非自相关的原假设，说明亚太股市收益率序列是高度自相关的，这意味着，股市收益率水平受前期收益率水平的影响。类似地，我们也对股市收益率的平方进行检验，也分别采取滞后 6 期、12 期、18 期、24 期，即 LB – Q^2(6)、LB – Q^2(12)、LB – Q^2(18)、LB – Q^2(24)，LB – Q^2 以 1% 的临界水平拒绝了序列平方非自相关的原假设，收益率平方序列显著自相关，这就意味着亚太股市收益率平方序列具有波动集聚性和时变方差，具有明显的 ARCH 效应。

5.4　协整分析

5.4.1　VAR 滞后阶数选择标准

对多变量进行 Johansen 协整检验需要我们事先确定 VAR 模型适当的滞后长度。在表 5 – 9 中，第一列 lag 表示滞后阶数，各个滞后阶数后面都

表5-8 亚太股指数日指数收益率和收益率平方 LB 检验

日指数收益率

	美国	巴西	加拿大	智利	中国	哥伦比亚	中国香港	印度	印度尼西亚	日本	韩国
LB-Q (6)	21.176	19.84	67.97	44.342	15.023	37.227	14.545	16.978	33.562	36.62	18.529
LB-Q (12)	26.972	35.867	94.648	62.355	20.682	44.791	18.209	58.392	39.128	44.246	20.973
LB-Q (18)	30.125	71.104	109.63	96.884	32.709	59.419	25.22	75.13	57.585	49.931	29.415
LB-Q (24)	41.362	84.789	119.55	104.27	46.893	71.332	27.56	79.5	60.946	51.953	40.075

日指数收益率平方

	美国	巴西	加拿大	智利	中国	哥伦比亚	中国香港	印度	印度尼西亚	日本	韩国
LB-Q² (6)	1739.9	1311	1476.4	1072.6	216.16	1225.2	1133.1	222.7	388.57	983.93	505.53
LB-Q² (12)	2758.7	2611.6	2739.4	1726.5	390.24	1547.4	1937.7	389.29	512.48	1529.6	1023.5
LB-Q² (18)	3322.1	3255.5	3687.6	1882.6	536.9	2076.1	2459.5	504.74	800.89	1876.4	1262.3
LB-Q² (24)	4166.8	3765.2	4367.7	1985.1	668.61	2211.1	2678.5	577.79	876.12	2015.6	1378.6

日指数收益率

	马来西亚	墨西哥	新西兰	秘鲁	菲律宾	俄罗斯	新加坡	斯里兰卡	中国台湾	泰国	澳大利亚
LB-Q (6)	31.549	33.775	14.650	11.881	43.633	33.361	21.098	118.67	15.216	17.283	37.412
LB-Q (12)	41.346	41.519	20.652	19.776	45.624	65.135	31.421	124.16	23.983	29.870	54.368
LB-Q (18)	52.310	58.667	30.076	26.393	51.367	110.17	77.282	146.33	58.537	49.297	92.125
LB-Q (24)	59.525	59.798	36.603	43.698	59.109	124.98	81.079	156.88	66.675	53.188	96.038

续表

	马来西亚	墨西哥	新西兰	秘鲁	菲律宾	俄罗斯	新加坡	斯里兰卡	中国台湾	泰国	澳大利亚
	日指数收益率平方										
LB-Q²(6)	190.88	1165.0	1594.9	458.15	300.41	491.62	1398.6	141.87	338.27	308.30	1231.9
LB-Q²(12)	237.59	2202.9	2320.7	911.90	521.72	1195.3	2287.2	151.29	542.89	415.99	2597.7
LB-Q²(18)	269.67	2807.0	2771.9	1254.7	665.41	1961.6	2941.4	178.64	771.47	542.13	3384.4
LB-Q²(24)	286.37	3180.5	3186.9	1499.5	741.15	2196.3	3340.3	189.25	916.89	552.68	4037.5

注：LB-Q 和 LB-Q² 分别为日指数收益率和日指数收益率平方的 Ljung-Box（LB）统计。括号内的数字为滞后期。

有相对应的五大信息准则的相关值。"＊"表示单个信息准则所对应的最优滞后阶数。从结果中可以看出，FPE、AIC 和 SIC 的选择是 3，HQIC 的选择是 2，LR 的选择是 8。因此，选择 VAR（3）建立 3 阶 VAR 模型。

表 5－9　　　　　　　　　　VAR 滞后阶数选择标准

Lag	LogL	LR	FPE	AIC	SIC	HQIC
0	－82698. 64	NA	1004. 016	72. 183	72. 241	72. 204
1	－80623. 66	4106. 519	260. 539	70. 834	73. 427	71. 338＊
2	－79965. 85	1288. 632	232. 868	70. 722	73. 762	71. 708
3	－79398. 90	1099. 267	225. 352＊	70. 688＊	72. 215＊	72. 158
4	－78961. 47	839. 361	244. 241	70. 768	74. 718	72. 721
5	－78530. 12	819. 051	266. 220	70. 854	76. 123	73. 289
6	－78071. 02	862. 519	283. 370	70. 915	77. 532	73. 833
7	－77622. 91	832. 874	304. 704	70. 985	78. 917	74. 386
8	－77210. 15	758. 885＊	338. 133	71. 086	80. 312	74. 970

注：LogL，LR，FPE，AIC，SIC，HQIC 分别为对数似然值（the Log Likelihood Value）、似然比检验（the Likelihood Ratio）、最终预测误差（the Final Prediction Error）、AIC 信息准则（the Akaike Information Criterion）、SC 信息准则（the Schwartz Information Criterion）、HQ 信息准则（the Hannan Quinn Information Criterion）。

5.4.2　Johansen 协整检验

此部分主要检验的是亚太地区 22 个股票市场日指数在全样本期（2004 年 1 月 1 日至 2012 年 10 月 24 日）、危机前（2004 年 1 月 1 日至 2008 年 9 月 14 日）和危机后（2008 年 9 月 15 日至 2012 年 10 月 24 日）的 Johansen 协整情况，以反映随着时间的推移，股票市场间的联动性程度。分别采用序列不含确定性趋势，协整方程含有截距项（模型一）；序列含确定性趋势，协整方程仅含有截距项（模型二）；序列含有二次趋势，协整方程有截距和线性确定性趋势（模型三）三种形式对 22 个股票市场的协整关系进行检验。

表 5－10 ~ 表 5－12 分别为亚太 22 个股票市场在全样本期、危机前和危机后股票市场 Johansen 协整检验的结果。下面将分别对整个样本期、危机前和危机后协整情况进行分析。

表 5－10 表示的是整个样本期内亚太地区 22 个股票市场在三种模式

下的 Johansen 协整检验的结果，该结果解释了亚太股票市场国际联动性存在的可能性。结果表明，在以线性和二次确定性趋势表示的协整方程中（模型二、模型三）至少存在 3 个协整向量，以非确定性趋势表示的协整方程中（模型一）至少存在 2 个协整向量。这表明亚太股票市场间存在着联动性。由于该研究主要是从国际投资者的视角来强调亚太股票市场的联动性情况，因此，分析中采用以美元表示的股票日价格指数作为分析的初始数据。接下来，以金融危机的发生为分割点，对两个子样本期进行协整检验（危机前、危机后），以便探究亚太股市联动性是否由于全球金融危机的发生而变化。表 5 – 11 是危机前亚太股市 Johansen 协整检验的结果。结果显示，以非确定性趋势表示的协整方程（模型一），以线性趋势表示的协整方程（模型二）和以二次确定性趋势表示的协整方程（模型三）都表明亚太股市之间至少存在 2 个协整向量。表 5 – 12 描述的是危机后亚太股市 Johansen 协整检验的结果。结果显示，以非确定性趋势表示的协整方程（模型一），以线性趋势表示的协整方程（模型二）和以二次确定性趋势表示的协整方程（模型三）都表明亚太股市之间至少存在 3 个协整向量。危机前后对比发现，金融危机的发生使得亚太股票市场之间的联动性有所增加。

表 5 – 10 全样本期 22 个股票市场 Johansen 协整检验

$H_0:$	$H_A:$	模型一		模型二		模型三	
		迹统计	最大特征根	迹统计	最大特征根	迹统计	最大特征根
$r=0$	$r \geq 1$	352.969 **	91.253 **	381.638 **	90.733 **	373.684 **	90.702 **
$r \leq 1$	$r \geq 2$	261.716 **	58.412	290.905 **	59.101	282.982 **	57.526
$r \leq 2$	$r \geq 3$	203.305	51.212	231.804 **	51.049	225.457 **	50.339
$r \leq 3$	$r \geq 4$	152.093	38.486	180.756 ·	48.552	175.117	48.111
$r \leq 4$	$r \geq 5$	113.606	32.396	132.203	38.313	127.007	38.193
$r \leq 5$	$r \geq 6$	81.210	26.413	93.891	31.923	88.814	29.756
$r \leq 6$	$r \geq 7$	54.798	20.640	61.968	22.046	59.058	21.501
$r \leq 7$	$r \geq 8$	34.158	15.194	39.922	18.184	37.577	17.634
$r \leq 8$	$r \geq 9$	18.963	10.012	21.739	10.689	19.935	10.873

注：22 个股票市场日指数数据来自 http://www.msci.com/，指数以美元计价，样本期为 2004 年 1 月 1 日至 2012 年 10 月 24 日。H_0 和 H_A 分别表示原假设和备择假设。在模型一中，序列不包含确定趋势，协整方程含有截距项；在模型二中，序列含线性确定性趋势，协整方程仅含有截距项；在模型三中，序列含有二次确定性趋势，协整方程有截距和线性确定性趋势。* 表示在 10% 的显著性水平下拒绝原假设，** 表示 5% 的显著性水平下拒绝原假设。

表 5 – 11　　　　　　　危机前 22 个股票市场 Johansen 协整检验

H_0:	H_A:	模型一		模型二		模型三	
		迹统计	最大特征根	迹统计	最大特征根	迹统计	最大特征根
$r = 0$	$r \geq 1$	339.123 **	80.274 **	365.236 **	81.631 **	342.691 **	81.606 **
$r \leq 1$	$r \geq 2$	258.850 **	67.125 **	283.606 **	68.062 **	261.086 **	64.452
$r \leq 2$	$r \geq 3$	191.725	47.371	215.544	47.123	196.634	46.860
$r \leq 3$	$r \geq 4$	144.354	35.310	168.421	41.384	149.774	35.007
$r \leq 4$	$r \geq 5$	109.044	28.330	127.037	34.005	114.768	33.759
$r \leq 5$	$r \geq 6$	80.713	21.849	93.032	25.017	81.008	24.783
$r \leq 6$	$r \geq 7$	58.865	18.523	68.015	19.094	56.225	18.696
$r \leq 7$	$r \geq 8$	40.342	15.579	48.920	17.865	37.529	17.613
$r \leq 8$	$r \geq 9$	24.763	13.995	31.055	14.958	19.916	11.947

注：22 个股票市场日指数数据来自 http://www.msci.com/，指数以美元计价，样本期为 2004 年 1 月 1 日至 2008 年 9 月 14 日。H_0 和 H_A 分别表示原假设和备择假设。在模型一中，序列不包含确定趋势，协整方程含有截距项；在模型二中，序列含线性确定性趋势，协整方程仅含有截距项；在模型三中，序列含有二次趋势，协整方程有截距和线性确定性趋势。* 表示在 10% 的显著性水平下拒绝原假设，** 表示 5% 的显著性水平下拒绝原假设。

表 5 – 12　　　　　　　危机后 22 个股票市场 Johansen 协整检验

H_0:	H_A:	模型一		模型二		模型三	
		迹统计	最大特征根	迹统计	最大特征根	迹统计	最大特征根
$r = 0$	$r \geq 1$	325.112 **	68.491 *	354.525 **	71.515 *	345.876 **	71.491 *
$r \leq 1$	$r \geq 2$	256.622 **	60.616	283.010 **	64.073	274.385 **	63.939
$r \leq 2$	$r \geq 3$	196.006 **	55.383	218.937 **	56.028	210.447 **	53.958
$r \leq 3$	$r \geq 4$	140.623	38.315	162.909	43.597	156.488	43.592
$r \leq 4$	$r \geq 5$	102.308	34.917	119.312	37.922	112.896	36.247
$r \leq 5$	$r \geq 6$	67.391	22.666	81.390	23.674	76.649	23.495
$r \leq 6$	$r \geq 7$	44.724	18.022	57.716	20.377	53.154	19.309
$r \leq 7$	$r \geq 8$	26.702	9.681	37.339	16.360	33.844	16.360
$r \leq 8$	$r \geq 9$	17.021	8.090	20.979	9.643	17.485	9.459

注：22 个股票市场日指数数据来自 http://www.msci.com/，指数以美元计价，样本期为 2008 年 9 月 15 日至 2012 年 10 月 24 日。H_0 和 H_A 分别表示原假设和备择假设。在模型一中，序列不包含确定趋势，协整方程含有截距项；在模型二中，序列含线性确定性趋势，协整方程仅含有截距项；在模型三中，序列含有二次趋势，协整方程有截距和线性确定性趋势。* 表示在 10% 的显著性水平下拒绝原假设，** 表示 5% 的显著性水平下拒绝原假设。

5.5 VAR 模型的检验

5.5.1 VAR 模型稳定性检验

VAR 平稳性检验是通过对每一个变量序列构建的 AR(p) 特征多项式估计系数，即求解特征多项根的倒数，从而对整个 VAR 系统进行检验。由于模型建立时识别了足够长的滞后阶数，可以保证序列存在高于一阶的自相关时，得到更可靠的检验结果。平稳性检验标准是所估计的所有系数都小于 1，或者 AR(p) 特征多项式根的倒数都在单位圆内。

单位根检验表明亚太 22 个国家（地区）股票市场日指数收益率时间序列是平稳的，可直接进行 VAR 模型稳定性检验。表 5 - 13 和图 5 - 3 是对 VAR(3) 模型稳定性检验的结果。表 5 - 13 中显示的是 AR 特征多项式的系数，即特征方程根的倒数，从表中可以看出，所有系数均小于 1，表下给出结论：没有根在单位圆外，VAR 满足平稳条件。从图 5 - 3 可以直观看出，没有 AR 特征多项式根的倒数在单位圆外，VAR(3) 满足平稳性条件，模型是稳定的。

表 5 - 13 VAR(3) 模型稳定性检验

根	模型
$-0.070892 + 0.503298i$	0.508266
$-0.070892 - 0.503298i$	0.508266
$0.309769 + 0.304550i$	0.434405
$0.309769 - 0.304550i$	0.434405
$-0.099878 + 0.386042i$	0.398753
$-0.099878 - 0.386042i$	0.398753
$-0.386017 - 0.039879i$	0.388071
$-0.386017 + 0.039879i$	0.388071
$-0.275197 - 0.265934i$	0.382693
$-0.275197 + 0.265934i$	0.382693
$-0.141408 + 0.339115i$	0.367417

根	模型
$-0.141408-0.339115i$	0.367417
$0.070779+0.358768i$	0.365683
$0.070779-0.358768i$	0.365683
$-0.189602+0.297027i$	0.352383
$-0.189602-0.297027i$	0.352383
$-0.085916-0.341657i$	0.352294
$-0.085916+0.341657i$	0.352294
$0.167564+0.305126i$	0.348108
$0.167564-0.305126i$	0.348108
-0.330495	0.330495
$0.074643+0.315342i$	0.324055
$0.074643-0.315342i$	0.324055
$-0.245205+0.183870i$	0.306486
$-0.245205-0.183870i$	0.306486
$0.049620-0.291059i$	0.295258
$0.049620+0.291059i$	0.295258
$0.246806-0.118264i$	0.273678
$0.246806+0.118264i$	0.273678
$-0.103561+0.246327i$	0.267211
$-0.103561-0.246327i$	0.267211
$-0.138501+0.207340i$	0.249344
$-0.138501-0.207340i$	0.249344
$0.145155-0.164343i$	0.219268
$0.145155+0.164343i$	0.219268
0.213904	0.213904
$-0.014045+0.205413i$	0.205893
$-0.014045-0.205413i$	0.205893
0.181856	0.181856
$0.088770+0.151108i$	0.175253
$0.088770-0.151108i$	0.175253
-0.148240	0.148240
$-0.009004+0.027991i$	0.029404

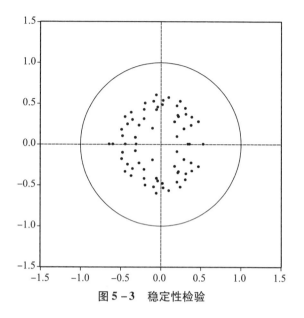

图 5 – 3 稳定性检验

5.5.2 Granger 因果关系检验

经济、金融全球化趋势不断加强，各国（地区）之间的联系越发密切，区域分割性的阻碍逐渐削弱。同时，不少国家（地区）已经或正在进行的金融自由化改革，加快了与国际资本市场的联系，股票市场的自由化程度不断加强，各国（地区）股市间的联动性开始显现。一国股市的波动除了受到本国（地区）经济、金融发展的影响外，也容易受到别国（地区）经济、金融发展的影响。一国（地区）股市的波动很容易传染到其他国家（地区）。协整分析表明，亚太股票市场整体之间存在一定程度的联动性，说明各国股市收益率波动之间存在着不同程度的因果联系。那么，亚太 22 个股票市场指数收益率之间的因果联系如何，金融危机的发生是否使得亚太股指收益率之间的因果联系发生变化。通过 VAR 模型中的Granger 因果检验可以了解危机前后亚太股指收益率之间的因果联系情况。

表 5 – 14 是基于 VAR(3) 模型检验的亚太股市日指数收益率之间在金融危机爆发前后 Granger 因果关系的结果。该结果详细描述了亚太 22 个股指收益率之间的单向因果联系、双向因果联系和无因果联系三种情况。在具体分析前，首先对表中的因果关系加以说明，以 $r^{Canada***} - r^{Chile}$、$r^{USA*} - r^{Canada***}$、$r^{Brazil} - r^{Chile}$ 三种情况为例，$r^{Canada***} - r^{Chile}$ 表示加拿大和智利股市收益率之间存在单向因果联系，即在 1% 的显著性水平下，加拿大

股市收益率变动对智利股市收益率变动产生影响，加拿大股市收益率变动是智利股市收益率变动的 Granger 原因，而智利股市收益率变动不是加拿大股市收益率变动的 Granger 原因，对加拿大股市收益率变动不产生影响。$r^{USA*} - r^{Canada***}$ 表示美国在 10% 的显著性水平上对加拿大产生影响，而加拿大在 1% 的显著性水平上对美国产生影响，存在双向的 Granger 因果联系。$r^{Brazil} - r^{Chile}$ 表示巴西与智利股市收益率之间不存在 Granger 因果联系，股市收益率之间彼此不存在相互影响。下面，主要分析，各国（地区）股市间的 Granger 因果关系在金融危机前后变化的详细情况。

1. 澳大利亚

（1）无 Granger 因果关系。金融危机发生前，与澳大利亚股市收益率之间不存在 Granger 因果关系的国家（地区）分别是日本、菲律宾、巴西、中国、哥伦比亚、中国香港、印度尼西亚、马来西亚、韩国、俄罗斯、斯里兰卡、中国台湾、泰国、新加坡、秘鲁、智利。

金融危机发生后，与澳大利亚股市收益率之间不存在 Granger 因果关系的国家（地区）分别是巴西、中国、菲律宾、加拿大、哥伦比亚、中国香港、日本、墨西哥、新西兰、俄罗斯、斯里兰卡、中国台湾、泰国、秘鲁、马来西亚、印度尼西亚、美国。

（2）双向 Granger 因果关系。金融危机发生前，澳大利亚分别与加拿大、印度、墨西哥、美国股市收益率在不同的显著性水平存在着双向的 Granger 因果关系。

金融危机发生后，澳大利亚分别与印度、智利、韩国股市收益率在不同的显著性水平存在着双向的 Granger 因果关系。

（3）单向 Granger 因果关系。金融危机发生前，澳大利亚仅与新西兰之间存在单向的 Granger 因果关系，澳大利亚股市收益率的变动是引起新西兰股市收益率变动的 Granger 原因。

金融危机发生后，澳大利亚仅与新加坡之间存在单向的 Granger 因果关系，澳大利亚股市收益率的变动是引起新加坡股市收益率变动的 Granger 原因。

2. 巴西

（1）无 Granger 因果关系。金融危机发生前，与巴西股市收益率之间不存在 Granger 因果关系的国家（地区）分别是澳大利亚、智利、哥伦比亚、印度尼西亚、马来西亚、墨西哥、新西兰、秘鲁、印度、新加坡、斯里兰卡、泰国、菲律宾、美国、加拿大。

金融危机发生后，与巴西股市收益率之间不存在 Granger 因果关系的国家（地区）分别是，加拿大、墨西哥、斯里兰卡、美国、中国、哥伦比亚。

（2）双向 Granger 因果关系。金融危机之前，巴西与亚太各国（地区）之间均不存在双向 Granger 因果关系，危机后，巴西股市的国际联动性明显增强，分别与韩国、中国台湾、马来西亚、秘鲁、泰国股市收益率在不同的显著性水平存在着双向的 Granger 因果关系。

（3）单向 Granger 因果联系。金融危机发生前，巴西与中国、日本、韩国、中国台湾、俄罗斯、中国香港在不同显著性水平存在单向 Granger 因果关系，即巴西股市收益率的变动是引起这些国家（地区）股市收益率变动的 Granger 原因。

金融危机发生后，巴西与澳大利亚、智利、中国香港、印度、日本、新西兰、新加坡、印度尼西亚、菲律宾、俄罗斯在不同显著性水平存在单向的 Granger 因果关系，即巴西股市收益率的变动是引起国家（地区）这些股市收益率变动的 Granger 原因。

3. 加拿大

（1）无 Granger 因果关系。金融危机发生前，与加拿大股市收益率之间不存在 Granger 因果关系的国家（地区）分别是美国、中国、哥伦比亚、印度、韩国、马来西亚、墨西哥、新西兰、菲律宾、斯里兰卡、泰国、中国台湾、日本。

金融危机发生后，与加拿大股市收益率之间不存在 Granger 因果关系的国家（地区）分别是中国、马来西亚、澳大利亚、巴西、哥伦比亚、印度尼西亚、俄罗斯、新加坡、斯里兰卡、泰国、中国台湾、印度。

（2）双向 Granger 因果关系。金融危机发生前，加拿大分别与新加坡、澳大利亚股市收益率在不同的显著性水平存在着双向的 Granger 因果关系。

金融危机发生后，加拿大分别与美国、韩国、秘鲁股市收益率在不同的显著性水平存在着双向的 Granger 因果关系。

（3）单向 Granger 因果联系。金融危机发生前，加拿大与巴西、智利、印度尼西亚、秘鲁、俄罗斯、中国香港在不同显著性水平存在单向 Granger 因果关系，即加拿大股市收益率的变动是引起这些国家（地区）股市收益率变动的 Granger 原因。

金融危机发生后，加拿大与菲律宾、中国香港、墨西哥、日本、智利、新西兰在不同显著性水平存在单向的 Granger 因果关系,即加拿大股市收益率的变动是引起这些国家(地区)股市收益率变动的 Granger 原因。

4. 智利

(1)无 Granger 因果关系。金融危机发生前,与智利股市收益率之间不存在 Granger 因果关系的国家(地区)分别是巴西、韩国、墨西哥、新西兰、秘鲁、中国、哥伦比亚、印度、印度尼西亚、日本、斯里兰卡、菲律宾、新加坡、中国台湾、俄罗斯、加拿大。

金融危机发生后,与智利股市收益率之间不存在 Granger 因果关系的国家(地区)分别是巴西、哥伦比亚、中国香港、俄罗斯、斯里兰卡、泰国、印度、马来西亚、墨西哥、新西兰、加拿大、菲律宾、中国台湾、印度尼西亚、美国、秘鲁。

(2)双向 Granger 因果关系。金融危机发生前,智利分别与马来西亚、美国股市收益率在不同的显著性水平存在着双向的 Granger 因果关系。

金融危机发生后,加拿大分别与韩国、澳大利亚股市收益率在不同的显著性水平存在着双向的 Granger 因果关系。

(3)单向 Granger 因果关系。金融危机发生前,智利与澳大利亚、中国香港、泰国在不同显著性水平存在单向 Granger 因果关系,即智利股市收益率的变动是引起这些国家(地区)股市收益率变动的 Granger 原因。

金融危机发生后,智利与中国大陆、日本、新加坡在不同显著性水平存在单向的 Granger 因果关系,即智利股市收益率的变动是引起这些国家(地区)股市收益率变动的 Granger 原因。

5. 中国沪深股市

(1)无 Granger 因果关系。金融危机发生前,与中国沪深股市收益率之间不存在 Granger 因果关系的国家(地区)分别是澳大利亚、加拿大、智利、新西兰、秘鲁、哥伦比亚、印度尼西亚、日本、韩国、墨西哥、新加坡、菲律宾、俄罗斯、泰国、斯里兰卡、中国台湾、巴西、美国。

金融危机发生后,与中国沪深股市收益率之间不存在 Granger 因果关系的国家(地区)分别是哥伦比亚、印度尼西亚、墨西哥、新西兰、秘鲁、菲律宾、美国、马来西亚、斯里兰卡、泰国、智利。

(2)双向 Granger 因果关系。金融危机之前,中国与亚太各国(地区)之间均不存在双向 Granger 因果关系,危机后,中国分别与日本、俄罗斯股市收益率在不同的显著性水平存在着双向的 Granger 因果关系。

（3）单向 Granger 因果关系。金融危机发生前，中国内地与中国香港、印度、马来西亚在不同显著性水平存在单向 Granger 因果关系，即中国沪深股市收益率的变动是引起这些国家（地区）股市收益率变动的 Granger 原因。

金融危机发生后，中国与澳大利亚、巴西、加拿大、中国香港、印度、韩国、中国台湾、新加坡在不同显著性水平存在单向的 Granger 因果关系，即中国大陆股市收益率的变动是引起这些国家（地区）股市收益率变动的 Granger 原因。

从双向和单向 Granger 因果关系看，金融危机发生后中国股市的国际联动性程度有所提升。自身股市收益率的变动对其他各国（地区）股市收益率的变动产生影响。

6. 哥伦比亚

（1）无 Granger 因果关系。金融危机发生前，与哥伦比亚股市收益率之间不存在 Granger 因果关系的国家（地区）分别是澳大利亚、巴西、智利、中国、新加坡、中国香港、马来西亚、新西兰、斯里兰卡、中国台湾、泰国、菲律宾、韩国、美国、加拿大、秘鲁、墨西哥。

金融危机发生后，与哥伦比亚股市收益率之间不存在 Granger 因果关系的国家（地区）分别是加拿大、智利、中国、中国香港、印度、印度尼西亚、秘鲁、菲律宾、新加坡、斯里兰卡、泰国、日本、韩国、美国、墨西哥、马来西亚、中国台湾、俄罗斯、新西兰、澳大利亚。

（2）双向 Granger 因果关系。金融危机之前，哥伦比亚与印度、印度尼西亚之间在不同的显著性水平存在双向 Granger 因果关系，金融危机之前，与其他各国（地区）的双向 Granger 因果关系消失。

（3）单向 Granger 因果关系。金融危机发生前，哥伦比亚与俄罗斯、日本在不同显著性水平存在单向 Granger 因果关系，即哥伦比亚股市收益率的变动是引起两国股市收益率变动的 Granger 原因。危机后，仅与巴西存在单向 Granger 因果关系。

从 Granger 因果关系看，哥伦比亚股市的国际化程度很低，自身变动对亚太各国（地区）的影响很弱。

7. 中国香港

（1）无 Granger 因果关系。金融危机发生前，与中国香港股市收益率之间不存在 Granger 因果关系的国家（地区）分别是澳大利亚、哥伦比亚、印度尼西亚、韩国、墨西哥、新西兰、秘鲁、菲律宾、俄罗斯、斯里兰卡、泰国、新加坡、中国、马来西亚、日本、中国台湾、美国、巴西、加拿大、智利。

金融危机发生后，与中国香港股市收益率之间不存在 Granger 因果关系的国家（地区）分别是澳大利亚、智利、哥伦比亚、新西兰、俄罗斯、中国、马来西亚、美国、巴西、加拿大、菲律宾、斯里兰卡、新加坡、秘鲁、墨西哥。

（2）双向 Granger 因果关系。金融危机之前，中国香港与亚太各国（地区）之间均不存在双向 Granger 因果关系。危机后，中国香港股市的联动性程度有所提升，分别与印度尼西亚、日本、印度、泰国股市收益率在不同的显著性水平存在着双向的 Granger 因果关系。

（3）单向 Granger 因果关系。金融危机发生前，中国香港仅与印度存在单向 Granger 因果关系，即中国香港股市收益率的变动是引起印度股市收益率变动的 Granger 原因。危机后，与中国台湾和韩国存在单向 Granger 因果关系。即中国香港股市收益率的变动是引起中国台湾和韩国股市收益率变动的 Granger 原因。

8. 印度

（1）无 Granger 因果关系。金融危机发生前，与印度股市收益率之间不存在 Granger 因果关系的国家（地区）分别是加拿大、智利、印度尼西亚、韩国、泰国、中国、香港、巴西、新西兰、墨西哥。

金融危机发生前，与印度股市收益率之间不存在 Granger 因果关系的国家（地区）分别是智利、哥伦比亚、日本、马来西亚、墨西哥、菲律宾、新西兰、斯里兰卡、中国台湾、泰国、美国、新加坡、中国大陆、巴西。

（2）双向 Granger 因果关系。金融危机之前，印度与澳大利亚、哥伦比亚、菲律宾、美国在不同的显著性水平存在着双向的 Granger 因果关系。危机后，与澳大利亚、印度尼西亚、中国香港、秘鲁股市收益率在不同的显著性水平存在着双向的 Granger 因果关系。

（3）单向 Granger 因果关系。金融危机发生前，印度与日本、斯里兰卡、马来西亚、秘鲁、俄罗斯、新加坡、中国台湾在不同显著性水平存在单向 Granger 因果关系，即印度股市收益率的变动是引起这些股市收益率变动的 Granger 原因。危机后，与加拿大、韩国、俄罗斯存在，单向

Granger 因果关系，即印度股市收益率的变动是引起这些股市收益率变动的 Granger 原因。

9. 印度尼西亚

（1）无 Granger 因果关系。金融危机发生前，与印度尼西亚股市收益率之间不存在 Granger 因果关系的国家（地区）分别是澳大利亚、巴西、智利、中国、中国香港、印度、日本、俄罗斯、韩国、新西兰、斯里兰卡、泰国、马来西亚、中国台湾、新加坡、美国、加拿大、秘鲁、墨西哥。

金融危机发生后，与印度尼西亚股市收益率之间不存在 Granger 因果关系的国家（地区）分别是加拿大、中国、哥伦比亚、日本、新西兰、菲律宾、斯里兰卡、韩国、中国台湾、美国、巴西。

（2）双向 Granger 因果关系。金融危机之前，印度尼西亚仅与哥伦比亚存在着双向 Granger 因果关系。危机后，与中国香港、印度、秘鲁、马来西亚股市收益率在不同的显著性水平存在着双向的 Granger 因果关系。

（3）单向 Granger 因果关系。金融危机发生前，印度尼西亚仅与菲律宾存在单向 Granger 因果关系，即印度尼西亚股市收益率的变动是引起菲律宾股市收益率变动的 Granger 原因。危机后，印度尼西亚股市的影响开始显现，与澳大利亚、智利、俄罗斯、新加坡、泰国、墨西哥存在单向 Granger 因果关系，即印度尼西亚股市收益率的变动是引起这些股市收益率变动的 Granger 原因。

10. 日本

（1）无 Granger 因果关系。金融危机发生前，与日本股市收益率之间不存在 Granger 因果关系的国家（地区）分别是智利、中国、印度尼西亚、新西兰、秘鲁、斯里兰卡、中国台湾、菲律宾、巴西、印度、马来西亚、美国、俄罗斯、哥伦比亚、墨西哥。

金融危机发生后，与日本股市收益率之间不存在 Granger 因果关系的国家（地区）分别是澳大利亚、哥伦比亚、印度、印度尼西亚、秘鲁、新西兰、加拿大、巴西、马来西亚、泰国、美国、俄罗斯、墨西哥、新加坡、斯里兰卡、智利。

（2）双向 Granger 因果关系。金融危机之前，日本与新加坡、泰国存在着双向 Granger 因果关系。危机后，与中国香港、菲律宾股市收益率在不同的显著性水平存在着双向的 Granger 因果关系。

（3）单向 Granger 因果关系。金融危机发生前，印度尼西亚与澳大利亚、加拿大、中国香港、韩国存在单向 Granger 因果关系，即日本股市收益率的变动是引起这些股市收益率变动的 Granger 原因。危机后，单向因果关系发生变化，与中国大陆、中国台湾、韩国存在单向 Granger 因果关系，即日本股市收益率的变动是引起这些股市收益率变动的 Granger 原因。

11. 韩国

（1）无 Granger 因果关系。金融危机发生前，与韩国股市收益率之间不存在 Granger 因果关系的国家（地区）分别是加拿大、中国、中国香港、印度、印度尼西亚、马来西亚、菲律宾、俄罗斯、新加坡、斯里兰卡、新西兰、日本、中国台湾、澳大利亚、巴西、美国、墨西哥。

金融危机发生后，与韩国股市收益率之间不存在 Granger 因果关系的国家（地区）分别是印度尼西亚、菲律宾、斯里兰卡、墨西哥、秘鲁、哥伦比亚、日本、中国、马来西亚、泰国、中国香港、新加坡、印度。

（2）双向 Granger 因果关系。危机前，韩国与秘鲁之间存在双向 Granger 因果关系，两国股市收益率之间相互影响。危机后，韩国股市联动性增强，与澳大利亚、智利、巴西、加拿大、美国、俄罗斯存在双向 Granger 因果关系。

（3）单向 Granger 因果关系。金融危机发生前，韩国与智利、哥伦比亚、泰国存在单向 Granger 因果关系，即韩国股市收益率的变动是引起这些股市收益率变动的 Granger 原因。危机后，与中国台湾、新西兰存在单向 Granger 因果关系。

12. 马来西亚

（1）无 Granger 因果关系。金融危机发生前，与马来西亚股市收益率之间不存在 Granger 因果关系的国家（地区）分别是澳大利亚、加拿大、哥伦比亚、印度尼西亚、韩国、新西兰、秘鲁、俄罗斯、新加坡、菲律宾、斯里兰卡，中国、日本、中国台湾、巴西、墨西哥、印度。

金融危机发生后，与马来西亚股市收益率之间不存在 Granger 因果关系的国家（地区）分别是印度、新西兰、菲律宾、俄罗斯、斯里兰卡。

（2）双向 Granger 因果关系。金融危机之前，马来西亚与美国、智利在不同的显著性水平存在着双向 Granger 因果关系。危机后，与美国、巴西、泰国、印度尼西亚、秘鲁股市收益率在不同的显著性水平存在着双向的 Granger 因果关系。

（3）单向 Granger 因果关系。金融危机发生前，马来西亚与中国香港、泰国存在单向 Granger 因果关系，即马来西亚股市收益率的变动是引起这些股市收益率变动的 Granger 原因。危机后，与澳大利亚、加拿大、中国、哥伦比亚、中国香港、日本、韩国、秘鲁、新加坡、中国台湾、墨西哥存在单向 Granger 因果关系。

金融危机后，马来西亚股票市场的影响力显著提升，国际化程度明显。

13. 墨西哥

（1）无 Granger 因果关系。金融危机发生前，与墨西哥股市收益率之间不存在 Granger 因果关系的国家（地区）分别是巴西、加拿大、智利、中国、中国香港、秘鲁、泰国、俄罗斯、斯里兰卡、新西兰、美国。

金融危机发生前，与墨西哥股市收益率之间不存在 Granger 因果关系的国家（地区）分别是澳大利亚、巴西、智利、中国、印度、韩国、印度尼西亚、马来西亚、中国台湾、斯里兰卡、泰国、加拿大、秘鲁。

（2）双向 Granger 因果关系。金融危机前，墨西哥不与其他亚太股市间存在双向 Granger 因果关系，危机后也仅与美国存在 Granger 因果关系。

（3）单向 Granger 因果关系。金融危机发生前，墨西哥与澳大利亚、哥伦比亚、印度、印度尼西亚、日本、韩国、马来西亚、菲律宾、新加坡、中国台湾存在单向 Granger 因果关系。危机后，与哥伦比亚、中国香港、日本、新西兰、新加坡、俄罗斯、菲律宾存在单向 Granger 因果关系。墨西哥股市收益率变动是引起这些股票市场收益率变动的 Granger 原因。

14. 新西兰

（1）无 Granger 因果关系。金融危机发生前，与新西兰股市收益率之间不存在 Granger 因果关系的国家（地区）分别是巴西、智利、中国、哥伦比亚、中国香港、印度尼西亚、日本、韩国、马来西亚、墨西哥、俄罗斯、新加坡、斯里兰卡、中国台湾、秘鲁、菲律宾、美国、澳大利亚、加拿大。

金融危机发生后，与新西兰股市收益率之间不存在 Granger 因果关系的国家（地区）分别是澳大利亚、智利、中国、中国香港、印度、印度尼西亚、日本、马来西亚、俄罗斯、泰国、新加坡、秘鲁、美国、加拿大、韩国、斯里兰卡、中国台湾、巴西、墨西哥。

（2）双向 Granger 因果关系。金融危机前，新西兰不与其他亚太股市间存在双向 Granger 因果关系，危机后也仅与菲律宾存在 Granger 因果关系。

（3）单向 Granger 因果关系。金融危机发生前，新西兰与泰国、印度存在单向 Granger 因果关系，危机后仅与哥伦比亚存在单向 Granger 因果关系。

15. 秘鲁

（1）无 Granger 因果关系。金融危机发生前，与秘鲁股市收益率之间不存在 Granger 因果关系的国家（地区）分别是巴西、智利、中国、中国香港、日本、马来西亚、墨西哥、新西兰、菲律宾、斯里兰卡、中国台湾、泰国、俄罗斯、印度尼西亚、印度、加拿大。

金融危机发生后，与秘鲁股市收益率之间不存在 Granger 因果关系的国家（地区）分别是中国、哥伦比亚、日本、韩国、新西兰、斯里兰卡、中国台湾。

（2）双向 Granger 因果关系。金融危机前，秘鲁与韩国、美国、新加坡股市间存在双向 Granger 因果关系，危机后与巴西、加拿大、美国、印度、印度尼西亚、马来西亚存在 Granger 因果关系。

（3）单向 Granger 因果关系。金融危机发生前，秘鲁与澳大利亚、哥伦比亚存在单向 Granger 因果关系。危机后，与新加坡、澳大利亚、智利、中国香港、墨西哥、泰国、俄罗斯、菲律宾存在单向 Granger 因果关系。

危机后，秘鲁股市的影响能力迅速提升，自身股市的波动对亚太其他股市产生明显的影响。

16. 菲律宾

（1）无 Granger 因果关系。金融危机发生前，与菲律宾股市收益率之间不存在 Granger 因果关系的国家（地区）分别是加拿大、智利、中国、中国香港、日本、韩国、马来西亚、秘鲁、俄罗斯、斯里兰卡、中国台湾、泰国、新加坡、美国、墨西哥。

金融危机发生后，与菲律宾股市收益率之间不存在 Granger 因果关系的国家（地区）分别是巴西、中国、哥伦比亚、印度、印度尼西亚、韩国、马来西亚、中国台湾、泰国、美国、墨西哥、加拿大、斯里兰卡、新加坡、秘鲁。

（2）双向 Granger 因果关系。金融危机前，菲律宾仅与印度存在双向 Granger 因果关系，金融危机后，与新西兰、日本、俄罗斯存在双向 Granger 因果关系。

（3）单向 Granger 因果关系。金融危机发生前，菲律宾与澳大利亚、巴西、哥伦比亚、新西兰、印度尼西亚存在单向 Granger 因果关系。危机后，与澳大利亚、智利、中国香港存在单向 Granger 因果关系。

17. 俄罗斯

（1）无 Granger 因果关系。金融危机发生前，与俄罗斯股市收益率之间不存在 Granger 因果关系的国家（地区）分别是巴西、加拿大、中国、中国香港、印度尼西亚、韩国、马来西亚、墨西哥、新西兰、秘鲁、菲律宾、新加坡、中国台湾、斯里兰卡、泰国、哥伦比亚、美国、印度、澳大利亚。

金融危机发生后，与俄罗斯股市收益率之间不存在 Granger 因果关系的国家（地区）分别是印度尼西亚、澳大利亚、印度、加拿大、智利、中国香港、马来西亚、新西兰、新加坡、斯里兰卡、泰国、巴西、秘鲁、墨西哥。

（2）双向 Granger 因果关系。危机前，俄罗斯不与其他亚太股市存在双向 Granger 因果关系，但危机后，这种关系明显改善，俄罗斯股市影响开始加强，分别与菲律宾、中国台湾、韩国、中国存在双向 Granger 因果关系。

（3）单向 Granger 因果关系。金融危机发生前，俄罗斯与智利、日本存在单向 Granger 因果关系。危机后，与哥伦比亚、日本、美国存在单向 Granger 因果关系。

18. 新加坡

（1）无 Granger 因果关系。金融危机发生前，与新加坡股市收益率之间不存在 Granger 因果关系的国家（地区）分别是巴西、智利、中国、哥伦比亚、韩国、马来西亚、新西兰、菲律宾、俄罗斯、斯里兰卡、印度尼西亚、中国台湾、印度、墨西哥。

金融危机发生前，与新加坡股市收益率之间不存在 Granger 因果关系的国家（地区）分别是秘鲁、澳大利亚、加拿大、哥伦比亚、印度、新西兰、俄罗斯、印度尼西亚、美国、泰国、墨西哥、智利、斯里兰卡、巴西、中国。

（2）双向 Granger 因果关系。危机前，新加坡与加拿大、日本、美国、秘鲁存在不同显著性水平的双向 Granger 因果关系，危机后，这种相互影响的关系消失。

（3）单向 Granger 因果关系。金融危机发生前，新加坡与澳大利亚、中国香港、泰国存在单向 Granger 因果关系。危机后，与中国香港、日本、中国台湾、韩国、菲律宾存在单向 Granger 因果关系。

19. 斯里兰卡

（1）无 Granger 因果关系。金融危机发生前，与斯里兰卡股市收益率之间不存在 Granger 因果关系的国家（地区）分别是澳大利亚、巴西、加拿大、智利、中国、哥伦比亚、中国香港、印度尼西亚、日本、韩国、马来西亚、墨西哥、新西兰、秘鲁、菲律宾、俄罗斯、泰国、美国、新加坡、印度、中国台湾。

金融危机发生前，与斯里兰卡股市收益率之间不存在 Granger 因果关系的国家（地区）分别是菲律宾、中国、澳大利亚、巴西、加拿大、智利、印度、印度尼西亚、韩国、马来西亚、俄罗斯、墨西哥、中国台湾、泰国、哥伦比亚。

（2）双向 Granger 因果关系。金融危机前后都不存在斯里兰卡和亚太其他股市间的双向 Granger 因果关系。

（3）单向 Granger 因果关系。危机前，斯里兰卡股市不对亚太其他股市产生影响，危机后，斯里兰卡股市的影响略有提升，并与中国香港、日本、新加坡、美国、秘鲁、新西兰存在单向 Granger 因果关系。

可以看出，斯里兰卡股票市场的国际化程度非常低，分割性十分明显，股票市场的自由化程度极低。

20. 中国台湾

（1）无 Granger 因果关系。金融危机发生前，与中国台湾股市收益率之间不存在 Granger 因果关系的国家（地区）分别是澳大利亚、加拿大、智利、中国沪深、哥伦比亚、日本、新西兰、秘鲁、菲律宾、俄罗斯、泰国、墨西哥、斯里兰卡、印度、美国、巴西。

金融危机发生后，与中国台湾股市收益率之间不存在 Granger 因果关系的国家（地区）分别是澳大利亚、印度、中国香港、印度尼西亚、韩国、马来西亚、新加坡、斯里兰卡、菲律宾、日本、泰国。

（2）双向 Granger 因果关系。危机前，中国台湾不与其他国家（地区）存在双向 Granger 因果关系，危机后，与巴西、俄罗斯、美国在不同显著性水平存在双向 Granger 因果关系。

（3）单向 Granger 因果关系。金融危机发生前，中国台湾与中国香港、印度尼西亚、韩国、马来西亚、新加坡存在单向 Granger 因果关系。危机后,与加拿大、智利、哥伦比亚、墨西哥、斯里兰卡、新西兰、秘鲁、中国沪深存在单向 Granger 因果关系。

21. 泰国

(1) 无 Granger 因果关系。金融危机发生前,与泰国股市收益率之间不存在 Granger 因果关系的国家(地区)分别是澳大利亚、巴西、加拿大、中国、哥伦比亚、中国香港、印度、印度尼西亚、墨西哥、秘鲁、俄罗斯、菲律宾、斯里兰卡、中国台湾、新加坡、菲律宾、韩国、美国、智利、新西兰。

金融危机发生前,与泰国股市收益率之间不存在 Granger 因果关系的国家(地区)分别是中国、澳大利亚、智利、哥伦比亚、印度、新西兰、菲律宾、俄罗斯、斯里兰卡、中国台湾、印度尼西亚、秘鲁。

(2) 双向 Granger 因果关系。金融危机前,泰国仅与日本之间存在双向 Granger 因果关系,危机后,与马来西亚、巴西、美国、中国香港存在双向 Granger 因果关系。

(3) 单向 Granger 因果关系。危机前,泰国股市收益率的变动不对亚太其他股市产生影响,危机后,影响有所增加,与加拿大、新加坡、墨西哥、日本、韩国存在单向 Granger 因果关系,泰国股市收益率的变动是引起这些股市收益率变动的 Granger 原因。

22. 美国

(1) 无 Granger 因果关系。金融危机之前,美国仅与斯里兰卡之间不产生影响,危机之后,与印度、斯里兰卡之间不存在 Granger 因果关系。

(2) 双向 Granger 因果关系。金融危机发生前,美国与澳大利亚、智利、马来西亚、秘鲁、新加坡、印度存在双向 Granger 因果关系。金融危机发生后,美国与加拿大、马来西亚、泰国、中国台湾、俄罗斯、墨西哥、韩国、秘鲁存在双向 Granger 因果关系。

(3) 单向 Granger 因果关系。金融危机发生前,美国与巴西、哥伦比亚、中国香港、印度尼西亚、菲律宾、日本、中国、新西兰、加拿大、泰国、韩国、墨西哥、中国台湾、俄罗斯存在单向 Granger 因果关系。危机后,与巴西、中国、哥伦比亚、中国香港、日本、印度尼西亚、新西兰、菲律宾、澳大利亚、智利、新加坡、俄罗斯存在单向 Granger 因果关系。

表 5 - 14   **Granger 因果关系**

单变量因果关系

危机前	危机后
$(r^{Chile***}, r^{Japan*}, r^{Peru**}, r^{Philippine**}, r^{Singapore*}) \longrightarrow r^{Australia}$ $r^{Australia**} \longrightarrow r^{New\,zealand}$, $(r^{Canada*}, r^{USA***}, r^{Philippine**}) \longrightarrow r^{Brazil}$ $r^{Brazil**} \longrightarrow (r^{China}, r^{Japan}, r^{Korea}, r^{Taiwan})$, $r^{Canada***} \longrightarrow (r^{Chile}, r^{Indonesia}, r^{Peru}, r^{Russia})$ $(r^{Japan**}, r^{USA***}) \longrightarrow r^{Canada}$ $r^{Chile**} \longrightarrow (r^{HongKong}, r^{Thailand})$, $(r^{Korea**}, r^{Russia*}) \longrightarrow r^{Chile}$ $r^{China*} \longrightarrow (r^{HongKong}, r^{India}, r^{Malaysia})$, $(r^{Korea**}, r^{Mexico**}, r^{Philippine*}, r^{Peru*}, r^{USA***}) \longrightarrow r^{Columbia}$ $(r^{Columbia*}, r^{Brazil***}, r^{USA***}) \longrightarrow r^{Russia}$ $(r^{Japan***}, r^{Malaysia**}, r^{Canada*}, r^{Brazil*}, r^{Singapore***}, r^{USA***}, r^{Taiwan***}) \longrightarrow r^{HongKong}$ $r^{India**} \longrightarrow (r^{Japan}, r^{Srilanka}, r^{Malaysia})$, $(r^{Mexico***}, r^{HongKong*}, r^{New\,zealand*}, r^{USA***}) \longrightarrow r^{India}$ $r^{India*} \longrightarrow (r^{Peru}, r^{Russia}, r^{Singapore})$, $r^{India***} \longrightarrow r^{Taiwan}$ $(r^{Taiwan**}, r^{USA**}, r^{Mexico***}) \longrightarrow r^{Indonesia}$ $(r^{Indonesia*}, r^{USA***}) \longrightarrow r^{Philippine}$ $(r^{Mexico**}, r^{USA***}, r^{Columbia**}, r^{Russia*}) \longrightarrow r^{Japan}$ $(r^{Mexico*}, r^{Japan*}, r^{USA***}, r^{Taiwan**}) \longrightarrow r^{Korea}$, $(r^{Korea**}, r^{New\,zealand*}, r^{Malaysia**}, r^{Singapore**}) \longrightarrow r^{Thailand}$ $(r^{Mexico*}, r^{Taiwan***}) \longrightarrow r^{Malaysia}$ $r^{Mexico***} \longrightarrow (r^{Philippine}, r^{Singapore})$ $r^{USA**} \longrightarrow (r^{China}, r^{Mexico}, r^{Taiwan})$ $(r^{Philippine*}, r^{USA***}) \longrightarrow r^{New\,zealand}$ $r^{Taiwan***} \longrightarrow r^{Singapore}$	$(r^{Brazil***}, r^{China***}, r^{Indonesia*}, r^{Malaysia*}, r^{Peru***}, r^{Philippine**}, r^{USA***}) \longrightarrow r^{Australia}$, $(r^{China*}, r^{Columbia*}, r^{USA**}) \longrightarrow r^{Brazil}$ $r^{Brazil**} \longrightarrow (r^{Chile}, r^{HongKong}, r^{India}, r^{Japan}, r^{New\,zealand}, r^{Singapore})$ $r^{Brazil***} \longrightarrow (r^{Indonesia}, r^{Philippine}, r^{Russia})$, $r^{Canada*} \longrightarrow r^{Philippine}$ $r^{Canada**} \longrightarrow (r^{HongKong}, r^{Mexico}, r^{Japan}, r^{Chile})$ $(r^{China*}, r^{India*}, r^{Malaysia*}, r^{Taiwan***}, r^{Thailand**}) \longrightarrow r^{Canada}$ $(r^{Indonesia**}, r^{Peru**}, r^{Philippine***}, r^{Taiwan***}, r^{USA***}) \longrightarrow r^{Chile}$ $r^{China***} \longrightarrow (r^{HongKong}, r^{India}, r^{Korea})$, $(r^{USA*}, r^{Chile**}, r^{Malaysia***}) \longrightarrow r^{China}$ $(r^{Malaysia**}, r^{Mexico***}, r^{New\,zealand*}, r^{Russia**}, r^{Taiwan*}, r^{USA***}) \longrightarrow r^{Columbia}$ $(r^{Malaysia**}, r^{Mexico**}, r^{Peru***}, r^{Philippine**}, r^{Singapore***}, r^{USA***}, r^{Srilanka*}) \longrightarrow r^{HongKong}$ $r^{Thailand**} \longrightarrow (r^{Singapore}, r^{Malaysia})$ $(r^{Peru**}, r^{Taiwan**}, r^{Thailand*}, r^{Indonesia**}) \longrightarrow r^{Mexico}$ $r^{Indonesia*} \longrightarrow (r^{Russia}, r^{Singapore})$, $(r^{Indonesia***}, r^{Peru***}) \longrightarrow r^{Thailand}$ $(r^{Malaysia***}, r^{Russia*}, r^{Singapore***}, r^{Chile***}, r^{Srilanka***}, r^{Thailand***}, r^{USA***}, r^{Mexico**}) \longrightarrow r^{Japan}$, $(r^{USA**}, r^{Taiwan**}) \longrightarrow r^{Indonesia}$ $(r^{Japan*}, r^{Malaysia***}, r^{Korea**}, r^{Singapore***}, r^{HongKong*}, r^{China*}) \longrightarrow r^{Taiwan}$, $r^{Taiwan**} \longrightarrow r^{Srilanka}$ $r^{Srilanka**} \longrightarrow r^{USA}$ $(r^{Malaysia***}, r^{Thailand*}, r^{India*}, r^{Japan**}, r^{Singapore***}, r^{HongKong***}) \longrightarrow r^{Korea}$ $(r^{Korea*}, r^{Canada***}, r^{Mexico*}, r^{USA***}, r^{Taiwan**}, r^{Srilanka***}) \longrightarrow r^{New\,zealand}$ $(r^{Malaysia*}, r^{Srilanka**}, r^{Taiwan**}) \longrightarrow r^{Peru}$ $(r^{China**}, r^{Mexico**}, r^{Australia*}, r^{Chile*}, r^{Srilanka***}, r^{Malaysia***}, r^{USA***}) \longrightarrow r^{Singapore}$ $(r^{Mexico***}, r^{Peru***}, r^{India**}) \longrightarrow r^{Russia}$ $(r^{Peru**}, r^{Singapore**}, r^{Mexico*}, r^{USA***}) \longrightarrow r^{Philippine}$

续表

双变量因果关系	
危机前	危机后

危机前：

$r^{Australia}$ * —(r^{Canada} ***, r^{India} *, r^{Mexico} **, r^{USA} ***)

r^{Canada} *** —$r^{Singapore}$ *, r^{Chile} * —($r^{Malaysia}$ *, r^{USA} ***)

$r^{Columbia}$ *** —r^{India} ***, $r^{Indonesia}$ * —$r^{Columbia}$ *

r^{Japan} * —($r^{Singapore}$ **, $r^{Thailand}$ *), r^{Korea} *** —r^{Peru} *

r^{USA} *** —($r^{Malaysia}$ **, r^{Peru} *, $r^{Singapore}$ **)

危机后：

$r^{Australia}$ *** —(r^{Chile} *, r^{India} **), ($r^{Australia}$ *, r^{Chile} **) —r^{Korea} ***

r^{Brazil} *** —(r^{Korea} **, r^{Taiwan} ***), (r^{USA} ***, r^{Russia} *) —r^{Canada} ***

(r^{Brazil} **, $r^{Thailand}$ **) —$r^{Malaysia}$ **, r^{Brazil} — (r^{Peru} *, $r^{Thailand}$ *)

r^{Canada} * —(r^{Korea} **, r^{Peru} ***), ($r^{HongKong}$ **, r^{India} *) —$r^{Indonesia}$ *

(r^{Japan} **, r^{India} *, $r^{Thailand}$ **) —$r^{HongKong}$ *, (r^{Peru} **, $r^{Philippine}$ **) —r^{India} *

(r^{Peru} *, $r^{Malaysia}$ ***) —$r^{Indonesia}$ **, $r^{Philippine}$ *** —r^{Japan} **

r^{Russia} *** —($r^{Philippine}$ *, r^{Taiwan} **, r^{Korea} *), r^{USA} *** —($r^{Malaysia}$ ***, $r^{Thailand}$ *, r^{Taiwan} ***, r^{Russia} **, r^{Mexico} ***, r^{Korea} **)

r^{Peru} *** —(r^{USA} **, $r^{Malaysia}$ ***), $r^{New zealand}$ *** —$r^{Philippine}$ **

无因果关系	
危机前	危机后

危机前：

$r^{Australia}$ —(r^{Brazil}, r^{China}, $r^{Columbia}$, $r^{HongKong}$, $r^{Indonesia}$, $r^{Malaysia}$, r^{Korea}, r^{Russia}, $r^{Srilanka}$, r^{Taiwan}, $r^{Thailand}$)

r^{Brazil} —(r^{Chile}, $r^{Columbia}$, $r^{Indonesia}$, $r^{Malaysia}$, r^{Mexico}, $r^{New zealand}$, r^{Peru}, r^{India}, $r^{Singapore}$, $r^{Srilanka}$, $r^{Thailand}$)

r^{Canada} —(r^{China}, $r^{Columbia}$, r^{India}, r^{Korea}, $r^{Malaysia}$, r^{Mexico}, $r^{New zealand}$, $r^{Philippine}$, $r^{Srilanka}$, $r^{Thailand}$, r^{Taiwan})

r^{Chile} —(r^{Mexico}, $r^{New zealand}$, r^{Peru}, r^{China}, $r^{Columbia}$, r^{India}, $r^{Indonesia}$, r^{Japan}, $r^{Srilanka}$, $r^{Philippine}$, $r^{Singapore}$, r^{Taiwan})

r^{China} —($r^{New zealand}$, r^{Peru}, $r^{Columbia}$, $r^{Indonesia}$, r^{Japan}, r^{Korea}, r^{Mexico}, $r^{Singapore}$, $r^{Philippine}$, r^{Russia}, $r^{Thailand}$, $r^{Srilanka}$, r^{Taiwan})

$r^{Columbia}$ —($r^{Singapore}$, $r^{HongKong}$, $r^{Malaysia}$, $r^{New zealand}$, $r^{Srilanka}$, r^{Taiwan}, $r^{Thailand}$)

$r^{HongKong}$ —($r^{Indonesia}$, r^{Korea}, r^{Mexico}, $r^{New zealand}$, r^{Peru}, $r^{Philippine}$, r^{Russia}, $r^{Srilanka}$, $r^{Thailand}$, $r^{Singapore}$),

危机后：

$r^{Australia}$ —(r^{Canada}, $r^{Columbia}$, $r^{HongKong}$, r^{Japan}, r^{Mexico}, $r^{New zealand}$, r^{Russia}, $r^{Srilanka}$, r^{Taiwan}, $r^{Thailand}$)

r^{Brazil} —(r^{Canada}, r^{Mexico}, $r^{Srilanka}$)

r^{Canada} —($r^{Columbia}$, $r^{Indonesia}$, r^{Russia}, $r^{Singapore}$, $r^{Srilanka}$)

r^{Chile} —($r^{Columbia}$, $r^{HongKong}$, r^{Russia}, $r^{Srilanka}$, $r^{Thailand}$, r^{India}, $r^{Malaysia}$, r^{Mexico}, $r^{New zealand}$)

r^{China} —($r^{Columbia}$, $r^{Indonesia}$, r^{Mexico}, $r^{New zealand}$, r^{Peru}, $r^{Philippine}$)

$r^{Srilanka}$ —(r^{China}, $r^{Philippine}$, $r^{Thailand}$), $r^{Thailand}$, r^{Taiwan}

$r^{Columbia}$ —($r^{HongKong}$, r^{India}, $r^{Indonesia}$, r^{Peru}, $r^{Philippine}$, $r^{Singapore}$, $r^{Srilanka}$, $r^{Thailand}$, r^{Japan})

$r^{HongKong}$ —($r^{New zealand}$, r^{Russia})

r^{India} —(r^{Japan}, $r^{Malaysia}$, r^{Mexico}, $r^{Philippine}$, $r^{New zealand}$, $r^{Srilanka}$, r^{Taiwan}, $r^{Thailand}$, r^{USA}, $r^{Singapore}$)

$r^{Indonesia}$ —(r^{Japan}, $r^{New zealand}$, $r^{Philippine}$, $r^{Srilanka}$, r^{Korea}), r^{Japan} —(r^{Peru}, $r^{New zealand}$, r^{Korea} —(r^{Mexico}, $r^{Philippine}$, $r^{Srilanka}$, r^{Peru})

无因果关系	
危机前	危机后
r^{India}—（$r^{Indonesia}$，r^{Korea}，$r^{Thailand}$），$r^{Indonesia}$—（r^{Japan}，r^{Russia}，r^{Korea}，$r^{New\ zealand}$，$r^{Srilanka}$，$r^{Thailand}$，$r^{Malaysia}$） r^{Japan}—（$r^{New\ zealand}$，r^{Peru}，$r^{Srilanka}$，r^{Taiwan}，$r^{Philippine}$） r^{Korea}—（$r^{Malaysia}$，$r^{Philippine}$，r^{Russia}，$r^{Singapore}$，$r^{Srilanka}$，$r^{New\ zealand}$）， $r^{Malaysia}$—（$r^{New\ zealand}$，r^{Peru}，r^{Russia}，$r^{Singapore}$，$r^{Philippine}$，$r^{Srilanka}$）， r^{Mexico}—（r^{Peru}，$r^{Thailand}$，r^{Russia}，$r^{Srilanka}$，$r^{New\ zealand}$） $r^{New\ zealand}$—（r^{Russia}，$r^{Singapore}$，$r^{Srilanka}$，r^{Taiwan}，r^{Peru}） r^{Peru}—（$r^{Philippine}$，$r^{Srilanka}$，r^{Taiwan}，$r^{Thailand}$，r^{Russia}） $r^{Philippine}$—（r^{Russia}，$r^{Srilanka}$，r^{Taiwan}，$r^{Thailand}$，$r^{Singapore}$） r^{Russia}—（$r^{Singapore}$，r^{Taiwan}，$r^{Srilanka}$，$r^{Thailand}$） $r^{Srilanka}$—（$r^{Singapore}$，$r^{Thailand}$，r^{USA}，r^{Taiwan}） $r^{Thailand}$—r^{Taiwan}	$r^{Malaysia}$—（$r^{New\ zealand}$，r^{Russia}，$r^{Philippine}$，$r^{Srilanka}$） $r^{New\ zealand}$—（r^{Russia}，$r^{Thailand}$，$r^{Singapore}$，r^{Peru}） $r^{Philippine}$—（r^{Taiwan}，$r^{Thailand}$），r^{Russia}—（$r^{Singapore}$，$r^{Srilanka}$，$r^{Thailand}$）

注：*，**，***分别表示在10%、5%和1%的显著性水平下拒绝原假设。

5.5.3　脉冲响应分析

脉冲响应函数描述了系统中某一变量某一起扰动项变动时，通过变量之间的动态联系，对以后各期各变量之间产生一连串的连锁作用，它描述的是系统对冲击的动态反应，并从动态反应中判断各变量之间的时滞关系。由于一单位新息所产生的扰动对各股票市场的影响不尽相同，因此在脉冲响应分析时，只分析对其影响比较明显的股票市场，同时，在对脉冲响应分析时会更多的研究金融危机发生之后的情况。

1. 澳大利亚股票指数收益率脉冲响应

图5-4描述的是澳大利亚股指的一个扰动对自身及其他亚太股票市场指数所带来的影响。从图中可以看出，澳大利亚股指的一个扰动对自身的第一期影响最大，危机前为0.58，危机后为0.76。危机后，受到澳大

利亚股指的一个标准新息干扰后，美国第一期为 0.85，第三期为 -0.13。巴西第一期为 0.93，第二期为 -0.13。加拿大第一期为 0.56，第二期为 -0.23，第四期为 0.15。智利第一期为 0.15，韩国第二期为 0.11，第三期为 -0.12。马来西亚第三期为 -0.16，秘鲁第四期为 0.14，俄罗斯第二期为 0.17，泰国第三期为 -0.11。以上各国（地区）其他各时期所受干扰不明显。此外，其他各国（地区）在各期受到的干扰都不明显。

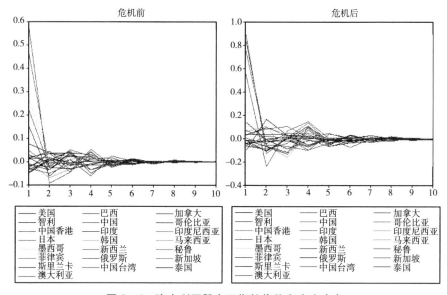

图 5 - 4 澳大利亚股市日指数收益率脉冲响应

2. 巴西股票指数收益率脉冲响应

图 5 - 5 描述的是巴西股指的一个扰动对自身及其他亚太股票市场指数所带来的影响。从图中可以看出，巴西股指的一个扰动对自身的第一期影响最大，危机前为 1.87（第一期）、危机后为 2.03（第一期），危机前后，自身干扰的运动趋势基本相同，并且在第 6 期趋于零，干扰消失。除了美指在第一期受到干扰的影响外，其他亚太股指在第二期才受到影响，分别在不同的滞后期达到最大值或最小值。从危机后情况看，美国为 1.46（第一期）、加拿大为 0.24（第二期）、智利为 -0.22（第四期）、哥伦比亚为 -0.14（第二期）、印度为 0.17（第二期）、印度尼西亚为 -0.13（第四期）、韩国为 0.17（第二期）、马来西亚为 -0.19（第三期）、秘鲁

为 0.18（第四期）、俄罗斯为 0.19（第四期）、新家坡为 0.17（第二期）、中国台湾为 0.42（第三期）、泰国为 -0.13（第三期）、澳大利亚为 0.15（第二期）。中国、日本、墨西哥股市震荡明显，中国第三期为 -0.19，第四期为 0.18。日本第二期为 -0.11，第四期为 0.13。墨西哥第二期为 0.25，第五期为 -0.12。

从分析中发现，除了对自身影响外，巴西股指扰动对美国股市的影响最大，其次是中国台湾、加拿大、墨西哥、智利等，而且，随着时间的推移，巴西股指扰动给各股票市场带来的影响逐渐减弱，趋向于零。

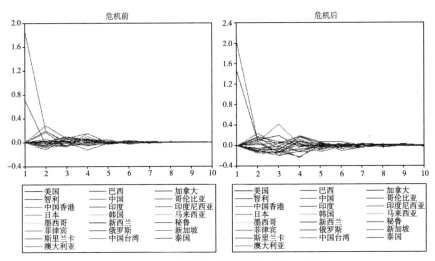

图 5-5　巴西股市日指数收益率脉冲响应

3. 加拿大股票指数收益率脉冲响应

图 5-6 描述的是加拿大股指的一个扰动对自身及其他亚太股票市场指数所带来的影响。从图中可以看出，加拿大股指的一个扰动对自身的第一期影响最大，危机前为 0.83（第一期）、危机后为 1.18（第一期），危机前后，运动趋势基本在第七期开始消失。美国和巴西受其干扰比较大，都在第一期达到最大值，美国（1.17）、巴西（0.97）。对其他亚太股市的影响在不同时期各不相同。分别在不同滞后期达到最大值或最小值。从危机后情况看，智利为 -0.12（第三期）、中国为 -0.14（第二期）、印度为 0.12（第三期）、马来西亚为 -0.17（第三期）、墨西哥为 0.16（第

二期)、秘鲁为 0.14（第二期）、中国台湾为 0.22（第三期）、澳大利亚为 0.23（第二期）。此外，对其他亚太股市产生的干扰很小，不明显。加拿大股指产生的干扰对各股市的影响随着时间的推移不断减弱、逐渐消失。菲律宾震荡明显，第三期为 -0.15，第四期为 0.11。排除干扰对自身的影响，加拿大股指干扰对美国、巴西、中国台湾、澳大利亚的影响明显。

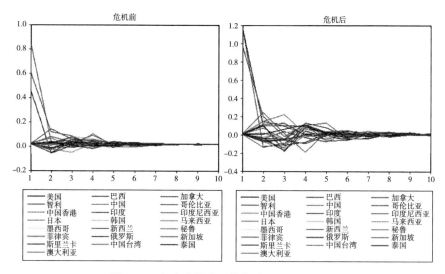

图 5 - 6　加拿大股市日指数收益率脉冲响应

4. 智利股票指数收益率脉冲响应

图 5 - 7 描述的是智利股指的一个扰动对自身及其他亚太股票市场指数所带来的影响。从图中可以看出，智利股指的一个扰动对自身的第一期影响最大，危机前为 0.95（第一期）、危机后为 1.1（第一期）。危机后，第三期和第四期的影响弱于危机前，第五期开始，影响趋于零，影响消失。从危机后来看，美国和巴西在第一期受其影响最大，分别为 0.91 和 0.80。干扰对其他股票市场的影响在第二期才开始出现，干扰程度各不相同，分别在不同滞后期达到最大值或最小值。哥伦比亚为 -0.11（第二期）、印度尼西亚为 -0.12（第四期）、新西兰为 -0.12（第二期）、秘鲁为 0.12（第四期）、俄罗斯为 0.16（第三期）、中国台湾为 0.18（第三期）。值得指出的是，加拿大股市震荡比较明显，受其干扰影响比较大，

第一期为 0.14、第三期为 -0.15、第四期为 0.15，随后震荡趋势减弱，在第六期趋于零，影响消失。澳大利亚也出现明显震荡，第二期为 0.11，第四期为 -0.21。排除干扰对自身的影响，来自智利股指的干扰对美国、巴西、澳大利亚的影响明显。

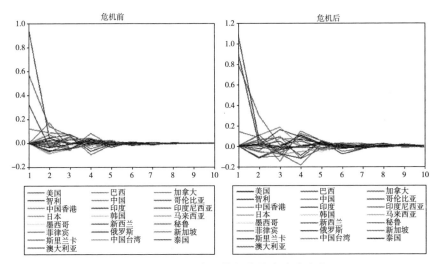

图 5-7　智利股市日指数收益率脉冲响应

5. 中国沪深股票指数收益率脉冲响应

图 5-8 描述的是中国沪深股指的一个扰动对自身及其他亚太股票市场指数所带来的影响。从图中可以看出，中国沪深股指的一个扰动对自身的第一期影响最大，值得注意的是，危机后第一期为 1.56，危机前第一期为 1.81。除了第一期外，危机前后各期的影响基本相同，保持同样的运动趋势，在第二期干扰所带影响基本消失，自身干扰的持续时间较短。对其他股市影响各有不同，分别在不同滞后期达到最大值或最小值。美国为 0.51（第一期）、巴西为 0.31（第二期）、中国香港为 -0.16（第二期）、日本为 -0.12（第二期）、马来西亚为 -0.13（第三期）、墨西哥为 0.11（第二期）、菲律宾为 0.10（第二期）、中国台湾为 0.12（第三期）、澳大利亚为 0.12（第二期）。排除干扰给自身带来的影响外，从危机后来看，美国受其干扰影响最大，其次是巴西。

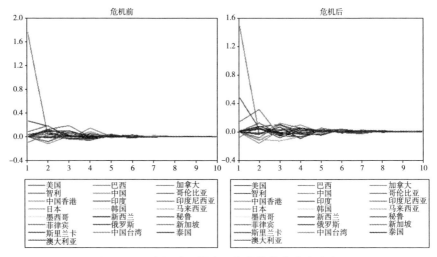

图 5-8   中国沪深股市日指数收益率脉冲响应

6. 哥伦比亚股票指数收益率脉冲响应

图 5-9 描述的是哥伦比亚股指的一个扰动对自身及其他亚太股票市场指数所带来的影响。从图中可以看出，哥伦比亚股指的一个扰动对自身的第一期影响最大，危机前为 1.68，危机后为 1.20。但在危机后，自身干扰所带来影响的震荡幅度较大，第一期为 1.20，第二期为 -0.15。危机前一至三期的影响要高于危机后，在第四期后，影响都开始趋于零，干扰能力消失。从危机后看，排除自身干扰外，对其他亚太股市的影响各异，分别在不同滞后期达到最大值或最小值。美国为 0.75（第一期）、巴西为 0.65（第一期）、加拿大为 0.15（第一期）、智利为 0.15（第一期）、马来西亚为 -0.11（第三期）、墨西哥为 0.17（第二期）、秘鲁为 0.12（第二期）、中国台湾为 0.17（第三期）。值得指出的是，受其干扰，澳大利亚和俄罗斯股指震荡明显，澳大利亚第二期为 0.15，第四期为 -0.22。俄罗斯第二期为 -0.14，第三期为 0.13。排除干扰给自身带来的影响外，从危机后来看，美国受其干扰影响最大，其次是巴西、澳大利亚。

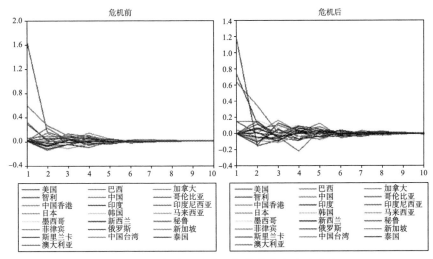

图5-9　哥伦比亚股市日指数收益率脉冲响应

7. 中国香港股票指数收益率脉冲响应

图5-10描述的是中国香港股指的一个扰动对自身及其他亚太股票市场指数所带来的影响。从图中可以看出，中国香港股指的一个扰动对自身的第一期影响最大，危机前0.88，危机后为1.02。危机后的震荡程度要高于危机前，都在第六期干扰的影响消失。排除自身干扰所造成的影响外，危机后，中国香港股指的干扰对亚太其他各国（地区）的影响也不尽相同，最大值或最小值存在差异。美国为0.74（第一期）、巴西为0.56（第二期）、加拿大为0.17（第二期）、印度为0.14（第二期）、印度尼西亚为-0.12（第四期）、日本为-0.12（第二期）、马来西亚为-0.11（第二期）、墨西哥为0.21（第二期）、秘鲁为0.17（第二期）、菲律宾为-0.13（第二期）、俄罗斯为0.13（第三期）、新加坡为0.15（第二期）、中国台湾为0.15（第三期）、泰国为-0.12（第二期）、澳大利亚为0.21（第二期）。智利、中国沪深股市的震动较为明显，智利在第二期为0.12，第四期为-0.14，中国沪深股市在第一期为0.37，第二期为-0.29。从干扰程度来看，来自中国香港股市的干扰对美国、巴西、中国沪深股市、墨西哥、加拿大的影响较为明显。

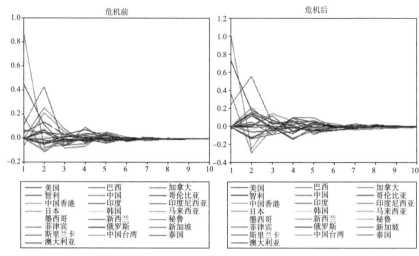

图 5 - 10　香港股市日指数收益率脉冲响应

8. 印度股票指数收益率脉冲响应

图 5 - 11 描述的是印度股指的一个扰动对自身及其他亚太股票市场指数所带来的影响。从图中可以看出，印度股指的一个扰动对自身的第一期影响最大，危机前 1. 43，危机后为 1. 50。在第五期，干扰的影响逐渐消失。从金融危机爆发后看，排除干扰对自身所产生的影响，印度股指的干扰对亚太其他股指各滞后期的影响不同，最大值或最小值分布为，美国为 0. 98（第一期）、加拿大为 0. 17（第四期）、中国香港为 0. 35（第一期）、印度尼西亚为 - 0. 16（第四期）、马来西亚为 - 0. 12（第四期）、墨西哥为 0. 18（第二期）、秘鲁为 0. 15（第二期）、俄罗斯为 0. 15（第三期）、中国台湾为 0. 13（第三期）、泰国为 - 0. 11（第二期）、澳大利亚为 0. 12（第二期）。此外，干扰对巴西的影响时间较长，第一期为 0. 43，第二期为 0. 51，第三期为 0. 21，第四期开始逐渐趋于零，影响消失。智利受干扰的影响后，震动幅度很大，第一期为 0. 16，第三期为 - 0. 17。中国沪深股市受其影响后震荡明显，第一期为 0. 24，第二期为 - 0. 25。排除印度自身外，干扰对美国、巴西、中国香港、中国沪深股市的影响最为明显。

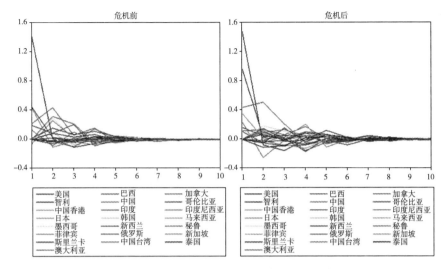

图 5 - 11　印度股市日指数收益率脉冲响应

9. 印度尼西亚股票指数收益率脉冲响应

图 5 - 12 描述的是印度尼西亚股指的一个扰动对自身及其他亚太股票市场指数所带来的影响。从图中可以看出，印度尼西亚股指的一个扰动对自身的第一期影响最大。危机前 1.44，危机后为 1.50，相比危机前，危机后干扰的持续时间较长，在第七期趋于零，影响消失，危机前的干扰在第四期就逐渐消失。从危机后看，印度尼西亚股指的干扰对其他各国（地区）股指的影响各不相同，对美国、巴西、印度、马来西亚产生影响的持续期要长。美国第一期为 0.78，第二期为 0.34，第三期为 0.11，之后影响逐渐消失。巴西第一期为 0.23，第二期为 0.73，第三期为 0.11。印度第一期为 0.24，第二期为 0.14，第四期为 0.17。马来西亚第一期为 -0.23，第二期为 -0.15，第三期为 -0.16。智利和中国受干扰后震动很大，智利第一期为 0.13，第四期为 -0.11。中国第一期为 0.25，第二期为 -0.23。除此之外，干扰对其他股指影响的最大或最小值为，哥伦比亚为 0.21（第一期）、中国香港为 0.47（第一期）、日本为 -0.12（第二期）、韩国为 0.16（第三期）、墨西哥为 0.17（第二期）、秘鲁为 0.17（第二期）、俄罗斯为 0.15（第三期）、新加坡为 0.11（第四期）、泰国为 -0.15（第四期）、澳大利亚为 0.18（第二期）。除了一个标准新息对印度尼西亚股指自身产生干扰外，对美国、巴西、马来西亚、印度、中国、

哥伦比亚的影响较为明显。

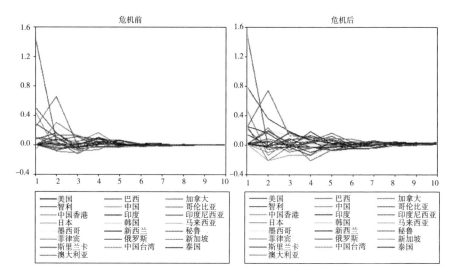

图 5 – 12　印度尼西亚股市日指数收益率脉冲响应

10. 日本股票指数收益率脉冲响应

图 5 – 13 描述的是日本股指的一个扰动对自身及其他亚太股票市场指数所带来的影响。从图中可以看出，日本股指的一个扰动对自身的第一期影响最大，危机前为 0.97，危机后为 1.07。除了第三期外，从第四期开始，危机前后，干扰影响的运动趋势基本相同，在第六期趋于零，干扰的影响消失。从危机后看，各国（地区）股指受干扰的运动趋势存在差异。受其干扰，美国第一期为 0.45、第二期为 0.37，之后影响迅速减弱。巴西、加拿大、中国沪深股市、中国香港、印度、澳大利亚震荡明显。巴西第一期为 - 0.15，第二期为 0.66。加拿大第二期为 0.25，第三期为 - 0.11，第五期为 0.15。中国第一期为 0.11，第二期为 - 0.20，第四期为 - 0.11。中国香港第一期为 0.17，第二期为 - 0.13。印度第一期为 - 0.14，第三期为 0.19。澳大利亚第二期为 0.23，第五期为 - 0.11。对其他各股票市场指数干扰的最大值或最小值为，智利为 0.22（第二期）、马来西亚为 - 0.14（第三期）、墨西哥为 0.19（第三期）、菲律宾为 - 0.12（第二期）、新加坡为 0.11（第二期）、斯里兰卡为 - 0.13（第三期）、中国台湾为 0.11（第三期）、泰国为 - 0.12（第四期）。排除自身干

扰所受影响外，来自日本股指的干扰对美国、巴西、加拿大、中国、澳大利亚、智利等股指的影响要明显。

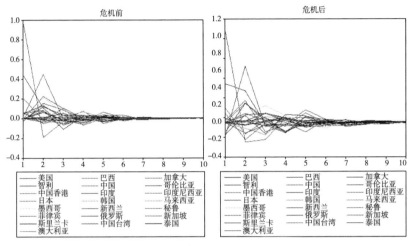

图 5 - 13　日本股市日指数收益率脉冲响应

11. 韩国股票指数收益率脉冲响应

图 5 - 14 描述的是韩国股指的一个扰动对自身及其他亚太股票市场指数所带来的影响。从图中可以看出，韩国股指的一个扰动除了对自身的第一期影响最大（危机前为 1.08，危机后为 1.46）外，其他各期受到的影响都非常小，接近于零，运动趋势基本相同。从危机后来看，来自韩国股指的干扰对亚太各股指影响的震荡情况存在明显差异。美国第一期为 1.11，第二期为 0.29，第五期为 - 0.15。巴西第一期为 0.28，第二期为 1.0。加拿大第一期为 - 0.15，第二期为 0.23，第四期为 0.21。智利第一期为 - 0.15，第二期为 0.20，第四期为 - 0.29。中国第一期为 0.32，第二期为 - 0.41，第四期为 - 0.15。中国香港震荡最为明显，第一期为 0.47，第二期为 - 0.24，第三期为 0.20，第四期为 - 0.11。日本第一期为 0.30，第二期为 - 0.23。新加坡第一期为 0.15，第二期为 0.10，第三期为 0.13。印度尼西亚第一期为 0.18，第四期为 - 0.11，第五期为 - 0.10。墨西哥第二期为 0.25，第三期为 0.14。此外对其他股指影响的最大值或最小值情况，秘鲁第五期为 0.17，菲律宾第四期为 - 0.14，俄罗斯第三期为 0.32，中国台湾第三期为 0.12，泰国第四期为 - 0.29，澳大利亚第二

期为 0.25，其他各期的影响非常小。排除自身干扰的影响外，来自韩国股指的一个标准新息所产生的干扰对美国、巴西、加拿大、智利、中国内地、中国香港、日本、俄罗斯的影响较为明显。

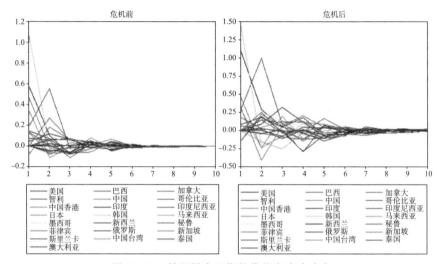

图 5 - 14　韩国股市日指数收益率脉冲响应

12. 马来西亚股票指数收益率脉冲响应

图 5 - 15 描述的是马来西亚股指的一个扰动对自身及其他亚太股票市场指数所带来的影响。从图中可以看出，马来西亚股指的一个扰动对自身的第一期影响最大，危机前为 0.76，危机后为 0.69。除此之外，各期影响都非常小，影响持续期很短。危机后，各股指受其干扰后的最大值或最小值情况，巴西为 0.40（第二期）、加拿大为 0.15（第二期）、中国为 0.12（第二期）、中国香港为 0.15（第一期）、印度为 0.15（第一期）、印度尼西亚为 0.17（第一期）、韩国为 0.15（第一期）、墨西哥为 0.11（第二期），除此外，对这几个国家（地区）在其他时期的影响都不显著，接近于零。对美国的影响持续期要长，第一期为 0.46，第二期为 0.18，第三期为 0.11。除了上述这些国家（地区）外，来自马来西亚的一个标准新息所造成的干扰对其余的国家（地区）在整个期间的影响都不明显。

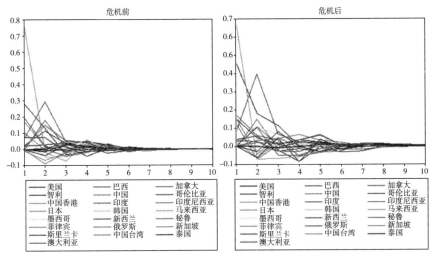

图 5 - 15　马来西亚股市日指数收益率脉冲响应

13. 墨西哥股票指数收益率脉冲响应

图 5 - 16 描述的是墨西哥股指的一个扰动对自身及其他亚太股票市场指数所带来的影响。从图中可以看出，墨西哥股指的一个扰动对自身的第一期影响最大，但危机前后第一期都为 0.98，危机后，干扰的持续期为前五期，影响不明显，之后逐渐消失。从危机后来看，各国（地区）股指受到墨西哥股指扰动的影响存在显著差异，影响期内的震动情况也不同。美国在第一期为 1.13，第四期为 - 0.10。巴西第一期为 1.22，第二期为 0.15。加拿大第一期为 0.29，第二期为 0.14，第四期为 0.22。智利第一期为 0.24，第四期为 - 0.20。中国第二期为 - 0.10，第四期为 0.12。澳大利亚第二期为 0.23，第四期为 - 0.16。除此之外的其他各期受到的干扰影响非常小。另外，印度尼西亚在第四期为 - 0.17，韩国在第二期为 0.14，马来西亚第二期为 - 0.13，秘鲁第四期为 0.13，新加坡第二期为 0.12，泰国在第二期为 - 0.13，其余各期影响不明显。除了上述这些国家（地区）外，其余各国（地区）在整个期间所受影响都不明显。

14. 新西兰股票指数收益率脉冲响应

图 5 - 17 描述的是新西兰股指的一个扰动对自身及其他亚太股票市场

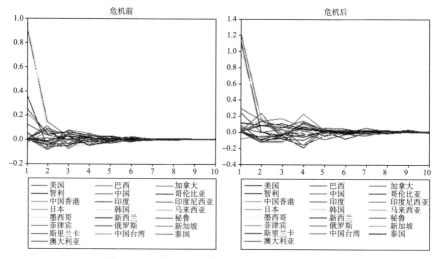

图5-16　墨西哥股市日指数收益率脉冲响应

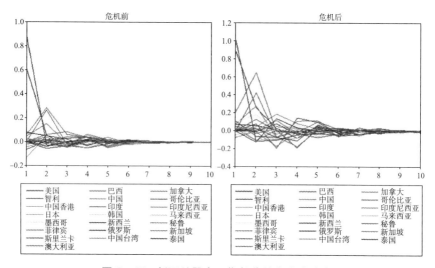

图5-17　新西兰股市日指数收益率脉冲响应

指数所带来的影响。从图中可以看出，新西兰股指的一个扰动对自身的第一期影响最大，危机前为0.89。危机后为1.03，且第二期、第三期持续受到影响，之后逐渐趋于零，影响消失。从危机后看，受到新西兰股指一个标准新息的扰动影响后，各国（地区）在不同时期受到影响明显的时期表现为，美国第一期为0.89，第二期为0.26。巴西第一期为0.21，第二期为 0.65；加拿大第二期为 0.28，第四期为 0.12。智利第四期为 -0.19。墨西哥第二期为 0.18。秘鲁第二期为 0.13。菲律宾第三期为 -0.17。俄罗斯震荡明显，第二期为 -0.12，第三期为 0.14。中国台湾第三期为 0.19；澳大利亚震荡也明显，第二期为 0.42，第四期为 -0.18。其他各期所受影响不明显。除了上述这些国家（地区）外，其他各股票市场在各期所受影响都很小，且影响很快消失。

15. 秘鲁股票指数收益率脉冲响应

图 5-18 描述的是秘鲁股指的一个扰动对自身及其他亚太股票市场指数所带来的影响。从图中可以看出，秘鲁股指的一个扰动对自身的第一期影响最大，危机前为 1.33，危机后为 1.50。之后影响迅速减弱，第四期开始趋于零，影响消失。从危机后看，受到干扰影响后，美国第一期为 1.12，第二期为 0.10，第三期为 -0.17，震荡明显，之后影响迅速消失。巴西第一期为 1.20，第二期为 0.11。加拿大第一期为 0. 第四期为 0.18。智利第一期为 0.12，第三期为 -0.16。印度尼西亚第一期为 0.17，第四期为 -0.23。韩国第一期为 -0.12，第三期为 0.17。马来西亚第二期为 -0.20，第三期为 -0.17。墨西哥第一期为 0.26，第二期为 0.16。中国台湾第二期为 0.12，第三期为 0.20。澳大利亚第四期为 -0.28，中国内地第三期为 -0.23，中国香港第二期为 0.11。除此之外各期所受影响不明显，接近于零。其他国家基本不受秘鲁股指干扰的影响。

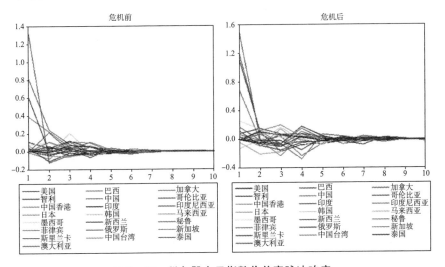

图 5-18 秘鲁股市日指数收益率脉冲响应

16. 菲律宾股票指数收益率脉冲响应

图 5 - 19 描述的是菲律宾股指的一个扰动对自身及其他亚太股票市场指数所带来的影响。从图中可以看出，菲律宾股指的一个扰动对自身的第一期影响最大，危机前为 1.20，危机后为 1.10，之后影响迅速减弱，影响在第五期消失。从危机后看，受到干扰影响后，美国第一期为 0.39，第二期为 0.49。巴西持续期较长，第一期至第四期分别为 0.10、0.65、0.10、0.13。马来西亚第一期为 0.17，第三期为 - 0.12。澳大利亚第二期为 0.29。加拿大第二期为 0.21，第三期为 - 0.14。中国内地第一期为 0.19，中国香港第一期为 0.22，印度第二期为 0.11，墨西哥第三期为 0.17，俄罗斯第三期为 0.18，以上国家（地区）在其余各期所受影响都不明显。此外，其他国家（地区）的股指基本不受菲律宾股指以单位标准新息干扰的影响。

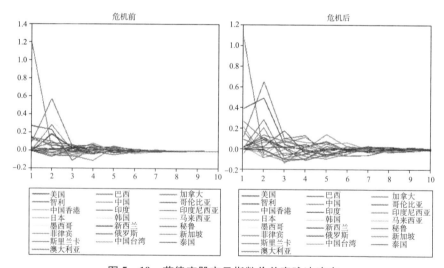

图 5 - 19　菲律宾股市日指数收益率脉冲响应

17. 俄罗斯股票指数收益率脉冲响应

图 5 - 20 描述的是俄罗斯股指的一个扰动对自身及其他亚太股票市场指数所带来的影响。从图中可以看出，俄罗斯股指的一个扰动对自身的第一期影响最大，危机前为 1.59，危机后为 1.85，之后影响迅速减弱，危机前后运动趋势相同，在第三期影响消失。从危机后看，受其干扰，美国第一期为

1.77,第四期为 - 0.16。巴西第一期为 1.12,第二期为 0.59,第四至第六期分别为 0.12、 - 0.22、0.14,可见影响的持续期较长。加拿大第一期为0.39,第二期为 0.21,第五期为 0.23。印度尼西亚第一期为 0.15,第二期为 - 0.22,第四期为 - 0.15。墨西哥第二期为 0.41,第三期为 - 0.12,第四期为 0.19。菲律宾第二期为 - 0.17,第三期为 - 0.15。新加坡第三期为0.11,第四期为 0.14。中国台湾第三期为 0.25,第四期为 0.26。泰国第三期为 - 0.16,第四期为 - 0.17。中国大陆第二期为 0.34。除此之外,各期所受影响均不明显。其他各国(地区)在整个时期受到干扰的影响均不明显。

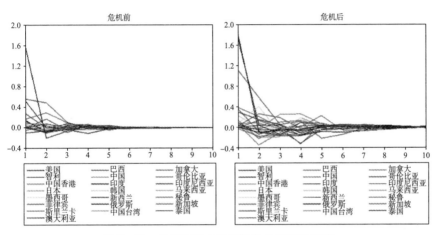

图 5 - 20 俄罗斯股市日指数收益率脉冲响应

18. 新加坡股票指数收益率脉冲响应

图 5 - 21 描述的是新加坡股指的一个扰动对自身及其他亚太股票市场指数所带来的影响。从图中可以看出,新加坡股指的一个扰动对自身的第一期影响最大,危机前为 0.66,危机后为 0.75。从危机后看,受其干扰的影响,美国第一期为 1.0,第三期为 0.11。巴西第一期为 0.32,第二期为 0.51。加拿大第二期为 0.18,中国第一期为 0.19,第二期为 - 0.24。中国香港第一期为 0.48,第二期为 - 0.16,第三期为 0.14。印度第一期为 0.26,印度尼西亚第一期为 0.25,日本第二期为 - 0.12,韩国第一期为 0.16,墨西哥第二期为 0.23,马来西亚第一期为 0.19,第二期为 - 0.19,第三期为 - 0.11。泰国第二期为 - 0.13,澳大利亚第二期为 0.24,中国台湾第二期为 0.12,第三期为 0.12。其他各期受到的干扰影

响都不明显。除此之外，其他各国（地区）受新加坡股指一个单位标准新息干扰的影响都非常小。

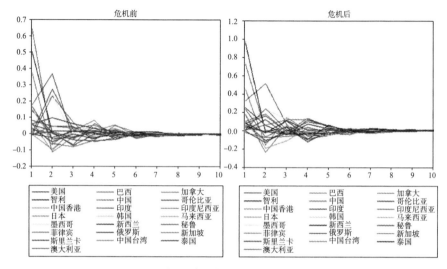

图 5 - 21　新加坡股市日指数收益率脉冲响应

19. 斯里兰卡股票指数收益率脉冲响应

图 5 - 22 描述的是斯里兰卡股指的一个扰动对自身及其他亚太股票市场指数所带来的影响。从图中可以看出，斯里兰卡股指的一个扰动对自身的第一期影响最大，危机前为 1.28，危机后为 1.47。从危机后看，来自斯里兰卡股指的一个单位标准新息对亚太其他各国（地区）的干扰在各期均不明显（印度除外），充分说明了斯里兰卡股票市场的分割性非常严重，封闭性明显。对印度的干扰有所明显，持续期较长，第一期为 0.24，第二期为 0.12，第三期为 0.11，第四期 0.13。

20. 中国台湾股票指数收益率脉冲响应

图 5 - 23 描述的是中国台湾股指的一个扰动对自身及其他亚太股票市场指数所带来的影响。从图中可以看出，中国台湾股指的一个扰动对自身的第一期影响最大，危机前为 1.04，危机后为 0.93。危机后，受到中国台湾股指的一个标准新息干扰后，第一期为 0.69，第二期为 0.27。巴西第二期为 0.62，加拿大第二期为 0.21，中国沪深股市第一期为 0.23，第

二期为 -0.18。中国香港第一期为 0.31，印度第二期为 0.13，印度尼西亚第二期为 0.22，日本第二期为 -0.12，韩国第一期为 0.41，俄罗斯第三期为 0.18，新加坡第二期为 0.19。澳大利亚第二期为 0.14。马来西亚受干扰的持续期长，第一至第四期分别为 0.20、-0.14、-0.18、-0.14。除此之外，这些国家（地区）其他各期受到干扰的影响均不明显。另外，其他国家（地区）所受干扰在各期均不明显。

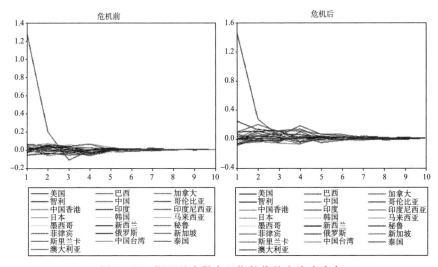

图 5 - 22　斯里兰卡股市日指数收益率脉冲响应

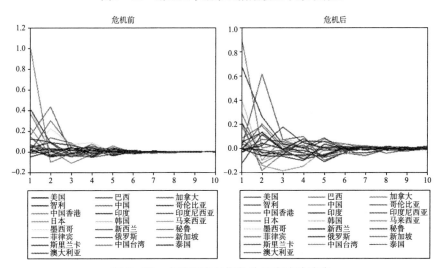

图 5 - 23　台湾股市日指数收益率脉冲响应

21. 泰国股票指数收益率脉冲响应

图 5 - 24 描述的是泰国股指的一个扰动对自身及其他亚太股票市场指数所带来的影响。从图中可以看出，泰国股指的一个扰动对自身的第一期影响最大，危机前为 1.35，危机后为 1.23。危机后，受到泰国股指一个单位标准新息的干扰后，美国第一期为 0.78，第二期为 0.13，第三期为 0.15。巴西持续期长，第一至第四期分别为 0.36、0.49、0.18、0.13。中国第一期为 0.27，第二期为 - 0.21。中国香港第一至第三期分别为 0.53、- 0.23、0.15。印度第一期为 0.28，印度尼西亚第一期为 0.31，第三期为 0.15，第四期为 - 0.12。日本第一期为 0.11，韩国第三期为 0.12，菲律宾第一期为 0.16，第二期为 - 0.12。俄罗斯第三期为 0.11，澳大利亚第二期为 0.21，马来西亚第一期为 0.20，第二期为 - 0.11，第三期为 - 0.14。以上各国（地区）其他各期所受影响都不明显。此外，其他各国和中国台湾地区各期所受影响均不显著。

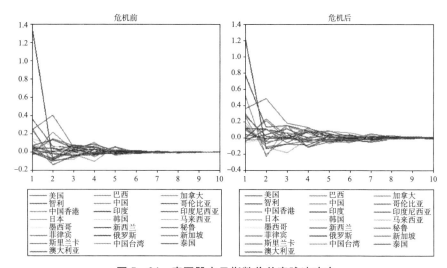

图 5 - 24   泰国股市日指数收益率脉冲响应

22. 美国股票指数收益率脉冲响应

图 5 - 25 描述的是美国股指的一个扰动对自身及其他亚太股票市场指数所带来的影响。由图可以看出，危机后美国股指的一个扰动对自身第一

期、第二期、第三期的影响要强于危机前，随着时间的推移，影响逐渐减弱，第七期以后影响趋于零，即影响随着时间的推移逐渐消失。金融危机发生后，美指的一个扰动对亚太各股指当期均不产生影响，都是在滞后一期（第二期）以后影响才开始出现，但对各股指的影响又明显不同。巴西、加拿大、中国内地、中国香港、印度、马来西亚、秘鲁、澳大利亚、墨西哥等股指受美指扰动的影响较明显。其中，在第二期，巴西、加拿大、澳大利亚的股指受到干扰的影响最为明显，分别为 0.96、0.47、0.52。同时，在第二期，对中国内地、中国香港、马来西亚的股指产生一个反向的影响。此外，俄罗斯、中国台湾在第三期受到干扰的影响最大，分别为 0.21、0.16。从整体来看，随着时期的延长，美股干扰所带来的影响在逐渐减弱，并震荡着趋于零，影响逐渐消失。

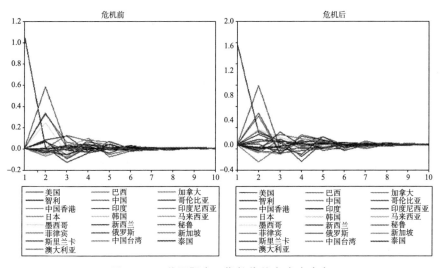

图 5-25　美国股市日指数收益率脉冲响应

5.5.4　方差分解

方差分解主要分析的是每一个结构冲击对内生变量的变化的贡献度，从而进一步评价不同结构冲击的重要性。预测误差方差分解可用于分析变量的外生冲击在其他变量的预测误差方差中的贡献度。贡献度越大，说明变量外生冲击产生的影响在其他变量的预测方差中占的比例越大，也即其他变量的波动受该变量外生冲击影响程度越大。本节以方差分解图的形式给出方差分解的结果，由于所涉及的国家（地区）很多，各国（地区）的方差受别的国家（地区）的影响程度存在差异，因此，在分析中，只选取影响比重比较大的国家（地区）。

1. 澳大利亚股票指数收益率方差分解

图 5－26 描绘的是金融危机前后澳大利亚股市收益率方差分解对比的情况。危机前，在前两期，澳大利亚的自身贡献度达到 46%，以后各期保持在 43% 左右。美国、巴西、加拿大、墨西哥在整个预测期的贡献度分别保持在 4%、28%、7%、9% 左右。危机后，在第一期，澳大利亚自身贡献度为 23%，之后保持在 20% 左右。俄罗斯、巴西、加拿大、墨西哥在整个预测期的贡献度分别保持在 25%、28%、13%、3% 的水平上。

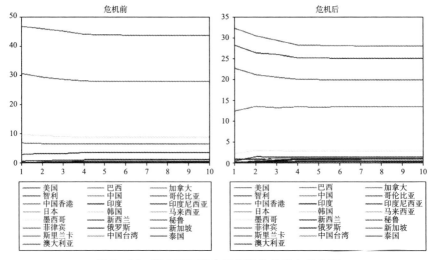

图 5－26 澳大利亚股市日指数收益率方差分解

2. 巴西股票指数收益率方差分解

图 5－27 描绘的是金融危机前后巴西股市收益率方差分解对比的情况。危机前，在对巴西股市收益率的预测中，第一期预测值其自身的误差约 87%，随着预测期的增加，自身的贡献度下降，整个预测期都维持在80% 左右。美国在整个预测期的贡献度维持在 12% 左右，加拿大从第二期开始贡献度增加，约为 2%，澳大利亚的贡献度也是从第二期开始增加，

随后保持在 1.3% 左右。危机后，巴西在第一期有 65% 来自自身，以后逐期下降，从第四期开始直到第十期都维持在 55% 左右。美国的贡献度较危机前增加很多，在第一期为 34%，后期虽有下降，但都保持在 29% 左右，加拿大的贡献度有所降低，保持在 1.4% 左右，澳大利亚的贡献度在 1.2% 左右，与危机前对巴西的影响基本相同。比较明显的是，危机后，中国沪深和中国台湾对巴西的贡献度增加，中国大陆贡献度从第二期开始保持在 1% 左右，中国台湾的贡献度从第三期开始则保持在 2.5% 左右。

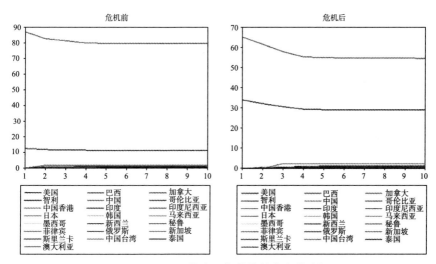

图 5 - 27　巴西股市日指数收益率方差分解

3. 加拿大股票指数收益率方差分解

图 5 - 28 描绘的是金融危机前后巴西股市收益率方差分解对比的情况。危机前，在第一期，加拿大自身贡献度为 56%，第二期开始下降（54%），从第三期开始，自身贡献度保持在 52% 左右。美国的贡献度从第一期开始知道第十期都保持在 15% 左右，巴西的贡献度在整个预测期保持在 27% 左右，澳大利亚的贡献度在第二期才开始，以后各期维持则在 1.2% 左右。危机后，第一期，加拿大自身贡献度为 37%，第二期开始下降，从第四期开始直到第十期，贡献度都保持在 32% 左右，与危机前相比，美国的贡献度显著提高，第一期为 37%，以后各期都保持在 32% 左右，与加拿大各地自身的贡献度基本相同，巴西的贡献度从第四期开始一

直保持在22%左右，较危机前略有下降，澳大利亚的贡献度从第三期开始保持在2%左右，较危机前略有提高。此外，中国台湾的贡献度在金融危机后有所提高，保持在1.5%左右。

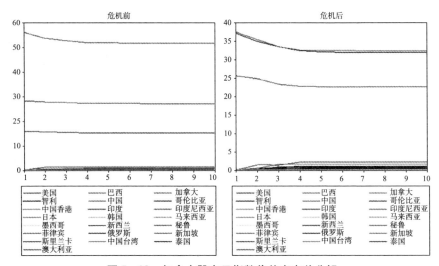

图 5 - 28　加拿大股市日指数收益率方差分解

4. 智利股票指数收益率方差分解

图 5 - 29 描绘的是金融危机前后智利股市收益率方差分解对比的情况。危机前，第一期，智利自身的贡献度为67%，第二期开始下降，第三期直到第十期都保持在59%左右，美国的贡献度在整个时期保持在7%左右，巴西的贡献度在整个时期保持在23%左右，加拿大从第三期开始贡献度增加，然后一直保持在1.8%左右，澳大利亚的贡献度在第二期开始显现，整个预测期一直保持在2%左右。危机后，第一期，智利自身贡献度为44%，从第五期开始则保持在37%左右，美国的贡献度第一期为31%，之后开始下降，第四期以后，保持在26%左右，巴西从第四期开始，贡献度一直保持在22%左右，加拿大贡献度从第一期开始不断增加，第四期开始维持在2%左右，澳大利亚的贡献度从第四期开始保持在1.6%左右。此外，菲律宾、俄罗斯、中国台湾的贡献度在危机后开始显现，从第四期开始，都保持在1%左右。

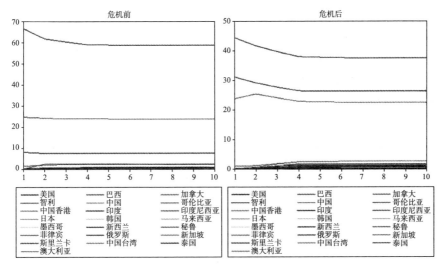

图 5 - 29　智利股市日指数收益率方差分解

5. 中国大陆股票指数收益率方差分解

图 5 - 30 描绘的是金融危机前后中国大陆股市收益率方差分解对比的情况。危机前，第一期，中国自身贡献度高达 98%，尽管从第二期开始下降，但从第四期开始都保持在 90% 左右。美国的贡献度在整个预测期都保持在 2.8% 左右，巴西从第二期开始，贡献度保持在 1% 左右，澳大利亚从第四期开始保持在 1.3% 左右。危机后，第一期中国自身贡献度约为 90%，从第四期开始一直保持在 78% 左右，美国的贡献度从第二期开始，一直保持在 8% 左右，巴西的贡献度在第一期约 1%，之后一直保持在 4% 左右，马来西亚的贡献度从第四期开始便保持在 1% 左右。

6. 哥伦比亚股票指数收益率方差分解

图 5 - 31 描绘的是金融危机前后哥伦比亚股市收益率方差分解对比的情况。危机前，第一期，哥伦比亚自身贡献度约为 84%，之后开始下降，从第五期开始便维持在 73% 左右，美国的贡献度在整个预测期都维持在 3% 左右，巴西从第二期开始，贡献度一直保持在 11% 左右，智利的贡献度在整个预测期则保持在 2% 左右，墨西哥的贡献度从第二期开始显现，整个时期约为 2%，澳大利亚的贡献度则一直保持在 1% 左右。危机后，第一期哥伦比亚的贡献度为 58%，从第五期开始则保持在 47% 左右，美

国的贡献度第一期约为 23%，从第三期开始保持在 18% 左右，巴西从第
四期开始，贡献度一直保持在 17% 左右，加拿大的贡献度从第五期开始便
保持在 2% 左右，墨西哥的贡献度从第五期开始保持在 2% 左右，澳大利
亚的贡献度从第四期开始保持在 2% 左右，俄罗斯的贡献度从第三期开始
便保持在 1% 左右。

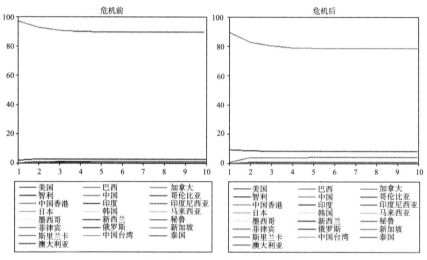

图 5 - 30　中国大陆股市日指数收益率方差分解

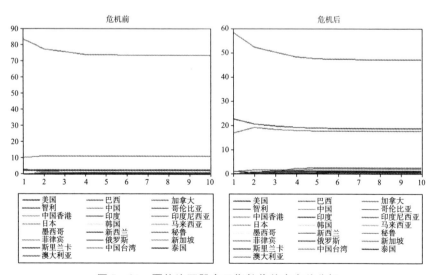

图 5 - 31　哥伦比亚股市日指数收益率方差分解

7. 中国香港股票指数收益率方差分解

图 5 – 32 描绘的是金融危机前后中国香港股市收益率方差分解对比的情况。危机前，第一期，中国香港的自身贡献度约为 75%，从第二期开始便一直保持在 52% 左右，美国在第一期的贡献度约为 20%，之后各期一直保持在 14% 左右，巴西在第一期的贡献度仅为 1%，从第二期开始明显增加，第二期至第十期贡献度都保持在 13% 左右，加拿大在第一期的贡献度不足 1%，第二期开始贡献度一直保持在 3% 左右，智利和墨西哥的贡献度都保持在 2% 左右，中国内地在整个预测期的贡献度都在 3% 左右，澳大利亚从第二期开始，贡献度保持在 5% 左右，新加坡则保持在 1% 左右。危机后，在第一期，中国香港自身的贡献度为 58%，之后逐期下降，从第五期开始，保持在 39% 左右，美国的贡献度第一期为 31%，之后保持在 20% 左右，巴西的贡献度第一期约为 3%，之后各期保持在 13% 左右，加拿大从第五期开始保持在 1.8% 左右，中国内地的贡献度在整个时期保持在 8% 左右，墨西哥的贡献度在整个预测期约为 3%，智利、秘鲁、菲律宾、新加坡、中国台湾的贡献度则保持在 1% 左右，澳大利亚的贡献度则保持在 2% 左右。

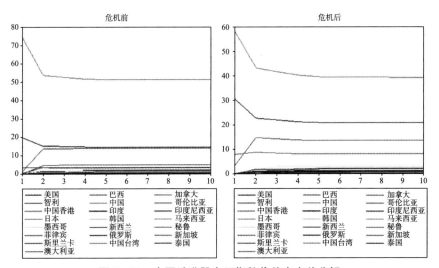

图 5 – 32　中国香港股市日指数收益率方差分解

8. 印度股票指数收益率方差分解

图 5 - 33 描绘的是金融危机前后印度股市收益率方差分解对比的情况。危机前，在第一期，印度自身的贡献度为 80%，第二期开始下降，第五期开始直到第十期贡献度保持在 61% 左右，美国的贡献度在第一期为 8%，之后各期一直在 6% 左右，巴西的贡献度第一期仅为 2%，之后各期保持在 8% 左右，中国香港的贡献度在整个预测期都保持在 6% 左右，加拿大、哥伦比亚、墨西哥的贡献度在整个预测期都保持在 2% 左右，智利、中国从第二期开始贡献度一直保持在 1% 左右，澳大利亚从第二期贡献度开始显现，之后一直保持在 4% 左右。危机后，在第一期，印度自身贡献度为 62%，从第五期开始便保持在 50% 左右，美国的贡献度在第一期为 26%，从第三期开始保持在 21% 左右，巴西的贡献度从第二期开始知道第十期都保持在 10% 左右，中国香港的贡献度在整个预测性接近 4%，加拿大、智利、墨西哥的贡献度在整个预测期都保持在 1% 左右，中国的贡献度一直保持在 3% 左右。

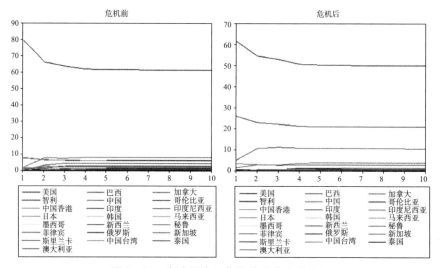

图 5 - 33　印度股市日指数收益率方差分解

9. 印度尼西亚股票指数收益率方差分解

图 5 - 34 描绘的是金融危机前后印度尼西亚股市收益率方差分解对比

的情况。危机前，在第一期，印度尼西亚自身的贡献度接近77%，之后开始下降，从第四期开始一直保持在57%左右，美国的贡献度在整个预测期都维持在8%左右，巴西的贡献度在第一期为2%，第二期之后迅速增加并一直保持在14%左右，加拿大在整个预测期贡献度保持在3%左右，中国香港整个期间的贡献度保持在6%左右，印度则保持在2%左右，墨西哥的贡献度从第二期开始，之后一直保持在1.6%左右。危机后，在第一期，印度尼西亚自身的贡献度为68%，从第四期开始则始终保持在48%左右，美国的贡献度在第一期为18%，之后各期都在16%左右，巴西贡献度第一期接近2%，之后一直保持在12%左右，中国、印度、马来西亚的贡献度大致相当，保持在2%左右，加拿大、哥伦比亚的贡献度保持在1%左右，中国香港的贡献度在整个预测期保持在5%左右。

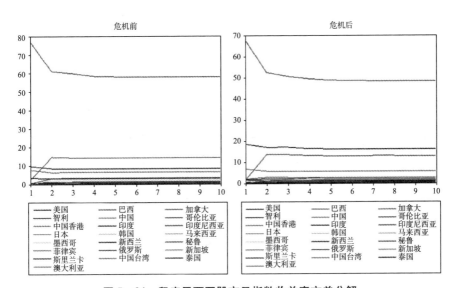

图5-34　印度尼西亚股市日指数收益率方差分解

10. 日本股票指数收益率方差分解

图5-35描绘的是金融危机前后日本股市收益率方差分解对比的情况。危机前，在第一期，日本自身的贡献度约为80%，从第五期开始一直保持在57%左右，美国的贡献度在第一期为16%，之后各期保持在12%左右，巴西在第一期的贡献度仅为0.03%，几乎不产生影响，但从第二期开始贡献度迅速增加，为12%，之后一直保持在该水平上，澳大利亚、墨

西哥的贡献度从第二期开始一直保持在3%左右，加拿大的贡献度从第三期开始一直保持在约2%的水平上，哥伦比亚和印度的贡献度都保持在1%的水平上。危机后，在第一期，日本自身贡献度为79%，第五期开始保持在45%水平，巴西的贡献度从第二期开始一直保持在17%左右，美国的贡献度前四期保持在14%左右，第五期开始则维持在12%水平，加拿大贡献度从第五期开始便保持在4%的水平，智利、中国、澳大利亚的贡献度则保持在约3%的水平上，中国香港、墨西哥的贡献度分别从第一期、第三期开始显现，都维持在2%左右，印度的贡献度在整个预测期一直保持在1%左右。

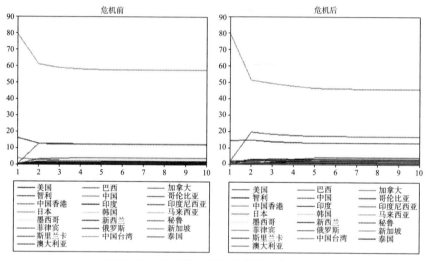

图5-35　日本股市日指数收益率方差分解

11. 韩国股票指数收益率方差分解

图5-36描绘的是金融危机前后中国香港股市收益率方差分解对比的情况。危机前，在第一期，韩国自身贡献度为60%，之后各期一直保持在45%左右，美国的贡献度在第一期为17%，之后各期保持在13%的水平上，巴西在第一期的贡献度约2%，第二期迅速增加，并一直维持在13%的水平，中国香港的贡献度在第一期为11%，从第二期开始一直保持在9%的水平，日本的贡献度在整个预测期都保持在5%左右，墨西哥和澳大利亚的贡献度都从第二期开始，并都保持在接近3%的水平上，加拿大和

智利的贡献度则保持在约2%的水平上。危机后，在第一期，韩国自身的贡献度为54%，第五期开始便保持在33%左右，美国的贡献度在第一期为31%，第四期开始保持在20%的水平上，巴西的贡献度第一期约为2%，第二期开始增加，从第二期开始保持在16%的水平上，中国香港的贡献度整个时期保持在5%左右，日本、智利、俄罗斯、加拿大从第四期开始贡献度一直保持在2%左右，马来西亚、墨西哥、印度、澳大利亚的贡献度从第三期开始一直保持在1%左右。

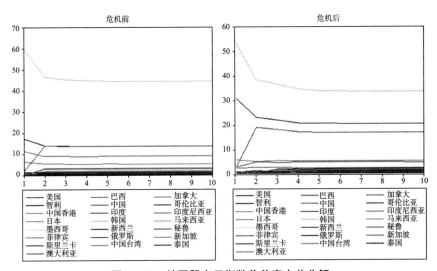

图 5 – 36　韩国股市日指数收益率方差分解

12. 马来西亚股票指数收益率方差分解

图 5 – 37 描绘的是金融危机前后马来西亚股市收益率方差分解对比的情况。危机前，在第一期，马来西亚的自身贡献度约为77%，从第四期开始贡献度保持在57%左右，美国的贡献度在整个预测期都保持在9%左右，巴西的贡献度在第一期不足1%，第二期以后贡献度显著增加并保持在9%左右的水平上，加拿大、中国香港和澳大利亚的贡献度从第二期开始保持在约3%的水平上，印度尼西亚的贡献度保持在4%的水平上，智利、墨西哥从第二期开始贡献度保持在2%左右，中国、印度、韩国贡献度则保持在1%左右的水平上。危机后，马来西亚在第一期的贡献度为59%，第四期开始，贡献度保持在41%左右，美国的贡献度第一期在

26%，之后各期保持在 22% 左右，巴西的贡献度从第二期开始保持在
14% 左右，加拿大、中国香港、印度、韩国的贡献度保持在 2% 左右，中
国、秘鲁、墨西哥、泰国、澳大利亚的贡献度基本保持在 1% 左右的水
平上。

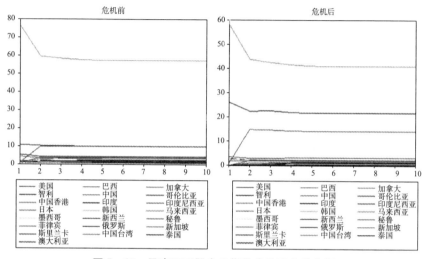

图 5 – 37　马来西亚股市日指数收益率方差分解

13. 墨西哥股票指数收益率方差分解

图 5 – 38 描绘的是金融危机前后墨西哥股市收益率方差分解对比的情
况。危机前，墨西哥在第一期自身的贡献度为47%，从第二期开始就一直
保持在 44% 左右，美国的贡献度在整个预测期都保持在 6% 左右，巴西的
贡献度第一期为 40%，之后保持在 38% 左右，加拿大和智利在整个预测
期的贡献度分别保持在 2% 和 3% 左右。危机后，墨西哥在第一期的贡献
度为 25%，从第四期开始保持在 24% 左右的水平上，美国的贡献度在第
一期为 33%，之后各期保持在 28% 左右的水平上，巴西的贡献度在第一
期为 38%，从第二期开始一直在 33% 的水平上，加拿大从第三期开始，
贡献度保持在 3% 左右的水平上，智利和澳大利亚从第四期开始，贡献度
一直处于 2% 左右。

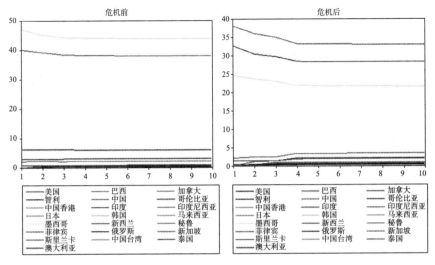

图 5 - 38　墨西哥股市日指数收益率方差分解

14. 新西兰股票指数收益率方差分解

图 5 - 39 描绘的是金融危机前后新西兰股市收益率方差分解对比的情况。危机前，新西兰在第一期的自身贡献度为 66%，从第五期开始贡献度保持在 53% 左右。美国的贡献度在第一期为 30%，第三期开始保持在 25% 的水平，巴西的贡献度从第二期开始保持在 6% 的水平，加拿大和中国香港的贡献度从第三期开始一直保持在约 2% 的水平上，澳大利亚的贡献度从第二期开始保持在约 5% 的水平。危机后，新西兰的自身贡献度 54%，从第三期开始保持在 33% 的水平。美国的贡献度第一期达到 41%，之后各期贡献度基本在 27% 左右，巴西的贡献度从第二期开始保持在 15% 左右，澳大利亚的贡献度从第三期开始保持在约 7% 的水平，加拿大的贡献度从第五期开始保持在 3.6% 的水平，智利、墨西哥、中国台湾的贡献度保持 1.4% 的水平，斯里兰卡的贡献度从第四期开始保持在 2% 左右。

15. 秘鲁股票指数收益率方差分解

图 5 -40 描绘的是金融危机前后秘鲁股市收益率方差分解对比的情况。危机前，秘鲁在第一期的自身贡献度约 60%，第四期开始，贡献度保持在 53 左右。美国在第一期的贡献度为 12%，之后各期基本保持在 11% 左右，巴西的贡献度在整个预测期保持在 21% 左右，加拿大的贡献度一直保持在

6%的水平，澳大利亚和韩国的贡献度从第三期开始保持在1%左右的水平上。危机后，前两期，秘鲁自身贡献率约40%，之后各期保持在36%左右。美国在前两期的贡献度也都在22%左右，之后贡献度保持在20%左右，巴西的贡献度前两期在25%左右，从第三期开始保持在23%的水平，加拿大的贡献度在整个预测期一直保持在8%左右的水平上。中国、印度尼西亚、马来西亚、墨西哥、澳大利亚的贡献度从第三期开始基本都保持在1%左右的水平。

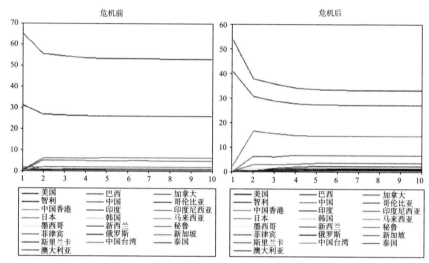

图5-39　新西兰股市日指数收益率方差分解

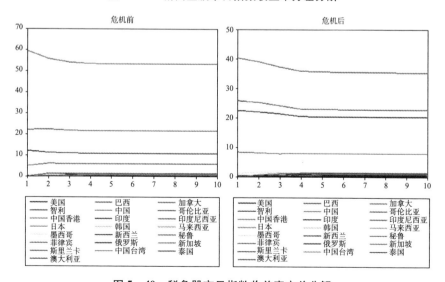

图5-40　秘鲁股市日指数收益率方差分解

16. 菲律宾股票指数收益率方差分解

图 5 - 41 描绘的是金融危机前后菲律宾股市收益率方差分解对比的情况。危机前，菲律宾在第一期自身的贡献度为88%，从第二期开始保持在60%左右。美国的贡献度在整个预测期保持在6%左右，巴西的贡献度从第二期开始保持在14%左右，墨西哥的贡献度从第二期开始保持在5%左右，澳大利亚的贡献度从第二期开始保持在3%左右。此外，加拿大、智利、韩国、印度尼西亚的贡献度也大致保持在1%左右的水平上。危机后，菲律宾在第一期自身的贡献度为77%，从第六期开始保持在43%的水平。美国的贡献度从第二期开始一直保持在14%左右，巴西从第二期开始一直保持在16%的水平。印度尼西亚、澳大利亚和加拿大的贡献度基本维持在3%的水平，中国香港和马来西亚在整个预测期的贡献度保持在2%左右，墨西哥和俄罗斯从第二期开始，贡献度保持在1%的水平。

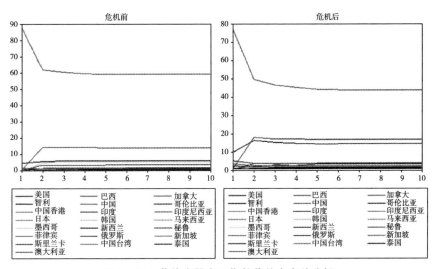

图 5 - 41　菲律宾股市日指数收益率方差分解

17. 俄罗斯股票指数收益率方差分解

图 5 - 42 描绘的是金融危机前后俄罗斯股市收益率方差分解对比的情况。危机前，俄罗斯的自身贡献度在第一期为76%，第四期开始保持在65%左右。美国的贡献度从第二期开始一直保持在7%左右，巴西的贡献

度从第二期开始便保持在14%左右的水平上，加拿大的贡献度从第二期开始保持在3%左右，哥伦比亚在整个预测期一直保持在2.4%左右。危机后，第一期，俄罗斯自身贡献度为41%，从第四期开始便保持在33%左右，美国的贡献度在第一期达到38%，第四期开始便保持在30%左右，巴西的贡献度在整个预测期都保持在16%左右的水平，加拿大和墨西哥的贡献度则保持在2%左右的水平上，中国沪深、哥伦比亚、印度、中国台湾、澳大利亚的贡献度大都保持在1%左右。

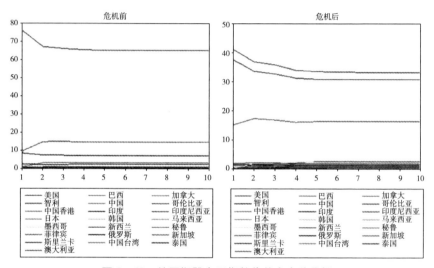

图 5 - 42　俄罗斯股市日指数收益率方差分解

18. 新加坡股票指数收益率方差分解

图 5 - 43 描绘的是金融危机前后新加坡股市收益率方差分解对比的情况。危机前，在第一期，新加坡的自身贡献度为44%，之后各期保持在31%左右。美国的贡献度在第一期为26%，之后各期一直保持在18%的水平，巴西在第一期的贡献度为3%，之后各期保持在12%左右，加拿大和墨西哥的贡献度从第二期开始就一直保持在4%的水平，澳大利亚的贡献度从第二期开始则保持在5%的水平，中国香港的贡献度在整个期间都保持在11%左右，印度尼西亚和马来西亚的贡献度在整个期间都在2%左右，日本和中国台湾则保持在1%左右。危机后，第一期，新加坡的自身贡献度为26%，第三期开始，贡献度保持在19%左右，美国的贡献度在

第一期为 46%，之后各期都保持在 33% 左右，巴西的贡献度从第二期开始都保持在 12% 左右，香港的贡献度都保持在 9% 左右，中国、印度、印度尼西亚、墨西哥的贡献度在整个期间维持在 3% 左右，加拿大和澳大利亚的贡献度大都保持在 2% 左右。

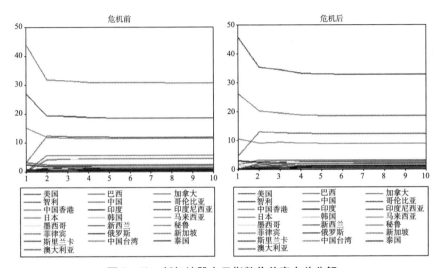

图 5 - 43 新加坡股市日指数收益率方差分解

19. 斯里兰卡股票指数收益率方差分解

图 5 - 44 描绘的是金融危机前后斯里兰卡股市收益率方差分解对比的情况。危机前，在第一期，斯里兰卡自身贡献度高达 98%，第四期开始一直保持在 93% 左右。其他国家（地区）的贡献度都非常小，不足 1%。危机后，在第一期，斯里兰卡的贡献度为 95%，第四期开始保持在 86% 左右，较危机前有所降低。此外，在危机后，巴西的贡献度维持在 2% 左右，印度的贡献度则维持在 3% 左右，其他国家（地区）的贡献度依旧不明显，这也可以看出斯里兰卡股票市场自身的严重分割性。

20. 中国台湾股票指数收益率方差分解

图 5 - 45 描绘的是金融危机前后中国台湾股市收益率方差分解对比的情况。危机前，在第一期，中国台湾的自身贡献度为 62%，第三期以后保持在 49% 左右。美国、巴西、韩国、中国香港的贡献度在整个预测期分别保持在 9%、10%、8%、7% 左右，日本和墨西哥从第二期开始，贡献度

大都保持在 3% 左右，澳大利亚的贡献度保持在 4% 的水平上。危机后，在第一期，中国台湾自身贡献度为 48%，第四期开始保持在 31% 水平。美国的贡献度从第二期开始一直保持在 20% 左右，巴西则保持在 14% 左右，韩国贡献度从第二期开始保持在 7% 左右，中国香港、马来西亚在这个预测期的贡献度保持在 4% 的水平。中国沪深在整个预测期保持在 3% 左右。

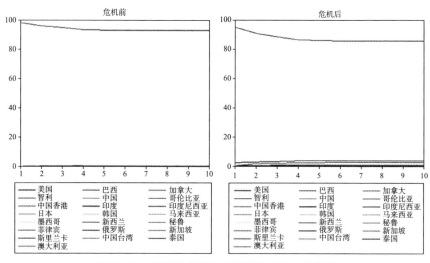

图 5-44　斯里兰卡股市日指数收益率方差分解

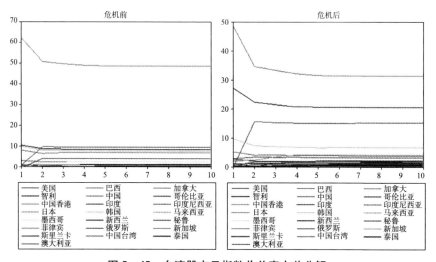

图 5-45　台湾股市日指数收益率方差分解

21. 泰国股票指数收益率方差分解

图 5 - 46 描绘的是金融危机前后泰国股市收益率方差分解对比的情况。危机前，在第一期，泰国自身贡献度为 82%，之后各期均保持在 69% 左右。从第二期开始美国的贡献度保持在 5% 左右，巴西的贡献度则保持在 9% 左右，在整个预测期内，中国香港和印度的贡献度分别保持在 3% 和 2% 的水平。马来西亚和加拿大的贡献度保持在 1% 左右。危机后，在第一期，泰国自身贡献度为 52%，第四期后保持在 40% 左右，美国、巴西、中国香港的贡献度从第二期开始分别保持在 17%、10%、9% 左右。中国大陆和印度尼西亚的贡献度在整个预测期都保持在 3% 左右，印度、马来西亚、秘鲁的贡献度大都保持在 2% 左右。

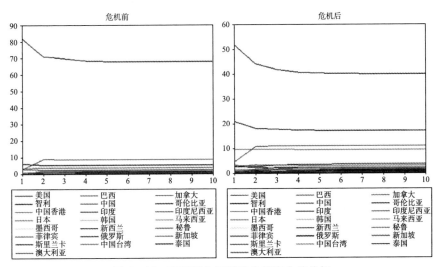

图 5 - 46　泰国股市日指数收益率方差分解

22. 美国股票指数收益率方差分解

图 5 - 47 描绘的是金融危机前后美国股市收益率方差分解对比的情况。危机前，在对美国股市收益率的预测中，第一期预测值的误差全部来源于其自身，在第二期至第十期中，预测误差的方差中只有 59% ~ 63% 来源于自身，随着预测期的延长，误差中来源于其他国家（地区）的贡献度增加。影响最大的是巴西、加拿大、墨西哥和澳大利亚。巴西的贡献度一

直维持在18%左右，是影响比重最大的一个。加拿大和澳大利亚的贡献度在整个预测期保持在6%左右，墨西哥则维持在3%左右，智利的贡献度在1%左右。危机后，从第五期开始，美国股市收益率预测误差的方差中只有约55%来源于自身，巴西的贡献度则维持在19%左右，加拿大和澳大利亚的贡献度在整个预测期保持在6%左右，智利的贡献度约2%。值得注意的是，此时，墨西哥的贡献度降低到1.5%左右，中国（约2%）、秘鲁（1%）和俄罗斯（约1%）的影响较危机前比重有所增强。

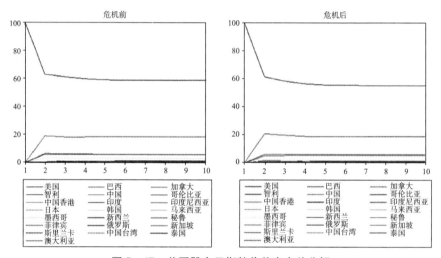

图 5-47　美国股市日指数收益率方差分解

5.6　本章结论

本章我们主要运用 Granger 因果检验、Johansen 协整检验、脉冲响应和方差分析等计量方法对亚太22个国家（地区）股市联动性在危机前后的变动情况进行对比分析。对 VAR（3）进行 Granger 因果检验发现，危机前后，亚太各国股市收益率在无 Granger 因果关系、单向 Granger 因果和双向 Granger 因果上变化明显。脉冲响应和方差分解也分别从不同角度说明了金融危机的爆发给亚太各国股市间造成的影响。下面将对 Granger 因果检验、脉冲响应和方差分析等计量结果分国家（地区）进行详细总结。

5.6.1　Granger 因果检验

表 5 – 15 是对金融危机前后亚太股市收益率之间的 Granger 因果关系的汇总。从表中可以非常清晰地看到，金融危机的发生使得亚太股市间的影响关系发生明显变化，打破了危机之前各股市之间关系的原有格局，同时，每个国家（地区）对其他国家（地区）的影响范围也发生了很大程度的变化。

表 5 – 15　　　　　　　　　　亚太股市影响关系

国家（地区）	Granger 因果关系	危机前	危机后
澳大利亚	双向 Granger 因果关系	加拿大、印度、墨西哥、美国	印度、智利、韩国
	单向 Granger 因果关系	新西兰	新加坡
巴西	双向 Granger 因果关系		韩国、中国台湾、马来西亚、秘鲁、泰国
	单向 Granger 因果关系	中国沪深、日本、韩国、中国台湾、俄罗斯、中国香港	澳大利亚、智利、中国香港、印度、日本、新西兰、新加坡、印度尼西亚、菲律宾、俄罗斯
加拿大	双向 Granger 因果关系	新加坡、澳大利亚	美国、韩国、秘鲁
	单向 Granger 因果关系	巴西、智利、印度尼西亚、秘鲁、俄罗斯、中国香港	菲律宾、中国香港、墨西哥、日本、智利、新西兰
智利	双向 Granger 因果关系	马来西亚、美国	韩国、澳大利亚
	单向 Granger 因果关系	澳大利亚、中国香港、泰国	中国沪深、日本、新加坡
中国沪深	双向 Granger 因果关系		日本、俄罗斯
	单向 Granger 因果关系	中国香港、印度、马来西亚	澳大利亚、巴西、加拿大、中国香港、印度、韩国、中国台湾、新加坡

续表

国家（地区）	Granger 因果关系	危机前	危机后
哥伦比亚	双向 Granger 因果关系	印度、印度尼西亚	
	单向 Granger 因果关系	俄罗斯、日本	巴西
中国香港	双向 Granger 因果关系		印度尼西亚、日本、印度、泰国
	单向 Granger 因果关系	印度	中国台湾、韩国
印度	双向 Granger 因果关系	澳大利亚、哥伦比亚、菲律宾、美国	澳大利亚、印度尼西亚、中国香港、秘鲁
	单向 Granger 因果关系	日本、斯里兰卡、马来西亚、秘鲁、俄罗斯、新加坡、中国台湾	加拿大、韩国、俄罗斯
印度尼西亚	双向 Granger 因果关系	哥伦比亚	中国香港、印度、秘鲁、马来西亚
	单向 Granger 因果关系	菲律宾	澳大利亚、智利、俄罗斯、新加坡、泰国、墨西哥
日本	双向 Granger 因果关系	新加坡、泰国	中国香港、菲律宾
	单向 Granger 因果关系	澳大利亚、加拿大、中国香港、韩国	中国沪深、中国台湾、韩国
韩国	双向 Granger 因果关系	秘鲁	澳大利亚、智利、巴西、加拿大、美国、俄罗斯
	单向 Granger 因果关系	智利、哥伦比亚、泰国	中国台湾、新西兰
马来西亚	双向 Granger 因果关系	美国、智利	美国、巴西、泰国、印度尼西亚、秘鲁
	单向 Granger 因果关系	中国香港、泰国	澳大利亚、加拿大、中国沪深、哥伦比亚、中国香港、日本、韩国、秘鲁、新加坡、中国台湾、墨西哥
墨西哥	双向 Granger 因果关系		美国
	单向 Granger 因果关系	澳大利亚、哥伦比亚、印度、印度尼西亚、日本、韩国、马来西亚、菲律宾、新加坡、中国台湾	哥伦比亚、中国香港、日本、新西兰、新加坡、俄罗斯、菲律宾

续表

国家（地区）	Granger 因果关系	危机前	危机后
新西兰	双向 Granger 因果关系		菲律宾
	单向 Granger 因果关系	泰国、印度	哥伦比亚
秘鲁	双向 Granger 因果关系	韩国、美国、新加坡	巴西、加拿大、美国、印度、印度尼西亚、马来西亚
	单向 Granger 因果关系	澳大利亚、哥伦比亚	新加坡、澳大利亚、智利、中国香港、墨西哥、泰国、俄罗斯、菲律宾
菲律宾	双向 Granger 因果关系	印度	新西兰、日本、俄罗斯
	单向 Granger 因果关系	澳大利亚、巴西、哥伦比亚、新西兰、印度尼西亚	澳大利亚、智利、中国香港
俄罗斯	双向 Granger 因果关系		菲律宾、中国台湾、韩国、中国沪深
	单向 Granger 因果关系	智利、日本	哥伦比亚、日本、美国
新加坡	双向 Granger 因果关系	加拿大、日本、美国、秘鲁	
	单向 Granger 因果关系	澳大利亚、中国香港、泰国	中国香港、日本、中国台湾、韩国、菲律宾
斯里兰卡	双向 Granger 因果关系		
	单向 Granger 因果关系		中国香港、日本、新加坡、美国、秘鲁、新西兰
中国台湾	双向 Granger 因果关系		巴西、俄罗斯、美国
	单向 Granger 因果关系	中国香港、印度尼西亚、韩国、马来西亚、新加坡	加拿大、智利、哥伦比亚、墨西哥、斯里兰卡、新西兰、秘鲁、中国沪深

续表

国家（地区）	Granger 因果关系	危机前	危机后
泰国	双向 Granger 因果关系	日本	马来西亚、巴西、美国、中国香港
	单向 Granger 因果关系		加拿大、新加坡、墨西哥、日本、韩国
美国	双向 Granger 因果关系	澳大利亚、智利、马来西亚、秘鲁、新加坡、印度	加拿大、马来西亚、泰国、中国台湾、俄罗斯、墨西哥、韩国、秘鲁
	单向 Granger 因果关系	巴西、哥伦比亚、中国香港、印度尼西亚、菲律宾、日本、中国沪深、新西兰加拿大、泰国、韩国、墨西哥、中国台湾、俄罗斯	巴西、中国沪深、哥伦比亚、中国香港、日本、印度尼西亚、新西兰、菲律宾、澳大利亚、智利、新加坡、俄罗斯

1. 影响格局

智利、哥伦比亚、中国香港、印度尼西亚、韩国、新西兰、中国台湾、泰国无论是在双向 Granger 因果关系上还是在单向 Granger 因果关系上，都由于金融危机的发生而完全改变。危机前，这几个国家和中国香港与亚太其他国家（地区）之间的联系，在危机后完全消失，转而与其他国家（地区）确立了联系。澳大利亚、巴西、加拿大、中国、印度、日本、马来西亚、秘鲁、菲律宾、俄罗斯、新加坡等国家（地区）原有的关系也几乎完全改变。

2. 影响范围

影响范围变化最大的要数巴西。从双向 Granger 因果关系看，危机前，巴西不与亚太其他国家（地区）之间存在相互影响，但是危机后我们再看，这种相互影响关系明显增加，其次就是俄罗斯、秘鲁和泰国。巴西、中国沪深、中国香港、墨西哥、新西兰、俄罗斯、中国台湾等在危机前不与其他国家（地区）存在相互影响，然而危机后相互影响开始显现。从单向 Granger 因果关系看，巴西、中国沪深、马来西亚、秘鲁、中国台湾等股票市场的变动所产生的影响范围大。

在这里需要单独分析的是斯里兰卡和美国，斯里兰卡在危机前后都不与其他国家（地区）存在相互影响，而且在危机之前斯里兰卡的股市变动也不对其他国家（地区）产生影响，危机后，其本国股票市场的变动才对少数国家（地区）产生影响。美国在全球经济、金融中所具有的特殊地位，无论是在危机前，还是在危机后，其股票市场的变化都对其他各国（地区）股票市场有着显著的影响。从分析的结果来看，危机前后，美国股市的变动都不对斯里兰卡产生影响。其他绝大部分国家（地区）股票市场也不对斯里兰卡产生影响。出现这种情况的主要原因在于，斯里兰卡股票市场与各国（地区）股票市场之间的严重分割性，股票市场的国际化程度极低，斯里兰卡股票市场几乎处于完全自我的发展状态。

5.6.2　脉冲响应

来自股市自身的冲击对其他国家（地区）股市所造成的干扰在不同时期（第一期至第十期）程度不同，基本都是在前三期干扰程度要强一些。总体上看，金融危机发生后，干扰程度要强于危机前。此处仅对受干扰比较明显的国家（地区）进行分析。

1. 澳大利亚

危机前，仅对美国、巴西、加拿大和墨西哥产生干扰。危机后，除了哥伦比亚、中国香港、印度、印度尼西亚、日本、斯里兰卡和新加坡外，对其他各国（地区）都在不同的时期有不同程度的影响。对美国的干扰程度较明显。

2. 巴西

危机前，来自巴西股市自身的冲击对美国，加拿大、中国香港、印度尼西亚、墨西哥、菲律宾、澳大利亚等股市的干扰比较明显，对美国的干扰最强，其次是加拿大；危机后，受其干扰的国家（地区）明显增加。除了中国香港外，其他国家（地区）都受到不同程度的影响。对美国和中国台湾的影响最为明显。

3. 加拿大

危机前，仅对美国、巴西和澳大利亚有明显的干扰。危机后，除了对中国香港、印度尼西亚、韩国和新西兰等干扰不明显外，对其他各国（地区）都在不同的时期有不同程度的影响。危机发生后对美国和巴西的影响程度更大。

4. 智利

危机前，仅对美国、巴西和加拿大产生影响，但对巴西的干扰程度要强于美国。危机后，除了对中国香港、印度、日本、韩国、马来西亚、墨西哥、新加坡、斯里兰卡、泰国等影响弱外，对其他国家（地区）都有不同程度的影响，美国和巴西依然受影响最大，但危机后美国所受干扰程度超过巴西。

5. 中国大陆

危机前，仅对美国、巴西、日本、新西兰、澳大利亚产生干扰，但干扰强度不大。比如，美国在第一期受干扰程度为 0.26，巴西在第二期受干扰程度为 0.18。危机后，对美国、巴西、中国香港、日本、马来西亚、墨西哥、菲律宾、中国台湾和澳大利亚等产生干扰，干扰强度依旧不大（美国和巴西除外）。危机后，美国和巴西分别在第一期和第二期受到的干扰程度为 0.50 和 0.31。

6. 哥伦比亚

危机前，对美国、巴西、智利、中国香港、印度、印度尼西亚、韩国、马来西亚、墨西哥、秘鲁、菲律宾和澳大利亚等产生干扰。其中对美国、巴西、智利、墨西哥的干扰要强一些，巴西受干扰的程度超过美国。危机后，除了中国大陆、中国香港、印度、日本、菲律宾和斯里兰卡外，其他国家（地区）都受到不同程度的干扰，受干扰程度最大的依然是美国和巴西，但此时，美国受干扰程度超过巴西。

7. 中国香港

危机前仅对美国、巴西、加拿大、智利、中国内地、墨西哥和澳大利亚有干扰，其中对美国的干扰最强，在第一期美国受干扰程度为 0.45。危机后，除了哥伦比亚、韩国、新西兰、斯里兰卡外，其他各国（地区）都在不同程度受到干扰。对美国和中国内地的干扰程度要强，美国和中国内地分别在第一期收到的干扰程度为 0.74 和 0.37。

8. 印度

危机前，对美国、巴西、加拿大、智利、中国内地、哥伦比亚、中国香港、墨西哥、菲律宾和澳大利亚等产生干扰。其中，对美国和中国香港的干扰程度最明显，在第一期受到的干扰程度分别为 0.46 和 0.43。危机后，除了日本、新西兰、菲律宾、新加坡和斯里兰卡外，其他各国（地区）都在不同程度受到干扰。美国、巴西和中国香港受干扰明显。但和危机前相比较发现，中国香港受干扰程度下降（第一期为 0.36），巴西受干扰程度上升（危机前第一期 0.22，危机后第一期 0.43）危机后，巴西所受干扰明显。

9. 印度尼西亚

危机前，对美国、巴西、加拿大、智利、哥伦比亚、中国香港、印度、墨西哥、中国台湾和澳大利亚等产生不同程度干扰，美国、巴西、加拿大、中国香港受到的影响最为明显。危机后，除了对新西兰、斯里兰卡和中国台湾外，其他各国（地区）都在不同程度受到干扰。美国、巴西和中国香港受干扰明显，美国受干扰程度，危机前第一期 0.51 增加到危机后第一期 0.78。

10. 日本

危机前，对美国、巴西、加拿大、智利、哥伦比亚、中国香港、印度、墨西哥、菲律宾和澳大利亚等产生干扰。美国和巴西受干扰明显。危机后，除了哥伦比亚、印度尼西亚、韩国、新西兰外，其他各国（地区）都在不同程度受到干扰。巴西受干扰程度要强于美国，巴西在第二期受干扰程度为 0.66，美国在第一期受干扰程度为 0.45。

11. 韩国

危机前，除了哥伦比亚、马来西亚、新西兰、秘鲁、俄罗斯、新加坡、斯里兰卡、中国台湾和泰国外，其他各国（地区）都在不同程度受到干扰。以美国、巴西、中国香港和日本最为明显。危机后，除了斯里兰卡外，其他国家（地区）都受到影响，美国和巴西所受到的干扰程度最大。美国和巴西分别在第一期和第二期收到的干扰程度为 1.11 和 1.0。

12. 马来西亚

危机前，对美国、巴西、加拿大、智利、中国内地、中国香港、印度尼西亚、韩国、墨西哥和澳大利亚产生干扰，但干扰程度不强。危机后，除了智利、哥伦比亚、日本、新西兰、菲律宾、俄罗斯、新加坡、斯里兰卡、中国台湾、泰国外，其他各国（地区）都在不同程度受到干扰。美国和巴西所受干扰影响要强一些。

13. 墨西哥

危机前，仅对美国、巴西、加拿大、智利、哥伦比亚和澳大利亚等产生干扰，其中对巴西的干扰程度最大，巴西在第一期收到的干扰程度为0.91，美国在第一期受到干扰程度为0.36。危机后，除了中国香港和新西兰外，对其他国家（地区）都有干扰，美国和巴西受干扰程度最大，在第一期的干扰程度分别为1.11和1.22。

14. 新西兰

危机前，仅对美国、巴西、加拿大、中国香港、墨西哥和澳大利亚产生干扰，美国受到干扰最大，第一期为0.60。危机后，除了中国香港、印度、印度尼西亚、日本和韩国外，其他各国（地区）都在不同程度受到干扰。美国、巴西和澳大利亚受干扰较明显。

15. 秘鲁

危机前对美国、巴西、加拿大、中国香港、印度、韩国、菲律宾和澳大利亚产生干扰。其中，美国、巴西和加拿大受干扰明显。分别都在第一期受到的干扰程度为0.61、0.81和0.39。危机后，除了哥伦比亚、泰国、新加坡外，其他国家（地区）都受到干扰，此时也是在第一期，美国、巴西和加拿大受干扰程度分别为1.12、1.20、0.69。

16. 菲律宾

危机前，对美国、巴西、加拿大、智利、中国香港、印度、印度尼西亚、马来西亚、墨西哥和澳大利亚产生不同程度干扰，巴西和墨西哥受干扰明显。危机后，除了日本、斯里兰卡和泰国外，对其他国家（地区）都有干扰，美国和巴西受干扰明显，且巴西超过美国。

17. 俄罗斯

危机前，对美国、巴西、加拿大、智利、中国内地、哥伦比亚、中国香港、印度尼西亚、印度、新西兰和澳大利亚产生干扰，美国和巴西受干扰明显，分别在第一期达到 0.51 和 0.57。危机后，除了中国香港外，对其他国家（地区）都有干扰，美国、巴西和墨西哥受干扰明显。美国和巴西在第一期分别为 1.77 和 1.12，墨西哥在第二期为 0.41。

18. 新加坡

危机前对美国、巴西、加拿大、智利、中国香港、印度、印度尼西亚、马来西亚、墨西哥和澳大利亚产生干扰，美国、巴西和中国香港受干扰明显。危机后，除了菲律宾外，其他国家（地区）都受到干扰，依然是美国、巴西和中国香港受干扰明显。

19. 斯里兰卡

通过分析发现，斯里兰卡只在危机后对美国、巴西、智利、印度尼西亚和中国台湾有所干扰，但干扰程度很低，对印度尼西亚干扰略微强一些（第一期为 0.24）。

20. 中国台湾

危机前对美国、巴西、加拿大、中国香港、印度、印度尼西亚、日本、韩国、墨西哥和澳大利亚产生干扰，美国、巴西和韩国受干扰明显，分别在第一期和第二期达到 0.4 左右。危机后，除了哥伦比亚、新西兰、秘鲁、菲律宾和斯里兰卡外，其他国家（地区）都受到干扰，依然是美国、巴西和韩国受干扰明显，但韩国受干扰程度与危机前大致相同。

21. 泰国

危机前对美国、巴西、加拿大、智利、中国香港、印度尼西亚、韩国、马来西亚、墨西哥、新加坡和澳大利亚产生干扰，但整体上看，干扰程度不大。危机后，除了斯里兰卡和中国台湾外，其他国家（地区）都受到干扰，其干扰对美国和巴西的影响较明显。

22. 美国

危机前后，来自美国自身的冲击都对其他国家（地区）产生不同程度干扰（斯里兰卡除外），只是危机后干扰程度要强于危机前。对巴西、加拿大和澳大利亚的干扰程度要强一些。

5.6.3　方差分解

危机前后不同国家（地区）对其他国家（地区）的贡献度各有不同，危机后，有的贡献度增加，有的贡献度减少。但总体来看，美国和巴西对其他各国（地区）的贡献度比较大。分别来看各个不同国家（地区）的情况如下。

1. 澳大利亚

危机前后对比发现，危机后，澳大利亚股市收益率预测误差有接近80%受其他国家（地区）的影响。美国、巴西和加拿大对其影响最为明显。此外，危机后，墨西哥的贡献度降低。

2. 巴西

危机前后对比发现，危机前对巴西贡献度明显的分别是美国、加拿大、澳大利亚，金融危机后，巴西自身的贡献度明显降低，美国的贡献度则有较大上升，对巴西的贡献度最大。加拿大的贡献度有所降低，澳大利亚的贡献度基本维持在危机前的水平，中国沪深和中国台湾的贡献度增加，其中中国台湾的贡献度上升很快。

3. 加拿大

危机前后对比发现，除了中国台湾，对加拿大股市收益率预测误差的方差有贡献度的国家（地区）没变。只是危机后，美国的贡献度增加，加拿大自身贡献度降低。除了自身外，对加拿大贡献度最大的仍然是美国和巴西。

4. 智利

危机前后对比发现，危机后，智利自身的贡献度明显降低，美国对智利的贡献度超过巴西，成为对智利股市收益率误差影响最大的国家。另外，菲律宾、俄罗斯、中国台湾的贡献度也开始显现。

5. 中国

危机前后对比发现，较危机前，中国在危机后自身的贡献度明显下降，但自身贡献度仍然占较大比重，美国和巴西的贡献度有所增加。另外，危机后、澳大利亚的贡献度很小，不足1%，马来西亚的贡献度则有所增加，但也只是维持在1%的水平。

6. 哥伦比亚

危机前后对比发现，较危机前相比，危机后，哥伦比亚的自身贡献度明显下降，美国和巴西的贡献度增加，对哥伦比亚的贡献度大体相当，是贡献度最大的两个国家。另外，危机后，加拿大的贡献度增加明显，智力的贡献度则不显著，俄罗斯的贡献度虽有所增加，也仅维持在1%左右。

7. 中国香港

危机前后对比发现，中国香港自身贡献度下降明显，无论危机前还是危机后，排除自身外，美国的贡献度最大，其次是巴西。澳大利亚的贡献度较危机前有所下降。中国沪深的贡献度增加明显。

8. 印度

危机前后对比发现，从第二期开始，较危机前，危机后印度自身的贡献度降低了10%，美国的贡献度在危机后明显增加，由危机前的6%上升到危机后的20%，对印度股市收益率误差的贡献度最大，其次是巴西。中国香港的贡献度较危机前下降接近1/2，此外，危机后，澳大利亚的贡献度不在明显，对印度股市收益率误差的贡献度非常弱。

9. 印度尼西亚

危机前后对比发现，危机后，印度尼西亚自身贡献度虽然下降，但绝大部分仍然来源于自身，自身除外，美国的贡献度最大，其次是巴西，中国香港的贡献度位列第三。

10. 日本

危机前后对比发现，危机后，日本自身的贡献度不足50%，对日本股市收益率预测误差有贡献的国家（地区）较多，其中，美国和巴西的贡献度最大。危机前，美国与巴西的贡献度大致相当，危机后，巴西的贡献度超过美国，成为对日本贡献度最大的国家。

11. 韩国

危机前后对比发现，危机后，韩国自身贡献度只有33%，更多的受其他国家（地区）的影响，危机前，美国和巴西对韩国的贡献度基本一样，危机后，美国的贡献度超过巴西，成为影响韩国股市收益率预测误差最大的国家。中国香港和日本的贡献度在危机后下降，此外，金融危机发生后，中国对韩国的贡献度开始显现，保持在5%的水平上。

12. 马来西亚

危机前后对比发现，危机后，巴西自身的贡献度明显下降，只有41%的水平，超过1/2以上的贡献度来源于其他国家（地区），其中美国和巴西的贡献度就达到35%以上，美国和巴西依然是贡献度最大的两个国家，其中，美国的贡献度在危机后明显增加，由危机前的9%提高到危机后的20%以上。其他各国（地区）的影响虽有变化，但变化不大。

13. 墨西哥

危机前后对比发现，危机后，墨西哥自身贡献度显著下降，不足30%，说明墨西哥股市收益率预测误差主要受其他亚太地区的影响，分析发现，金融危机爆发后，美国和巴西的贡献度达到60%以上，远远超过墨西哥自身的贡献度。另外，危机后，澳大利亚的贡献度略有上升，处于2%的水平。

14. 新西兰

危机前后对比发现，危机后，新西兰的自身贡献度仅在30%以上，贡献度更多的来自其他国家（地区），其中，危机后美国对新西兰的贡献度最大，其次是巴西和澳大利亚，三者的贡献度接近48%。

15. 秘鲁

危机前后对比发现，秘鲁自身贡献度显著下降，只有36%左右。美国的贡献度在危机后明显增加，巴西的贡献度基本保持在危机前的水平上，加拿大的贡献度在危机后也有所上升。此外，马来西亚、墨西哥的贡献度也有所上升，韩国的贡献度则下降。

16. 菲律宾

危机前后对比发现，危机后，菲律宾的自身贡献度下降明显，绝大部分受其他国家（地区）的影响，美国的贡献度在危机后增幅很大，达到14%，巴西的贡献度在危机后增幅不大，加拿大、中国香港的贡献度在危机后有所增加，而墨西哥的贡献度在危机后则下降许多。无论危机前后，美国和巴西仍是贡献度最大的国家。

17. 俄罗斯

危机前后对比发现，与危机前相比，俄罗斯自身的贡献度在危机后下降接近1/2，保持在33%左右的水平，而危机后，美国的贡献度达到了30%，几乎与俄罗斯自身的贡献度相当，说明美国对俄罗斯股市收益率预测误差有非常大的影响。其次影响后较大的是巴西，危机前后影响程度大致相同。同时还发现，危机后，对俄罗斯股市收益率预测误差产生影响的国家（地区）增加。

18. 新加坡

危机前后对比发现，危机后，新加坡自身贡献度非常低，仅为18%左右，而美国的贡献度在危机后却达到了30%以上，远远超过新加坡自身，巴西的贡献度在危机前后大体相同，没发生变化。中国香港的贡献度略有下降，保持在9%左右。此外，危机后，中国的贡献度开始显现。

19. 斯里兰卡

危机前几乎不受其他国家（地区）的影响。在危机后，巴西的贡献度维持在2%左右，印度的贡献度则维持在3%左右，其他国家（地区）的贡献度依旧不明显，这也可以看出斯里兰卡股票市场自身的严重分割性。

20. 中国台湾

危机前后对比发现，危机后，中国台湾的贡献度明显下降，美国和巴西的贡献度在这个预测期明显增加，中国香港的贡献度下降幅度接近1/2。此外，澳大利亚在危机后的贡献度明显降低，对中国台湾股市收益率预测误差几乎不产生影响。危机后，美国和巴西的贡献度已经超过了中国台湾自身的贡献度。

21. 泰国

危机前后对比发现，危机后，泰国的贡献度下降明显，60%左右受其他国家（地区）的影响。危机后，美国取代巴西成为对泰国影响最大的国家。中国在危机后对泰国的影响比重明显增加。

22. 美国

危机前后对比发现，虽然各国（地区）的贡献度有所变化，但巴西依然是贡献度最大的，其次是加拿大、澳大利亚。危机后，墨西哥的贡献度降低，智利的贡献度略有增加，中国、秘鲁、俄罗斯的贡献度增加。

第 6 章

亚太地区股市联动性
进一步研究

6.1 问题的提出

在前文我们主要运用 Granger 因果关系、协整检验、脉冲响应和方差分解等计量方法来分析亚太股市间在危机前后的变动情况。然而运用协整方法只能验证亚太区域间股票市场间的长期相关性,脉冲响应分析法也只能衡量亚太区域间股票市场的动态相关性,却不能详细地分析亚太股市间在收益和波动上的传播过程,即收益和波动的溢出效应情况。我们知道,全球金融危机的发生不仅影响一国(地区)股票市场的收益,而且也会对一国(地区)股票市场的波动产生影响。同时,随着金融全球化趋势的增强,各国股市间的联动程度也在不断加深,金融危机的发生势必会给各国(地区)股票市场间联动性造成影响,影响着股市间在收益和波动上的传播过程。金融危机的发生使亚太股市间相互影响的格局发生明显改变,究竟亚太股市彼此间在收益和波动变化过程中对其他国家(地区)的依赖程度如何,这是在前文中没有解决的,因此,了解和分析亚太股市间在收益和波动上的传播过程是非常必要的。

6.2　研究方法与模型分析

6.2.1　研究方法

溢出效应分为收益均值溢出效应和波动溢出效应，其中，收益均值溢出效应指的是金融市场价格走势的条件一阶矩之间的相互关系，在本书分析中指的是亚太各国（地区）股指日收益之间的关系；波动溢出效应指的是条件二阶矩之间的相互关系，在本书中指的是亚太股指日收益的波动引起的协方差之间的关系。我们采用均值—方差模型，即 VAR（3）- GARCH（1，1）- BEKK 模型对亚太地区股票市场之间在收益和波动上的动态溢出效应进行研究。VAR（3）模型主要反映亚太股市间的收益均值溢出效应情况，GARCH（1，1）模型反映的是亚太股市间的波动溢出效应情况。

6.2.2　VAR(3) 收益均值溢出效应模型

方程（6 - 1）是亚太地区股票市场日指数收益均值溢出效应 VAR（3）模型。

$$R_t = \mu + \sum_{i=1}^{3} \Gamma_i R_{t-i} + \varepsilon_t \qquad (6-1)$$

可将方程（6 - 1）扩展成如下形式：

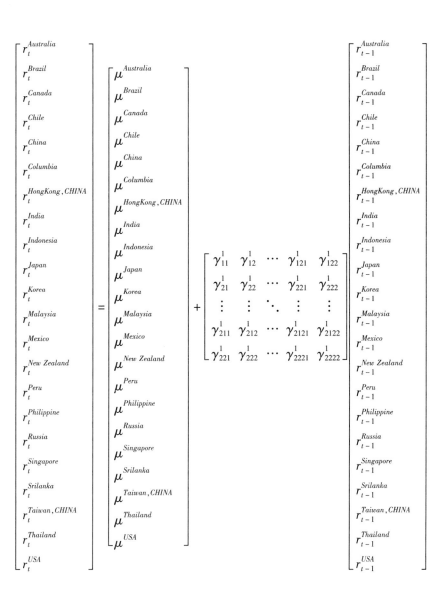

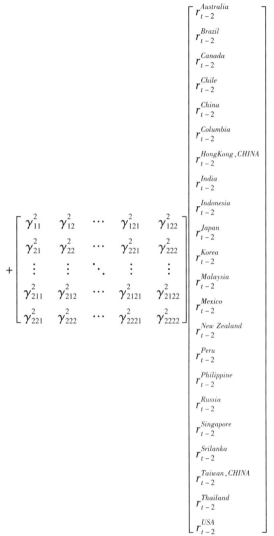

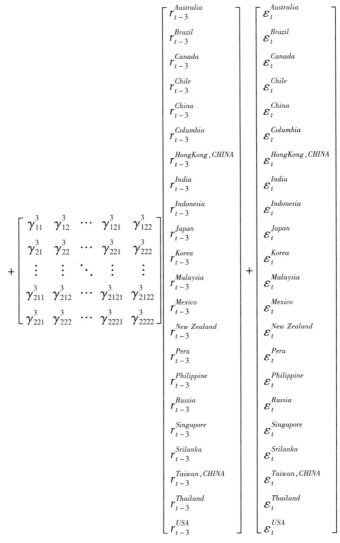

$$(6-2)$$

其中，R_t 为 22×1 维 $r_t^{Australia}$、r_t^{Brazil}、r_t^{Canada}、r_t^{Chile}、r_t^{China}、$r_t^{Columbia}$、$r_t^{HongKong,CHINA}$、r_t^{India}、$r_t^{Indonesia}$、r_t^{Japan}、r_t^{Korea}、$r_t^{Malaysia}$、r_t^{Mexico}、$r_t^{New\ Zealand}$、r_t^{Peru}、$r_t^{Philippine}$、r_t^{Russia}、$r_t^{Singapore}$、$r_t^{Srilanka}$、$r_t^{Taiwan,CHiNA}$、$r_t^{Thailand}$、r_t^{USA} 日指数收益率向量；μ 为 22×1 位常数向量；Γ_i（$i=1, 2, 3, \cdots, 22$）为 22×22 维系数

矩阵；ε_t 为 22×1 维"新息"向量。

多元结构方程（6 – 2）能够有效地衡量各国（地区）股票市场日指数收益率自身均值及股市间交互影响的均值溢出效应。非对角元素 $r_{i,j}^1$、$r_{i,j}^2$、$r_{i,j}^3$，$i = 1，2，3，\cdots，22$ 衡量了均值间的相互作用，也就是收益的溢出效应。对角元素 $r_{i,i}^1$、$r_{i,i}^2$、$r_{i,i}^3$，$i = 1，2，3，\cdots，22$ 衡量了收益率受自身过去收益的影响。如果非对角元素为 0，则说明股票市场间不存在收益的传播机制。

6.2.3 GARCH(1，1) – BEKK 波动溢出效应模型

在 GARCH 框架下，ε_t 是随时间变动的条件分布，形式如下：

$$\varepsilon_t / \Omega_{t-1} \sim D(0，H_t) \qquad (6-3)$$

H_t 为 22×22 维时变条件协方差矩阵。

在波动溢出效应分析中，有几个比较典型的多元 GARCH 模型，其中包括 VECH 模型（Bollerslev et al.，1988）、CCC 模型（Bollerslev，1990）、DCC 模型（Engle，2002）、BEKK 模型（Engle and Kroner，1995）、非对称 BEKK（Asymmetric BEKK）模型（Kroner and Ng，1998）、VARMA – GARCH（Vector Autoregressive Moving Average GARCH）模型（Ling and Mcaleer，2003）、VARMA – AGARCH（VARMA Asymmetric GARCH）模型（Mcaleer，2003）、多元 EAGRCH 模型（Koutmos and Booth，1995）。其中，每一个模型都有各自的优点和缺点，而且，每个模型都有不同的约束条件和条件协方差的具体表达式。

在对亚太 22 个国家（地区）股票市场日指数收益率波动溢出效应进行分析时，我们的方差—协方差矩阵 $H_t = [h_{ij,t}]$ 采用 GARCH(1，1) – BEKK 模型（Engle and Kroner，1995）。采用系数矩阵的二次形式主要是为了确保 BEKK 的正定性。BEKK 允许条件方差—协方差之间彼此相互作用。尽管计算复杂，但是，在分析时不需要估计太多的参数。BEKK 模型表达式为：

$$H_t = C'C + A'\varepsilon_{t-1}\varepsilon_{t-1}'A + B'H_{t-1}B \qquad (6-4)$$

$C，A，B$ 为 22×22 维系数矩阵，C 为上三角形式，H_t 为 22×22 维时变条件协方差矩阵；A 为 ARCH 项系数矩阵，B 为 GARCH 项系数矩阵。和一般的 GARCH 模型一样，矩阵 A 用来衡量亚太市收益率序列的滞后一期残差项（ARCH）对本期条件方差的影响程度。矩阵 B 用来衡量亚太股市收益

率序列的滞后一期条件方差（GARCH）对本期条件方差的影响程度。

$$
C = \begin{bmatrix} c_{1,1} & c_{1,2} & \cdots & c_{1,21} & c_{1,22} \\ 0 & c_{22} & \cdots & c_{2,21} & c_{2,22} \\ \cdots & \cdots & \cdots & \cdots & \cdots \\ 0 & 0 & \cdots & c_{21,21} & c_{21,22} \\ 0 & 0 & \cdots & 0 & c_{22,22} \end{bmatrix}, \quad A = \begin{bmatrix} a_{1,1} & a_{1,2} & \cdots & a_{1,21} & a_{1,22} \\ a_{2,1} & a_{2,2} & \cdots & a_{2,21} & a_{2,22} \\ \cdots & \cdots & \cdots & \cdots & \cdots \\ a_{21,1} & a_{21,2} & \cdots & a_{21,21} & a_{21,22} \\ a_{22,1} & a_{22,2} & \cdots & a_{22,21} & a_{22,22} \end{bmatrix}
$$

$$
B = \begin{bmatrix} b_{1,1} & b_{1,2} & \cdots & b_{1,21} & b_{1,22} \\ b_{2,1} & b_{2,2} & \cdots & b_{2,21} & b_{2,22} \\ \cdots & \cdots & \cdots & \cdots & \cdots \\ b_{21,1} & b_{21,2} & \cdots & b_{21,21} & b_{21,22} \\ b_{22,1} & b_{22,2} & \cdots & b_{22,21} & b_{22,22} \end{bmatrix}
$$

a_{ij}、$\beta_{ij}(i \neq j)$ 分别衡量亚太股市收益率序列 i 对序列 j 的 ARCH 项和 GARCH 项的波动溢出效应，如果 a_{ij}、$\beta_{ij}(i \neq j)$ 同时为零或者不显著，说明序列 i 对序列 j 不存在波动溢出效应。

我们将方程式（6-4）进行拆解，考虑到变量多，过多占用篇幅，此处仅以三个股票市场收益率间的波动溢出效应为例进行模型拓展。

$$
\begin{aligned}
h_{11,t} = & c_{11}^2 + a_{11}^2 \varepsilon_{1,t-1}^2 + a_{21}^2 \varepsilon_{2,t-1}^2 + a_{31}^2 \varepsilon_{3,t-1}^2 + 2a_{11}a_{21}\varepsilon_{1,t-1}\varepsilon_{2,t-1} \\
& + 2a_{11}a_{31}\varepsilon_{1,t-1}\varepsilon_{3,t-1} + 2a_{21}a_{31}\varepsilon_{2,t-1}\varepsilon_{3,t-1} + b_{11}^2 h_{11,t-1} + b_{21}^2 h_{22,t-1} \\
& + b_{31}^2 h_{33,t-1} + 2b_{11}b_{21}h_{12,t-1} + 2b_{11}b_{31}h_{13,t-1} + 2b_{21}b_{31}h_{23,t-1}
\end{aligned} \tag{6-5}
$$

$$
\begin{aligned}
h_{22,t} = & c_{12}^2 + c_{22}^2 + a_{12}^2 \varepsilon_{1,t-1}^2 + a_{22}^2 \varepsilon_{2,t-1}^2 + a_{32}^2 \varepsilon_{3,t-1}^2 + 2a_{12}a_{22}\varepsilon_{1,t-1}\varepsilon_{2,t-1} \\
& + 2a_{12}a_{32}\varepsilon_{1,t-1}\varepsilon_{3,t-1} + 2a_{22}a_{32}\varepsilon_{2,t-1}\varepsilon_{3,t-1} + b_{12}^2 h_{11,t-1} + b_{22}^2 h_{22,t-1} \\
& + b_{32}^2 h_{33,t-1} + 2b_{12}b_{22}h_{12,t-1} + 2b_{12}b_{32}h_{13,t-1} + 2b_{22}b_{32}h_{23,t-1}
\end{aligned} \tag{6-6}
$$

$$
\begin{aligned}
h_{33,t} = & c_{13}^2 + c_{23}^2 + c_{33}^2 + a_{13}^2 \varepsilon_{1,t-1}^2 + a_{23}^2 \varepsilon_{2,t-1}^2 + a_{33}^2 \varepsilon_{3,t-1}^2 + 2a_{13}a_{23}\varepsilon_{1,t-1}\varepsilon_{2,t-1} \\
& + 2a_{13}a_{33}\varepsilon_{1,t-1}\varepsilon_{3,t-1} + 2a_{23}a_{33}\varepsilon_{2,t-1}\varepsilon_{3,t-1} + b_{13}^2 h_{11,t-1} + b_{23}^2 h_{22,t-1} \\
& + b_{33}^2 h_{33,t-1} + 2b_{13}b_{23}h_{12,t-1} + 2b_{13}b_{33}h_{13,t-1} + 2b_{23}b_{33}h_{23,t-1}
\end{aligned} \tag{6-7}
$$

类似地，我们也能写出 i^{th}，j^{th} 个 $h_{ij,t}$ 的条件协方差，$i \neq j$，i，$j = 1$，2，3。

$$
\begin{aligned}
h_{12,t} = h_{21,t} = & c_{11}c_{12} + a_{12}a_{11}\varepsilon_{1,t-1}^2 + a_{22}a_{21}\varepsilon_{2,t-1}^2 + a_{32}a_{31}\varepsilon_{3,t-1}^2 \\
& + (a_{12}a_{21} + a_{11}a_{22})\varepsilon_{1,t-1}\varepsilon_{2,t-1} + (a_{12}a_{31} + a_{32}a_{11})\varepsilon_{1,t-1}\varepsilon_{3,t-1} \\
& + (a_{22}a_{31} + a_{32}a_{21})\varepsilon_{2,t-1}\varepsilon_{3,t-1} + b_{12}b_{11}h_{11,t-1} + b_{22}b_{21}h_{22,t-1} \\
& + b_{32}b_{31}h_{33,t-1} + b_{22}b_{11}h_{12,t-1} + b_{32}b_{11}h_{13,t-1} + b_{12}b_{21}h_{21,t-1} \\
& + b_{12}b_{31}h_{31,t-1} + b_{32}b_{21}h_{23,t-1} + b_{22}b_{31}h_{32,t-1}
\end{aligned} \tag{6-8}
$$

$$
h_{13,t} = h_{31,t} = c_{11}c_{13} + a_{13}a_{11}\varepsilon_{1,t-1}^2 + a_{23}a_{21}\varepsilon_{2,t-1}^2 + a_{33}a_{31}\varepsilon_{3,t-1}^2
$$

$$+ (a_{13}a_{21} + a_{23}a_{11})\varepsilon_{1,t-1}\varepsilon_{2,t-1} + (a_{13}a_{31} + a_{33}a_{11})\varepsilon_{1,t-1}\varepsilon_{3,t-1}$$
$$+ (a_{23}a_{31} + a_{33}a_{21})\varepsilon_{2,t-1}\varepsilon_{3,t-1} + b_{13}b_{11}h_{11,t-1} + b_{23}b_{21}h_{22,t-1}$$
$$+ b_{33}b_{31}h_{33,t-1} + b_{23}b_{11}h_{12,t-1} + b_{33}b_{11}h_{13,t-1} + b_{13}b_{21}h_{21,t-1}$$
$$+ b_{13}b_{31}h_{31,t-1} + b_{33}b_{21}h_{23,t-1} + b_{23}b_{31}h_{32,t-1} \tag{6-9}$$

$$h_{23,t} = h_{32,t} = c_{12}c_{13} + c_{22}c_{23} + a_{13}a_{12}\varepsilon_{1,t-1}^2 + a_{23}a_{22}\varepsilon_{2,t-1}^2 + a_{33}a_{32}\varepsilon_{3,t-1}^2$$
$$+ (a_{12}a_{23} + a_{13}a_{22})\varepsilon_{1,t-1}\varepsilon_{2,t-1} + (a_{13}a_{32} + a_{33}a_{12})\varepsilon_{1,t-1}\varepsilon_{3,t-1}$$
$$+ (a_{23}a_{32} + a_{33}a_{22})\varepsilon_{2,t-1}\varepsilon_{3,t-1} + b_{12}b_{12}h_{11,t-1} + b_{23}b_{22}h_{22,t-1}$$
$$+ b_{32}b_{33}h_{33,t-1} + b_{23}b_{12}h_{12,t-1} + b_{33}b_{12}h_{13,t-1} + b_{13}b_{22}h_{21,t-1}$$
$$+ b_{33}b_{21}h_{31,t-1} + b_{33}b_{22}h_{23,t-1} + b_{23}b_{32}h_{32,t-1} \tag{6-10}$$

早期文献对金融时间序列的厚尾特性没有引起足够的重视，为了简化起见，常常将其假定为多元正态分布。但李和汉森（Lee and Hansen，1994）及戴比（Deb，1996）等指出，研究时如果缺乏对数据分布的妥善考虑，估计的效率性及一致性很可能会受到影响。由于多元学生 t 分布能更好地捕捉金融时间序列的尖峰、厚尾特征，且较多元正态分布仅多了一个形态参数—自由度，因此在估计上并不会增加太多的计算。出于上述考虑，本书假定残差向量服从多元学生 t 分布，以便得到更为精确的结论。在多元学生 t 分布假定下，可以通过最大化如下的对数似然函数来估计方程（6-4）中的参数：

$$L(\theta) = \sum_{t=1}^{T}\left[\ln\Gamma\left(\frac{v+K}{2}\right) - \ln\Gamma\left(\frac{v}{2}\right) - \frac{K}{2}\ln(v-2)\pi\right]$$
$$- \frac{1}{2}\sum_{t=1}^{T}\left[\ln|H_t| + (v+K)\ln\left(1 + \frac{\hat{\varepsilon}_t'H_t^{-1}\hat{\varepsilon}_t}{v-2}\right)\right] \tag{6-11}$$

Γ 是 gamma 函数，v 表示自由度，如果 $v > m$，则存在多元学生 t 分布 m^{th} 矩。因此，限定 $v > 2$。当 v 接近无穷大时，多元学生 t 分布近似于多元正态分布。尽管存在对称性，但多元学生 t 分布比多元正态分布能更好地体现出数据的尖峰厚尾状特性。

6.3 溢出效应实证研究

6.3.1 VAR(3) 收益均值溢出效应分析

之前的分析表明，亚太股市收益率呈现出明显的自相关性，也就是说，当期的股市收益率变动很容易受到前期股市收益率变动的影响。同时，随着各国（地区）股票市场自由化程度不断提高，各国股市联动性的逐渐加强，一国（地区）股市的收益的变化很容易受到其他国家（地区）股市收益变化的影响，呈现出溢出效应。那么，各国（地区）股市间的影响程度如何，金融危机的发生是否引起股市之间的溢出效应发生改变。接下来，我们将采用 VAR(3) 均值方程式（6-2）对亚太 22 个股市收益率之间的溢出效应进行分析。考虑到估计结果所占篇幅过多，因此，在将估计结果以表格的形式展现时，直接剔除了溢出效应不显著的变量。表 6-1 至表 6-22 分别是亚太 22 个股票市场日指数收益率的均值方程估计结果。

1. 亚太各股市间溢出效应分析

（1）澳大利亚股指收益率均值方程估计结果。表 6-1 是澳大利亚股票市场日指数收益率的均值方程估计结果。危机前，加拿大、智利、印度、日本、墨西哥、秘鲁、菲律宾、新加坡、美国等股票市场的指数收益率变动对澳大利亚股指收益率变动产生影响，对其股市具有均值溢出效应。具体影响如下：从变量显著性水平来看，加拿大股指收益率的滞后一期在 1% 的水平下显著；智利股指收益率的滞后二期和滞后三期分别在 10% 的水平下显著；印度股指收益率的滞后一期和滞后二期分别在 5% 的水平下显著；日本股指收益率的滞后一期和滞后二期分别在 10% 和 1% 的水平下显著；墨西哥股指收益率的滞后一期和滞后二期分别在 1% 和 5% 的水平下显著；秘鲁股指收益率的滞后一期和滞后三期分别在 1% 和 5% 的水平下显著；菲律宾股指收益率的滞后二期和滞后三期分别在 10% 和 5% 的水平下显著；新加坡股指收益率的滞后一期在 5% 的水平下显著；美国股指收益率的滞后一期在 1% 的水平下显著。从溢出效应程度来看，加拿大和美国对澳大利亚的均值溢出效应最大。

危机后，巴西、智利、中国、印度、印度尼西亚、韩国、马来西亚、秘鲁、菲律宾、美国等股票市场的指数收益率变动对澳大利亚股指收益率变动产生影响，对其股市具有均值溢出效应。具体影响如下：从变量显著性水平来看，巴西股指收益率的滞后一期在 1% 的水平下显著；智利股指收益率的滞后二期在 10% 的水平下显著；中国股指收益率的滞后一期、滞后二期和滞后三期分别在 5%、10%、10% 的水平下显著；印度股指收益率的滞后一期在 10% 的水平下显著；印度尼西亚股指收益率的滞后一期在 5% 的水平下显著；韩国股指收益率的滞后一期、滞后二期分别在 1% 的水平下显著；马来西亚股指收益率的滞后一期在 5% 的水平下显著；秘鲁股指收益率的滞后一期在 1% 的水平下显著；菲律宾股指收益率的滞后一期在 10% 的水平下显著；美国股指收益率的滞后一期和滞后二期分别在 1% 和 10% 的水平下显著。从溢出效应程度来看，巴西、韩国、马来西亚和美国对澳大利亚的均值溢出效应最为明显，美国溢出效应最大。

表 6 - 1　　　　　　　　　　澳大利亚均值方程估计结果

危机前		危机后	
澳大利亚（-1）	-0.1421 *** (0.0009)	澳大利亚（-1）	-0.1999 *** (0.0002)
加拿大（-1）	0.1296 *** (0.0009)	巴西（-1）	0.1336 *** (0.0010)
智利（-2）	0.0490 * (0.0968)	智利（-2）	0.0554 * (0.0631)
智利（-3）	-0.0615 * (0.0511)	中国（-1）	-0.0726 ** (0.0142)
印度（-1）	0.0511 ** (0.0104)	中国（-2）	-0.0549 * (0.0860)
印度（-2）	-0.0473 ** (0.0152)	中国（-3）	0.0506 * (0.0735)
日本（-1）	-0.0610 * (0.0620)	印度（-1）	0.0602 * (0.0906)
日本（-2）	-0.0901 *** (0.0092)	印度尼西亚（-1）	0.0315 ** (0.0420)
墨西哥（-1）	0.0816 *** (0.0092)	韩国（-1）	-0.1435 *** (0.0002)
墨西哥（-2）	-0.0715 ** (0.0201)	韩国（-2）	-0.1094 *** (0.0034)
秘鲁（-1）	0.0690 *** (0.0007)	马来西亚（-1）	-0.1180 ** (0.0342)
秘鲁（-3）	0.0447 ** (0.0332)	秘鲁（-1）	0.0723 *** (0.0094)
菲律宾（-2）	0.0413 * (0.0717)	菲律宾（-1）	0.0163 * (0.0773)

危机前		危机后	
菲律宾 （ - 3）	0. 0455 ** （0. 0417）	美国 （ - 1）	0. 6054 *** （0. 0000）
新加坡 （ - 1）	0. 0416 ** （0. 0239）	美国 （ - 2）	0. 2444 * （0. 0607）
美国 （ - 1）	0. 4767 *** （0. 0000）		

注：（1）　*、**、*** 分别表示 10%、5%、1% 的显著性水平。
　　（2）括号内为 p 值。

（2）巴西股指收益率均值方程估计结果。表 6 - 2 是巴西股票市场日指数收益率的均值方程估计结果。危机前，加拿大、菲律宾、美国等股票市场的指数收益率变动对巴西股指收益率变动产生影响，对其具有均值溢出效应。具体影响如下：从变量显著性水平来看，加拿大股指收益率的滞后一期在 1% 的水平下显著；菲律宾股指收益率的滞后一期在 5% 的水平下显著；美国股指收益率的滞后一期在 5% 的水平下显著；三个国家的溢出效应都很明显。

危机后，中国沪深、哥伦比亚、韩国、马来西亚、秘鲁、中国台湾、泰国、美国等股票市场的指数收益率变动对巴西股指收益率变动产生影响，对其具有均值溢出效应。具体影响如下：从变量显著性水平来看，中国沪深股指收益率的滞后一期在 10% 的水平下显著；哥伦比亚股指收益率的滞后三期在 5% 的水平下显著；韩国股指收益率的滞后二期在 10% 的水平下显著；马来西亚股指收益率的滞后一期在 10% 的水平下显著；秘鲁股指收益率的滞后二期在 5% 的水平下显著；中国台湾股指收益率的滞后二期在 5% 的水平下显著；泰国股指收益率的滞后二期和滞后三期分别在 10%、5% 的水平下显著；美国股指收益率的滞后一期在 1% 的水平下显著；从溢出效应程度来看，韩国、马来西亚、秘鲁、中国台湾和美国对巴西的均值溢出效应最为明显。

表 6 - 2　　　　　　　　　　巴西均值方程估计结果

危机前		危机后	
巴西 （ - 3）	- 0. 0806 * （0. 0879）	巴西 （ - 1）	- 0. 0175 * （0. 0563）

续表

危机前		危机后	
加拿大（-1）	0.2427 *** (0.0009)	巴西（-2）	0.0387 * (0.0871)
菲律宾（-1）	0.1127 ** (0.0159)	中国（-1）	0.0355 * (0.0852)
美国（-1）	0.1970 ** (0.0235)	哥伦比亚（-3）	0.0549 ** (0.0438)
		韩国（-2）	-0.1036 * (0.0534)
		马来西亚（-1）	-0.1499 * (0.0506)
		秘鲁（-2）	-0.1765 ** (0.0113)
		中国台湾（-2）	0.1578 ** (0.0104)
		泰国（-2）	-0.0731 * (0.0791)
		泰国（-3）	0.0954 ** (0.0324)
		美国（-1）	0.1331 *** (0.0045)

注：（1）*、**、*** 分别表示10%、5%、1%的显著性水平。
（2）括号内为 p 值。

（3）加拿大股指收益率均值方程估计结果。表6-3是加拿大股票市场日指数收益率的均值方程估计结果。危机前，巴西、澳大利亚、日本、新加坡、美国等股票市场的指数收益率变动对加拿大股指收益率变动产生影响，对其股市具有均值溢出效应。具体影响如下：从变量显著性水平来看，巴西股指收益率的滞后一期在5%的水平下显著；澳大利亚股指收益率的滞后一期在10%的水平下显著；日本股指收益率的滞后二期在10%的水平下显著；新加坡股指收益率的滞后一期在5%的水平下显著；美国股指收益率的滞后一期在5%的水平下显著。从溢出效应程度来看，美国的溢出效应最明显，对加拿大股指收益率变动的影响最大。

危机后，巴西、中国沪深、印度、韩国、泰国、中国台湾、马来西亚、秘鲁、美国等股票市场的指数收益率变动对加拿大股指收益率变动产生影响，对其具有均值溢出效应。具体影响如下：从变量显著性水平来看，巴西股指收益率的滞后一期和滞后三期分别在10%的水平下显著；中国沪深股指收益率的滞后三期在10%的水平下显著；印度股指收益率的滞后二期在5%的水平下显著；韩国股指收益率的滞后一期和滞后二期分别在5%的水平下显著；泰国股指收益率的滞后三期在5%的水平下显著；中国台湾股指收益率的滞后二期在10%的水平下显著；马来西亚股指收益率的滞后二期在10%的水平下显著；秘鲁股指收益率的滞后一期在10%的水平下显著；美国股指收益率的滞后一期在1%的水平下显著。从溢出效应程度来看，美国的溢出效应依然最大，其次是秘鲁、韩国。

表6-3　　　　　　　　　　加拿大均值方程估计结果

危机前		危机后	
加拿大（-2）	-0.0889 * (0.0522)	加拿大（-3）	0.1199 ** (0.0474)
巴西（-1）	0.0494 ** (0.0474)	巴西（-1）	0.0840 * (0.0509)
澳大利亚（-1）	0.0378 * (0.0753)	巴西（-3）	0.0793 * (0.0515)
日本（-2）	-0.0647 * (0.0730)	中国（-3）	0.0498 * (0.0873)
新加坡（-1）	0.0421 ** (0.0260)	印度（-2）	0.0804 ** (0.0164)
美国（-1）	0.2364 ** (0.0240)	韩国（-1）	-0.1038 ** (0.0195)
		韩国（-2）	-0.0882 ** (0.0234)
		泰国（-3）	0.0751 ** (0.0413)
		中国台湾（-2）	-0.0527 * (0.0579)
		马来西亚（-2）	-0.0748 * (0.0575)
		秘鲁（-1）	0.1076 * (0.0676)
		美国（-1）	0.5572 *** (0.0000)

注：（1）*、**、***分别表示10%、5%、1%的显著性水平。
　　（2）括号内为 p 值。

（4）智利股指收益率均值方程估计结果。表 6 - 4 是智利股票市场日指数收益率的均值方程估计结果。危机前，加拿大、韩国、马来西亚、美国等股票市场的指数收益率变动对智利股指收益率变动产生影响，对其股市具有均值溢出效应。具体影响如下：从变量显著性水平来看，加拿大股指收益率的滞后一期在 5% 的水平下显著；韩国股指收益率的滞后三期在 5% 的水平下显著；马来西亚股指收益率的滞后一期在 5% 的水平下显著；美国股指收益率的滞后一期在 1% 的水平下显著，美国股市收益率变动的溢出效应明显。

危机后，巴西、加拿大、印度、韩国、秘鲁、菲律宾、中国台湾、美国等股票市场的指数收益率变动对智利股指收益率变动产生影响，对其具有均值溢出效应。具体影响如下：从变量显著性水平来看，巴西股指收益率的滞后一期和滞后二期分别在 1% 的水平下显著；加拿大股指收益率的滞后一期在 5% 的水平下显著；印度股指收益率的滞后一期在 10% 的水平下显著；韩国股指收益率的滞后二期在 5% 的水平下显著；秘鲁股指收益率的滞后一期和滞后三期分别在 5% 的水平下显著；菲律宾股指收益率的滞后三期在 10% 的水平下显著；中国台湾股指收益率的滞后二期在 1% 的水平下显著；美国股指收益率的滞后一期在 1% 的水平下显著。其中，美国、中国台湾、巴西的溢出效应较明显，美国的影响最大。

表 6 - 4 智利均值方程估计结果

危机前		危机后	
智利 （ - 1）	0.0975 ** (0.0351)	智利 （ - 1）	0.1542 *** (0.0003)
加拿大 （ - 1）	0.0504 ** (0.0207)	巴西 （ - 1）	0.0934 *** (0.0080)
韩国 （ - 3）	0.0559 ** (0.0155)	巴西 （ - 2）	0.1050 *** (0.0023)
马来西亚 （ - 1）	- 0.0844 ** (0.0304)	加拿大 （ - 1）	0.0881 ** (0.0411)
美国 （ - 1）	0.3967 *** (0.0002)	印度 （ - 1）	0.0235 * (0.0531)
		韩国 （ - 2）	- 0.0706 ** (0.0445)

续表

危机前	危机后	
	秘鲁（-1）	0.0504 ** （0.0204）
	秘鲁（-3）	0.0559 ** （0.0155）
	菲律宾（-3）	0.0620 * （0.0505）
	中国台湾（-2）	0.1355 *** （0.0003）
	美国（-1）	0.4218 *** （0.0001）

注：（1）*、**、***分别表示10%、5%、1%的显著性水平。
　　（2）括号内为 p 值。

（5）中国沪深股指收益率均值方程估计结果。表6－5是中国股票市场日指数收益率的均值方程估计结果。危机前，只有巴西、美国等股票市场的指数收益率变动对中国股指收益率变动产生影响，对其股市具有均值溢出效应。具体影响如下：从变量显著性水平来看，巴西股指收益率的滞后二期在1%的水平下显著；美国股指收益率的滞后二期在10%的水平下显著。美国和巴西的溢出效应都很明显，美国的影响最大。

危机后，智利、日本、马来西亚、俄罗斯、美国等股票市场的指数收益率变动对中国大陆股指收益率变动产生影响，对其股市具有均值溢出效应。具体影响如下：从变量显著性水平来看，智利股指收益率的滞后二期在5%的水平下显著；日本股指收益率的滞后一期在10%的水平下显著；马来西亚股指收益率的滞后一期和滞后二期分别在1%、5%的水平下显著；俄罗斯股指收益率的滞后三期在5%的水平下显著；美国股指收益率的滞后三期在5%的水平下显著。智利、美国、马来西亚的溢出效应明显，其中美国的影响最大。

表6－5　　　　　　　　　中国均值方程估计结果

危机前		危机后	
中国（-1）	0.0452 * （0.0531）	中国（-1）	0.0972 ** （0.0327）

危机前		危机后	
巴西（−2）	−0.11676 *** （0.0006）	智利（−2）	0.1233 ** （0.0101）
美国（−2）	0.304297 * （0.0759）	日本（−1）	0.0594 * （0.0544）
		马来西亚（−1）	−0.1866 *** （0.0065）
		马来西亚（−2）	−0.1499 ** （0.0386）
		俄罗斯（−3）	0.0614 ** （0.0294）
		美国（−3）	−0.3115 ** （0.0151）

注：（1）＊、＊＊、＊＊＊分别表示10%、5%、1%的显著性水平。
　　（2）括号内为 p 值。

（6）哥伦比亚股指收益率均值方程估计结果。表6 – 6是哥伦比亚股票市场日指数收益率的均值方程估计结果。危机前，巴西、印度、秘鲁、菲律宾、印度尼西亚、韩国、墨西哥、美国等股票市场的指数收益率变动对哥伦比亚股指收益率变动产生影响，对其股市具有均值溢出效应。具体影响如下：从变量显著性水平来看，巴西股指收益率的滞后一期在10%的水平下显著；印度股指收益率的滞后三期在5%的水平下显著；秘鲁股指收益率的滞后一期在10%的水平下显著；菲律宾股指收益率的滞后一期在5%的水平下显著；印度尼西亚股指收益率的滞后二期在5%的水平下显著；韩国股指收益率的滞后二期在5%的水平下显著；墨西哥股指收益率的滞后一期在10%的水平下显著；美国股指收益率的滞后一期在1%的水平下显著。从溢出效应的影响程度来看，美国的影响最大。

危机后，巴西、马来西亚、墨西哥、新西兰、俄罗斯、中国台湾、美国等股票市场的指数收益率变动对哥伦比亚股指收益率变动产生影响，对其股市具有均值溢出效应。具体影响如下：从变量显著性水平来看，巴西股指收益率的滞后一期和滞后二期分别在5%的水平下显著；马来西亚股指收益率的滞后一期在10%的水平下显著；墨西哥股指收益率的滞后一期在10%的水平下显著；新西兰股指收益率的滞后二期在10%的水平下显著；俄罗斯股指收益率的滞后一期在10%的水平下显著；中国台湾股指收益率的滞后一期在 10% 的水平下显著；美国股指收益率的滞后一期在 1% 的水平下显著。从影响程度来看，美国、马来西亚的影响较明显，其中，美国的影响最大。

表 6 - 6　　　　　　　　哥伦比亚均值方程估计结果

危机前		危机后	
哥伦比亚（-1）	0.1333 *** (0.0001)	哥伦比亚（-1）	- 0.0381 ** (0.0314)
巴西（-1）	0.0567 * (0.0774)	巴西（-1）	0.0876 ** (0.0212)
印度（-3）	- 0.0721 ** (0.0226)	巴西（-2）	0.0788 ** (0.0486)
秘鲁（-1）	- 0.0528 * (0.0699)	马来西亚（-1）	- 0.1242 * (0.0693)
菲律宾（-1）	0.0691 ** (0.0315)	墨西哥（-1）	0.0580 * (0.0955)
印度尼西亚（-2）	0.0839 ** (0.0448)	新西兰（-2）	0.0120 * (0.0574)
韩国（-2）	0.0991 ** (0.0199)	俄罗斯（-1）	- 0.0395 * (0.0851)
墨西哥（-1）	0.0486 * (0.0731)	中国台湾（-1）	0.0285 * (0.0542)
美国（-1）	0.5592 *** (0.0000)	美国（-1）	0.3148 *** (0.0061)

注：（1） * 、 ** 、 *** 分别表示 10% 、5% 、1% 的显著性水平。
　　（2）括号内为 p 值。

（7）中国香港股指收益率均值方程估计结果。表 6 - 7 是中国香港股票市场日指数收益率的均值方程估计结果。危机前，加拿大、中国沪深、日本、马来西亚、新加坡、中国台湾、美国等股票市场的指数收益率变动对中国沪深股指收益率变动产生影响，对其股市具有均值溢出效应。具体影响如下：从变量显著性水平来看，加拿大股指收益率的滞后一期在 5% 的水平下显著；中国沪深股指收益率的滞后一期在 10% 的水平下显著；日本股指收益率的滞后一期在 1% 的水平下显著；马来西亚股指收益率的滞后三期在 1% 的水平下显著；新加坡股指收益率的滞后一期在 1% 的水平下显著；中国台湾股指收益率的滞后一期在1%的水平下显著；美国股指收益率的滞后一期和滞后三期分别在1%、10%的水平下显著。从溢出效应的程度来看，美国和马来西亚最为明显。

危机后，巴西、加拿大、智利、中国沪深、日本、印度、印度尼西亚、马来西亚、秘鲁、斯里兰卡、泰国、墨西哥、菲律宾、新加坡、美国等股票市场的指数收益率变动对中国香港股指收益率变动产生影响，对其股市具有均值溢出效应。具体影响如下：从变量显著性水平来看，巴西股指收益率的滞后一期在1%的水平下显著；加拿大股指收益率的滞后一期在10%的水平下显著；智利股指收益率的滞后三期在10%的水平下显著；中国沪深股指收益率的滞后一期在1%的水平下显著；日本股指收益率的滞后三期在10%的水平下显著；印度股指收益率的滞后一期在1%的水平下显著；印度尼西亚股指收益率的滞后三期在5%的水平下显著；马来西亚股指收益率的滞后一期在5%的水平下显著；秘鲁股指收益率的滞后一期在10%的水平下显著；斯里兰卡股指收益率的滞后一期在5%的水平下显著；加拿大股指收益率的滞后一期在10%的水平下显著；泰国股指收益率的滞后一期和滞后三期分别在10%的水平下显著；墨西哥股指收益率的滞后一期在10%的水平下显著；菲律宾股指收益率的滞后一期在10%的水平下显著；新加坡股指收益率的滞后一期在5%的水平下显著；美国股指收益率的滞后一期在1%的水平下显著。从溢出效应程度来看，巴西、马来西亚和美国较明显，美国影响最大。

表6-7　　　　　　　　　中国香港均值方程估计结果

危机前		危机后	
中国香港（-1）	-0.0598* (0.0958)	中国香港（-1）	-0.0655* (0.0758)
加拿大（-1）	0.0465** (0.0461)	巴西（-1）	0.1183*** (0.0001)
中国（-1）	-0.0177* (0.0579)	加拿大（-1）	0.0220* (0.0521)
日本（-1）	-0.0855*** (0.0040)	智利（-3）	-0.0599* (0.0962)
马来西亚（-3）	0.1074*** (0.0011)	中国（-1）	-0.0619*** (0.0057)

续表

危机前		危机后	
新加坡 （-1）	0.0738 *** (0.0055)	日本 （-3）	0.0519 * (0.0598)
中国台湾 （-1）	-0.0629 *** (0.0056)	印度 （-1）	0.0696 *** (0.0083)
美国 （-1）	0.2695 *** (0.0010)	印度尼西亚 （-3）	-0.0498 ** (0.0446)
美国 （-3）	0.1519 * (0.0759)	马来西亚 （-1）	-0.1194 ** (0.0258)
		秘鲁 （-1）	0.0368 * (0.0882)
		斯里兰卡 （-1）	0.0460 ** (0.0371)
		泰国 （-1）	-0.0453 * (0.0893)
		泰国 （-3）	0.0425 * (0.0917)
		墨西哥 （-1）	0.0536 * (0.0653)
		菲律宾 （-1）	0.0293 * (0.0742)
		新加坡 （-1）	0.0517 ** (0.0436)
		美国 （-1）	0.3116 *** (0.0004)

注：（1） *、**、*** 分别表示10%、5%、1%的显著性水平。
　　（2）括号内为 p 值。

（8）印度股指收益率均值方程估计结果。表6-8是印度股票市场日指数收益率的均值方程估计结果。危机前，澳大利亚、巴西、中国沪深、哥伦比亚、中国香港、墨西哥、新西兰、菲律宾、美国等股票市场的指数收益率变动对印度股指收益率变动产生影响，对其股市具有均值溢出效应。具体影响如下：从变量显著性水平来看，澳大利亚股指收益率的滞后二期在5%的水平下显著；巴西股指收益率的滞后三期在5%的水平下显著；中国沪深股指收益率的滞后一期和滞后二期分别在5%、10%的水平下显著；哥伦比亚股指收益率的滞后一期在10%的水平下显著；中国香港股指收益率的滞后一期和滞后二期分别在10%的水平下显著；墨西哥股指收益率的滞后一期和滞后二期分别在10%、5%的水平下显著；新西兰股指收益率的滞后三期在1%的水平下显著；菲律宾股指收益率的滞后三期在1%的水平下显著；美国股指收益率的滞后一期和滞后二期分别在1%、5%的水平下显著。从影响程度来看，美国和澳大利亚的影响较明显，其中，美国在滞后一期的影响最大。

危机后，澳大利亚、巴西、中国沪深、中国香港、秘鲁、美国等股票市场的指数收益率变动对印度股指收益率变动产生影响，对其股市具有均值溢出效应。具体影响如下：从变量显著性水平来看，澳大利亚股指收益率的滞后一期在1%的水平下显著；巴西股指收益率的滞后一期和滞后二期分别在1%、5%的水平下显著；中国大陆股指收益率的滞后一期在10%的水平下显著；中国香港股指收益率的滞后一期在1%的水平下显著；印度尼西亚股指收益率的滞后三期在5%的水平下显著；秘鲁股指收益率的滞后一期在10%的水平下显著；美国股指收益率的滞后一期在1%的水平下显著。从影响程度来看，美国、巴西、澳大利亚的影响较明显，美国的影响仍然最大。此外，在澳大利亚的两个滞后期中，滞后一期的影响最为明显。

表6-8　　　　　　　　印度均值方程估计结果

	危机前		危机后
印度（-1）	0.0438 * (0.0581)	印度（-2）	-0.0701 * (0.0906)
澳大利亚（-2）	0.1224 ** (0.0352)	澳大利亚（-1）	-0.1646 *** (0.0047)
巴西（-3）	0.0716 ** (0.0227)	澳大利亚（-3）	0.1061 * (0.0562)
中国（-1）	-0.0469 ** (0.0254)	巴西（-1）	0.1727 *** (0.0000)
中国（-2）	0.0364 * (0.0967)	巴西（-2）	0.1076 ** (0.0104)
哥伦比亚（-1）	0.0143 * (0.0651)	中国（-1）	-0.0611 * (0.0551)

续表

危机前		危机后	
中国香港（−1）	− 0. 0983 * （0. 0638）	中国香港（−1）	0. 1686 *** （0. 0065）
中国香港（−2）	− 0. 0970 * （0. 0715）	印度尼西亚（−3）	− 0. 0906 ** （0. 0117）
墨西哥（−1）	0. 0731 * （0. 0866）	秘鲁（−1）	0. 0511 * （0. 0660）
墨西哥（−2）	− 0. 0858 ** （0. 0397）	美国（−1）	0. 3900 *** （0. 0025）
新西兰（−3）	0. 1183 *** （0. 0067）		
菲律宾（−3）	0. 0813 *** （0. 0056）		
美国（−1）	0. 5994 *** （0. 0000）		
美国（−2）	0. 2968 ** （0. 0296）		

注：（1） * 、 ** 、 *** 分别表示 10% 、 5% 、 1% 的显著性水平。
　　（2）括号内为 p 值。

（9）印度尼西亚股指收益率均值方程估计结果。表 6 − 9 是印度尼西亚股票市场日指数收益率的均值方程估计结果。危机前，巴西、加拿大、哥伦比亚、墨西哥、菲律宾、中国台湾、美国等股票市场的指数收益率变动对印度尼西亚股指收益率变动产生影响，对其股市具有均值溢出效应。具体影响如下：从变量显著性水平来看，巴西股指收益率的滞后一期在 5% 的水平下显著；加拿大股指收益率的滞后一期在 1% 的水平下显著；哥伦比亚股指收益率的滞后一期在 5% 的水平下显著；墨西哥股指收益率的滞后一期在 10% 的水平下显著；巴西股指收益率的滞后一期在 5% 的水平下显著；中国台湾股指收益率的滞后一期在 10% 的水平下显著；美国股指收益率的滞后一期在 1% 的水平下显著。从影响程度来看，美国和加拿大对印度尼西亚的影响较明显，美国的影响最大。

危机后，巴西、中国香港、印度、马来西亚、秘鲁、美国等股票市场的指数收益率变动对印度尼西亚股指收益率变动产生影响，对其股市具有均值溢出效应。具体影响如下：从变量显著性水平来看，巴西股指收益率的滞后一期和滞后二期分别在1%、5%的水平下显著；中国香港股指收益率的滞后三期在10%的水平下显著；印度股指收益率的滞后三期在10%的水平下显著；马来西亚股指收益率的滞后一期和滞后三期分别在10%、5%的水平下显著；秘鲁股指收益率的滞后一期在1%的水平下显著；美国股指收益率的滞后一期在1%的水平下显著。从影响程度来看，美国、巴西、马来西亚的较明显，其中，美国的影响最大。

表6-9　　　　　　　　　　　印度尼西亚均值方程估计结果

危机前		危机后	
印度尼西亚（-1）	0.0671 * （0.0511）	印度尼西亚（-3）	-0.1328 *** （0.0008）
巴西（-1）	0.0757 ** （0.0124）	巴西（-1）	0.1536 *** （0.0002）
加拿大（-1）	0.1555 *** （0.0026）	巴西（-2）	0.0862 ** （0.0283）
哥伦比亚（-1）	0.0539 ** （0.0245）	中国香港（-3）	0.1091 * （0.0505）
墨西哥（-1）	0.0846 * （0.0661）	印度（-3）	0.0628 * （0.0620）
菲律宾（-1）	0.0606 ** （0.0432）	马来西亚（-1）	-0.1384 * （0.0579）
中国台湾（-1）	-0.0187 * （0.0741）	马来西亚（-3）	-0.1632 ** （0.0267）
美国（-1）	0.3746 *** （0.0079）	秘鲁（-1）	0.0724 *** （0.0085）
		美国（-1）	0.3599 *** （0.0041）

注：（1）*、**、***分别表示10%、5%、1%的显著性水平。
　　（2）括号内为 p 值。

（10）日本股指收益率均值方程估计结果。表6-10是日本股票市场日指数收益率的均值方程估计结果。危机前，巴西、哥伦比亚、印度、墨西哥、俄罗斯、新加坡、泰国、美国等股票市场的指数收益率变动对日本股指收益率变动产生影响，对其股市具有均值溢出效应。具体影响如下：从变量显著性水平来看，巴西股指收益率的滞后一期在5%的水平下显著；

巴西股指收益率的滞后二期在 1% 的水平下显著；哥伦比亚股指收益率的滞后一期在 1% 的水平下显著；印度股指收益率的滞后二期在 10% 的水平下显著；墨西哥股指收益率的滞后一期在 5% 的水平下显著；巴西股指收益率的滞后二期在 1% 的水平下显著；俄罗斯股指收益率的滞后一期在 1% 的水平下显著；新加坡股指收益率的滞后一期在 1% 的水平下显著；泰国股指收益率的滞后二期在 5% 的水平下显著；巴西股指收益率的滞后二期在 5% 的水平下显著。从影响程度看，美国滞后一期的影响最大。

危机后，巴西、加拿大、智利、中国沪深、中国香港、马来西亚、墨西哥、俄罗斯、新加坡、斯里兰卡、泰国、菲律宾、美国等股票市场的指数收益率变动对日本股指收益率变动产生影响，对其股市具有均值溢出效应。具体影响如下：从变量显著性水平来看，巴西股指收益率的滞后一期在 5% 的水平下显著；加拿大股指收益率的滞后一期在 10% 的水平下显著；智利股指收益率的滞后一期和滞后三期分别在 10% 的水平下显著；中国沪深股指收益率的滞后一期和滞后三期分别在 5%、10% 的水平下显著；中国香港股指收益率的滞后一期在 10% 的水平下显著；马来西亚股指收益率的滞后一期、滞后二期和滞后三期分别在 5%、1%、105 的水平下显著；墨西哥股指收益率的滞后三期在 5% 的水平下显著；俄罗斯股指收益率的滞后一期和滞后二期分别在 5%、1% 的水平下显著；新加坡股指收益率的滞后三期在 5% 的水平下显著；斯里兰卡股指收益率的滞后三期在 5% 的水平下显著；泰国股指收益率的滞后二期在 10% 的水平下显著；菲律宾股指收益率的滞后二期在 10% 的水平下显著；美国股指收益率的滞后一期在 5% 的水平下显著。从影响程度来看，马来西亚和新加坡对日本的影响较显著。

表 6 - 10　　　　　　　　　　日本均值方程估计结果

危机前		危机后	
日本（-1）	- 0. 2240 *** (0. 0000)	日本（-1）	- 0. 3100 *** (0. 0000)
日本（-2）	- 0. 0867 ** (0. 0308)	日本（-2）	- 0. 1849 *** (0. 0000)
巴西（-1）	0. 0151 ** (0. 0431)	巴西（-1）	0. 0229 ** (0. 0453)

续表

危机前		危机后	
哥伦比亚（-1）	0. 0487 *** （0. 0068）	加拿大（-1）	0. 0180 * （0. 0532）
印度（-2）	-0. 0400 * （0. 0953）	智利（-1）	0. 0566 * （0. 0548）
墨西哥（-1）	0. 0683 ** （0. 0460）	智利（-3）	-0. 0604 * （0. 0543）
俄罗斯（-1）	0. 0648 *** （0. 0011）	中国（-1）	-0. 0512 ** （0. 0124）
新加坡（-1）	0. 0753 *** （0. 0081）	中国（-3）	-0. 0389 * （0. 0633）
泰国（-2）	0. 0480 ** （0. 0206）	中国香港（-1）	-0. 0727 * （0. 0638）
美国（-2）	0. 2170 **• （0. 0385）	马来西亚（-1）	-0. 1196 ** （0. 0109）
		马来西亚（-2）	-0. 1555 *** （0. 0010）
		马来西亚（-3）	0. 0946 * （0. 0522）
		墨西哥（-3）	0. 0752 ** （0. 0294）
		俄罗斯（-1）	0. 0417 ** （0. 0252）
		俄罗斯（-2）	0. 0487 *** （0. 0075）
		新加坡（-3）	0. 1023 ** （0. 0116）
		斯里兰卡（-3）	0. 0494 ** （0. 0218）
		泰国（-2）	0. 0467 * （0. 0527）
		菲律宾（-2）	0. 0253 * （0. 0521）
		美国（-1）	-0. 0572 ** （0. 0135）

注：（1） * 、 ** 、 *** 分别表示10%、5%、1%的显著性水平。
（2）括号内为 p 值。

（11）韩国股指收益率均值方程估计结果。表 6 - 11 是韩国股票市场日指数收益率的均值方程估计结果。危机前，巴西、日本、秘鲁、中国台湾、墨西哥、美国等股票市场的指数收益率变动对韩国股指收益率变动产生影响，对其股市具有均值溢出效应。具体影响如下：从变量显著性水平来看，巴西股指收益率的滞后一期在 1% 的水平下显著；日本股指收益率的滞后一期和滞后二期分别在 1% 、10% 的水平下显著；秘鲁股指收益率的滞后一期、滞后二期、滞后三期分别在 5% 的水平下显著；中国台湾股指收益率的滞后一期在 10% 的水平下显著；墨西哥股指收益率的滞后三期在 10% 的水平下显著；美国股指收益率的滞后一期在 5% 的水平下显著。从影响程度来看，美国和日本对韩国的影响最明显，其中，美国影响最大。

危机后，澳大利亚、巴西、加拿大、智利、中国沪深、中国香港、印度、日本、马来西亚、俄罗斯、新加坡、泰国、美国等股票市场的指数收益率变动对韩国股指收益率变动产生影响，对其股市具有均值溢出效应。具体影响如下：从变量显著性水平来看，澳大利亚股指收益率的滞后一期在 1% 的水平下显著；巴西股指收益率的滞后一期在 1% 的水平下显著；加拿大股指收益率的滞后一期在 5% 的水平下显著；智利股指收益率的滞后二期在 10% 的水平下显著；智利股指收益率的滞后二期在 5% 的水平下显著；中国沪深股指收益率的滞后一期和滞后二期分别在 5% 的水平下显著；中国香港股指收益率的滞后一期在 5% 的水平下显著；印度股指收益率的滞后二期在 10% 的水平下显著；日本股指收益率的滞后一期在 10% 的水平下显著；马来西亚股指收益率的滞后一期在 10% 的水平下显著；俄罗斯股指收益率的滞后二期在 10% 的水平下显著；新加坡股指收益率的滞后一期在 5% 的水平下显著；美国股指收益率的滞后一期在 1% 的水平下显著。从影响程度来看，澳大利亚、巴西、中国香港、马来西亚、美国对韩国的影响较明显，美国的影响最大，其次是巴西、澳大利亚。

表 6 - 11　　　　　　　　　　韩国均值方程估计结果

危机前		危机后	
韩国 （ -1 ）	- 0. 2563 *** （0. 0000）	韩国 （ -1 ）	- 0. 2392 *** （0. 0000）
巴西 （ -1 ）	0. 0816 *** （0. 0043）	韩国 （ -2 ）	- 0. 1585 *** （0. 0005）

危机前		危机后	
日本 （－1）	－0.1236 *** （0.0041）	澳大利亚 （－1）	－0.2012 *** （0.0009）
日本 （－2）	－0.0789 * （0.0769）	巴西 （－1）	0.2147 *** （0.0000）
秘鲁 （－1）	0.0533 ** （0.0361）	加拿大 （－1）	－0.0257 ** （0.0431）
秘鲁 （－2）	－0.0534 ** （0.0480）	智利 （－2）	0.0899 * （0.0850）
秘鲁 （－3）	0.0562 ** （0.0244）	中国 （－1）	－0.0685 ** （0.0385）
中国台湾 （－1）	－0.0624 * （0.0804）	中国 （－2）	－0.0815 ** （0.0126）
墨西哥 （－3）	0.1001 * （0.0925）	中国香港 （－1）	－0.1358 ** （0.0266）
美国 （－1）	0.2640 ** （0.0233）	印度 （－2）	0.0665 * （0.0837）
		日本 （－1）	－0.0744 * （0.0549）
		马来西亚 （－1）	－0.1375 * （0.0768）
		俄罗斯 （－2）	0.0521 * （0.0984）
		新加坡 （－1）	0.0731 ** （0.0478）
		泰国 （－1）	0.0581 * （0.0898）
		美国 （－1）	0.3676 *** （0.0064）

注：（1） ＊ 、＊＊ 、＊＊＊分别表示10% 、5% 、1% 的显著性水平。
　　（2） 括号内为 p 值。

（12） 马来西亚股指收益率均值方程估计结果。表 6 - 12 是马来西亚股票市场日指数收益率的均值方程估计结果。危机前，巴西、智利、中国沪深、印度、墨西哥、中国台湾、美国等股票市场的指数收益率变动对马来西亚股指收益率变动产生影响，对其股市具有均值溢出效应。具体影响如下：从变量显著性水平来看，巴西股指收益率的滞后三期在 10% 的水平下显著；智利股指收益率的滞后一期在 1% 的水平下显著；中国沪深股指收益率的滞后二期在 1% 的水平下显著；印度股指收益率的滞后一期在 10% 的水平下显著；墨西哥股指收益率的滞后一期和滞后三期分别在 5%、10% 的水平下显著；中国台湾股指收益率的滞后一期和滞后三期分别在 5% 的水平下显著；美国股指收益率的滞后一期在 5% 的水平下显著。从影响程度来看，美国的影响最明显。

危机后，巴西、印度尼西亚、秘鲁、泰国、美国等股票市场的指数收益率变动对中国沪深股指收益率变动产生影响，对其股市具有均值溢出效应。具体影响如下：从变量显著性水平来看，巴西股指收益率的滞后一期和滞后二期分别在 1%、10% 的水平下显著；印度尼西亚股指收益率的滞后三期在 10% 的水平下显著；秘鲁股指收益率的滞后一期在 1% 的水平下显著；泰国股指收益率的滞后二期在 10% 的水平下显著；美国股指收益率的滞后一期在 1% 的水平下显著。从影响程度来看，美国的影响最大。

表 6 – 12　　　　　　　　　　马来西亚均值方程估计结果

危机前		危机后	
马来西亚（ – 1）	0.0869 *** （0.0074）	马来西亚（ – 1）	– 0.1108 *** （0.0049）
马来西亚（ – 3）	0.0629 ** （0.0431）	巴西（ – 1）	0.0727 *** （0.0010）
巴西（ – 3）	– 0.0263 * （0.0830）	巴西（ – 2）	0.0396 * （0.0739）
智利（ – 1）	0.0560 *** （0.0087）	印度尼西亚（ – 3）	– 0.0367 * （0.0576）
中国（ – 2）	0.0320 *** （0.0045）	秘鲁（ – 1）	0.0483 *** （0.0022）
印度（ – 1）	0.0256 * （0.0818）	泰国（ – 2）	0.0288 * （0.0576）
墨西哥（ – 1）	0.0532 ** （0.0107）	美国（ – 1）	0.1403 ** （0.0401）

续表

	危机前	危机后
墨西哥 （ -3）	0.0372 * （0.0641）	
中国台湾 （ -1）	-0.0414 ** （0.0183）	
中国台湾 （ -3）	0.0312 ** （0.0695）	
美国 （ -1）	0.1568 ** （0.0159）	

注：（1） *、 **、 *** 分别表示 10%、5%、1% 的显著性水平。
　　（2） 括号内为 p 值。

（13） 墨西哥股指收益率均值方程估计结果。表 6 – 13 是墨西哥股票市场日指数收益率的均值方程估计结果。危机前，只有澳大利亚、智利、美国等股票市场的指数收益率变动对墨西哥股指收益率变动产生影响，对其股市具有均值溢出效应。具体影响如下：从变量显著性水平来看，澳大利亚股指收益率的滞后一期和滞后二期分别在 10% 的水平下显著；智利股指收益率的滞后二期在 10% 的水平下显著；美国股指收益率的滞后一期在 1% 的水平下显著，并且美国的影响最大。

危机后，印度尼西亚、加拿大、秘鲁、马来西亚、中国台湾、泰国、美国等股票市场的指数收益率变动对墨西哥股指收益率变动产生影响，对其股市具有均值溢出效应。具体影响如下：从变量显著性水平来看，印度尼西亚股指收益率的滞后二期在 10% 的水平下显著；加拿大股指收益率的滞后一期在 5% 的水平下显著；秘鲁股指收益率的滞后一期在 5% 的水平下显著；马来西亚股指收益率的滞后一期在 5% 的水平下显著；中国台湾股指收益率的滞后一期在 10% 的水平下显著；泰国股指收益率的滞后一期在 5% 的水平下显著；美国股指收益率的滞后一期在 1% 的水平下显著，美国的影响同样最大。

表 6 – 13　　　　　　　　　　墨西哥均值方程估计结果

危机前		危机后	
墨西哥 （ -1）	0.0543 ** （0.0125）	墨西哥 （ -2）	-0.1772 *** （0.0026）

续表

危机前		危机后	
澳大利亚（-1）	-0.0919* (0.0796)	印度尼西亚（-2）	-0.0319* (0.0641)
澳大利亚（-2）	-0.0907* (0.0881)	加拿大（-1）	-0.0151** (0.0423)
智利（-2）	0.0704* (0.0863)	秘鲁（-1）	0.0298** (0.0346)
美国（-1）	0.1328*** (0.0005)	马来西亚（-1）	-0.0857** (0.0436)
		中国台湾（-1）	0.0116* (0.0749)
		泰国（-3）	0.0911** (0.0135)
		美国（-1）	0.5532*** (0.0001)

注：（1）　*、**、***分别表示10%、5%、1%的显著性水平。
　　（2）　括号内为 p 值。

（14）新西兰股指收益率均值方程估计结果。表6-14是新西兰股票市场日指数收益率的均值方程估计结果。危机前，澳大利亚、菲律宾、巴西、美国等股票市场的指数收益率变动对新西兰股指收益率变动产生影响，对其股市具有均值溢出效应。具体影响如下：从变量显著性水平来看，澳大利亚股指收益率的滞后三期在10%的水平下显著；菲律宾股指收益率的滞后一期在10%的水平下显著；巴西股指收益率的滞后二期在5%的水平下显著；美国股指收益率的滞后一期和滞后三期分别在1%的水平下显著，且美国在滞后一期对新西兰影响最大。

危机后，巴西、加拿大、韩国、墨西哥、菲律宾、斯里兰卡、中国台湾、美国等股票市场的指数收益率变动对新西兰股指收益率变动产生影响，对其股市具有均值溢出效应。具体影响如下：从变量显著性水平来看，巴西股指收益率的滞后一期在1%的水平下显著；加拿大股指收益率的滞后三期在1%的水平下显著；韩国股指收益率的滞后一期和滞后二期分别在10%的水平下显著；墨西哥股指收益率的滞后二期在5%的水平下显著；菲律宾股指收益率的滞后一期在10%的水平下显著；斯里兰卡股指收益率的滞后一期、滞后二期和滞后三期分别在5%、5%、1%的水平下显著；中国台湾股指收益率的滞后二期在 1% 的水平下显著；美国股指收益率的滞后一期在 1% 的水平下显著，且影响程度最大。

表 6 – 14　　　　　　　　　　新西兰均值方程估计结果

危机前		危机后	
新西兰（-2）	0.0543 * (0.0667)	新西兰（-2）	-0.0728 * (0.0745)
澳大利亚（-3）	-0.0669 * (0.0938)	巴西（-1）	0.1249 *** (0.0010)
菲律宾（-1）	0.0460 * (0.0838)	加拿大（-3）	0.1470 *** (0.0069)
巴西（-2）	0.0524 ** (0.0356)	韩国（-1）	-0.0599 * (0.0805)
美国（-1）	0.5551 *** (0.0000)	韩国（-2）	-0.0646 * (0.0575)
美国（-3）	0.2761 *** (0.0087)	墨西哥（-2）	-0.1113 ** (0.0175)
		菲律宾（-1）	0.0711 * (0.0817)
		斯里兰卡（-1）	0.0618 ** (0.0315)
		斯里兰卡（-2）	-0.0641 ** (0.0264)
		斯里兰卡（-3）	0.0799 *** (0.0055)
		中国台湾（-2）	0.1109 *** (0.0096)
		美国（-1）	0.7593 *** (0.0000)

注：（1）*、**、*** 分别表示 10%、5%、1% 的显著性水平。
　　（2）括号内为 p 值。

（15）秘鲁股指收益率均值方程估计结果。表 6 – 15 是秘鲁股票市场日指数收益率的均值方程估计结果。危机前，加拿大、韩国、新加坡、印度、美国等股票市场的指数收益率变动对秘鲁股指收益率变动产生影响，对其股市具有均值溢出效应。具体影响如下：从变量显著性水平来看，加拿大股指收益率的滞后一期在 1% 的水平下显著；韩国股指收益率的滞后二期在 5% 的水平下显著；新加坡股指收益率的滞后三期在 1% 的水平下显著；印度股指收益率的滞后二期在 5% 的水平下显著；美国股指收益率的滞后一期在 1% 的水平下显著。这几个国家对秘鲁的影响都很明显，但美国的影响最大。

危机前，巴西、加拿大、中国台湾、马来西亚、印度、印度尼西亚、斯里兰卡、美国等股票市场的指数收益率变动对秘鲁股指收益率变动产生影响，对其股市具有均值溢出效应。具体影响如下：从变量显著性水平来看，巴西股指收益率的滞后一期在 10% 的水平下显著；加拿大股指收益率的滞后三期在 10% 的水平下显著；中国台湾股指收益率的滞后二期在 10% 的水平下显著；马来西亚股指收益率的滞后一期在 5% 的水平下显著；印度股指收益率的滞后一期在 5% 的水平下显著；印度尼西亚股指收益率的滞后一期在 5% 的水平下显著；斯里兰卡股指收益率的滞后一期在 10% 的水平下显著；美国股指收益率的滞后三期在 10% 的水平下显著。

表 6 – 15　　　　　　　　　　　秘鲁均值方程估计结果

危机前		危机后	
秘鲁（-2）	-0.0323* (0.0542)	秘鲁（-2）	-0.1112** (0.0210)
加拿大（-1）	0.2305*** (0.0002)	巴西（-1）	0.1106* (0.0680)
韩国（-2）	0.1025** (0.0302)	加拿大（-3）	0.1633* (0.0572)
新加坡（-3）	0.1761*** (0.0068)	中国台湾（-2）	0.1204* (0.0580)
印度（-2）	0.1107** (0.0193)	马来西亚（-1）	-0.1868** (0.0445)
美国（-1）	0.5471*** (0.0002)	印度（-1）	0.0853** (0.0236)
		印度尼西亚（-1）	0.0925** (0.0430)
		斯里兰卡（-1）	0.0189* (0.0864)
		美国（-3）	-0.2855* (0.0876)

注：（1）*、**、***分别表示 10%、5%、1% 的显著性水平。
（2）括号内为 p 值。

（16）菲律宾股指收益率均值方程估计结果。表6-16是菲律宾股票市场日指数收益率的均值方程估计结果。危机前，印度、印度尼西亚、墨西哥、中国台湾、美国等股票市场的指数收益率变动对菲律宾股指收益率变动产生影响，对其股市具有均值溢出效应。具体影响如下：从变量显著性水平来看，印度股指收益率的滞后二期在5%的水平下显著；印度尼西亚股指收益率的滞后一期在1%的水平下显著；墨西哥股指收益率的滞后一期和滞后二期分别在1%、10%的水平下显著；中国台湾股指收益率的滞后一期在5%的水平下显著；美国股指收益率的滞后一期在1%的水平下显著，美国对菲律宾的影响最明显。

危机后，巴西、日本、新西兰、秘鲁、加拿大、墨西哥、俄罗斯、新加坡、美国等股票市场的指数收益率变动对菲律宾股指收益率变动产生影响，对其股市具有均值溢出效应。具体影响如下：从变量显著性水平来看，巴西股指收益率的滞后一期在5%的水平下显著；日本股指收益率的滞后一期在5%的水平下显著；新西兰股指收益率的滞后一期在1%的水平下显著；秘鲁股指收益率的滞后一期在5%的水平下显著；加拿大股指收益率的滞后二期在10%的水平下显著；墨西哥股指收益率的滞后三期在10%的水平下显著；俄罗斯股指收益率的滞后一期在5%的水平下显著；新加坡股指收益率的滞后一期在10%的水平下显著；巴西股指收益率的滞后一期在1%的水平下显著，美国对菲律宾的影响最大，其次是新西兰。

表6-16　　　　　　　　　菲律宾均值方程估计结果

危机前		危机后	
菲律宾（-1）	-0.0828 ** (0.0366)	菲律宾（-2）	-0.1358 *** (0.0002)
印度（-2）	0.0523 ** (0.0479)	巴西（-1）	0.0802 ** (0.0115)
印度尼西亚（-1）	0.0646 *** (0.0065)	日本（-1）	-0.0814 ** (0.0186)
墨西哥（-1）	0.1978 *** (0.0000)	新西兰（-1）	0.1120 *** (0.0008)
墨西哥（-2）	0.0666 * (0.0879)	秘鲁（-1）	0.0565 ** (0.0177)
中国台湾（-1）	-0.0724 ** (0.0241)	加拿大（-2）	-0.0632 * (0.0542)

危机前		危机后	
美国（-1）	0.3517 *** （0.0017）	墨西哥（-3）	0.0646 * （0.0923）
		俄罗斯（-1）	0.0536 ** （0.0493）
		新加坡（-1）	0.0351 * （0.0528）
		美国（-1）	0.3572 *** （0.0000）

注：（1）＊、＊＊、＊＊＊分别表示10%、5%、1%的显著性水平。
（2）括号内为 p 值。

（17）俄罗斯股指收益率均值方程估计结果。表6-17是俄罗斯股票市场日指数收益率的均值方程估计结果。危机前，巴西、加拿大、哥伦比亚、美国等股票市场的指数收益率变动对俄罗斯股指收益率变动产生影响，对其股市具有均值溢出效应。具体影响如下：从变量显著性水平来看，巴西股指收益率的滞后一期在1%的水平下显著；加拿大股指收益率的滞后一期在1%的水平下显著；哥伦比亚股指收益率的滞后二期在5%的水平下显著；美国股指收益率的滞后一期和滞后二期分别在1%、10%的水平下显著。巴西、加拿大、哥伦比亚、美国对俄罗斯的影响都很明显，美国在滞后一期对俄罗斯的影响最大。

危机后，巴西、秘鲁、菲律宾、中国台湾、韩国、墨西哥、中国沪深、印度、印度尼西亚、美国等股票市场的指数收益率变动对俄罗斯股指收益率变动产生影响，对其股市具有均值溢出效应。具体影响如下：从变量显著性水平来看，巴西股指收益率的滞后一期和滞后二期分别在1%、10%的水平下显著；秘鲁股指收益率的滞后一期在10%的水平下显著；菲律宾股指收益率的滞后二期在10%的水平下显著；中国台湾股指收益率的滞后二期在10%的水平下显著；韩国股指收益率的滞后二期和滞后三期分别在5%的水平下显著；墨西哥股指收益率的滞后二期在5%的水平下显著；中国沪深股指收益率的滞后一期在10%的水平下显著；印度股指收益率的滞后二期在5%的水平下显著；印度尼西亚股指收益率的滞后一期在10%的水平下显著；美国股指收益率的滞后一期和滞后二期分别在1%、5%的水平下显著。美国滞后一期对俄罗斯的影响最大。

表 6 – 17 俄罗斯均值方程估计结果

危机前		危机后	
俄罗斯 （ - 1）	- 0. 0698 ** （0. 0394）	俄罗斯 （ - 1）	- 0. 0409 ** （0. 0458）
巴西 （ - 1）	0. 1166 *** （0. 0009）	巴西 （ - 1）	0. 2654 *** （0. 0000）
加拿大 （ - 1）	0. 2456 *** （0. 0000）	巴西 （ - 2）	0. 1196 * （0. 0552）
哥伦比亚 （ - 2）	0. 1079 ** （0. 0387）	秘鲁 （ - 1）	0. 0141 * （0. 0652）
美国 （ - 1）	0. 5122 *** （0. 0004）	菲律宾 （ - 2）	- 0. 0945 * （0. 0542）
美国 （ - 2）	0. 2806 * （0. 0694）	中国台湾 （ - 2）	0. 1314 * （0. 0825）
		韩国 （ - 2）	- 0. 1283 ** （0. 0340）
		韩国 （ - 3）	- 0. 1227 ** （0. 0312）
		墨西哥 （ - 2）	- 0. 1611 ** （0. 0438）
		中国 （ - 1）	- 0. 0494 * （0. 0549）
		印度 （ - 2）	0. 1079 ** （0. 0387）
		印度尼西亚 （ - 1）	0. 0250 * （0. 0537）
		美国 （ - 1）	0. 7597 *** （0. 0000）
		美国 （ - 2）	0. 4689 ** （0. 0118）

注：（1） * 、** 、*** 分别表示 10% 、5% 、1% 的显著性水平。
　　（2） 括号内为 p 值。

（18） 新加坡股指收益率均值方程估计结果。表 6 – 18 是新加坡股票市场日指数收益率的均值方程估计结果。危机前，加拿大、印度、日本、墨西哥、秘鲁、中国台湾、美国等股票市场的指数收益率变动对新加坡股指收益率变动产生影响，对其股市具有均值溢出效应。具体影响如下：从变量显著性水平来看，加拿大股指收益率的滞后一期在 10% 的水平下显著；印度股指收益率的滞后三期在 5% 的水平下显著；日本股指收益率的滞后一期在 5% 的水平下显著；墨西哥股指收益率的滞后一期在 5% 的水平下显著；秘鲁股指收益率的滞后三期在 1% 的水平下显著；中国台湾股指收益率的滞后一期和滞后三期在 1% 的水平下显著；美国股指收益率的滞后一期在 1% 的水平下显著。美国的影响程度最大。

危机后，澳大利亚、巴西、中国、印度尼西亚、马来西亚、墨西哥、斯里兰卡、秘鲁、智利、泰国、美国等股票市场的指数收益率变动对新加坡股指收益率变动产生影响，对其股市具有均值溢出效应。具体影响如下：从变量显著性水平来看，澳大利亚股指收益率的滞后一期在 10% 的水平下显著；巴西股指收益率的滞后一期在 1% 的水平下显著；中国股指收益率的滞后一期和滞后二期分别在 5%、10% 的水平下显著；印度尼西亚股指收益率的滞后三期在 10% 的水平下显著；马来西亚股指收益率的滞后一期在 1% 的水平下显著；墨西哥股指收益率的滞后一期在 5% 的水平下显著；斯里兰卡股指收益率的滞后一期在 10% 的水平下显著；秘鲁股指收益率的滞后三期在 1% 的水平下显著；智利股指收益率的滞后二期在 10% 的水平下显著；泰国股指收益率的滞后二期在 5% 的水平下显著；美国股指收益率的滞后一期和滞后二期分别在 1% 的水平下显著。美国滞后一期对新加坡的影响最大。

表 6 – 18　　　　　　　　　　新加坡均值方程估计结果

危机前		危机后	
新加坡（-1）	-0.0998 ** (0.0183)	新加坡（-1）	-0.0689 ** (0.0463)
加拿大（-1）	0.0607 * (0.0625)	澳大利亚（-1）	-0.0813 * (0.0712)
印度（-3）	-0.0454 ** (0.0179)	巴西（-1）	0.1458 *** (0.0000)
日本（-1）	-0.0658 ** (0.0278)	中国（-1）	-0.0542 ** (0.0291)
墨西哥（-1）	0.0562 ** (0.0243)	中国（-2）	-0.0469 * (0.0634)

危机前		危机后	
秘鲁（-3）	0.0505*** (0.0042)	印度尼西亚（-3）	-0.0536* (0.0648)
中国台湾（-1）	-0.0978*** (0.0000)	马来西亚（-1）	-0.1578*** (0.0080)
中国台湾（-3）	0.0697*** (0.0024)	墨西哥（-1）	0.0662** (0.0153)
美国（-1）	0.4933*** (0.0000)	斯里兰卡（-1）	0.0325* (0.0853)
美国（-2）	0.2050** (0.0188)	秘鲁（-3）	0.0505*** (0.0042)
		智利（-2）	0.0483* (0.0717)
		泰国（-2）	0.0479** (0.0254)
		美国（-1）	0.5550*** (0.0000)
		美国（-2）	0.3369*** (0.0017)

注：（1）*、**、***分别表示10%、5%、1%的显著性水平。
（2）括号内为p值。

（19）斯里兰卡股指收益率均值方程估计结果。表6-19是斯里兰卡股票市场日指数收益率的均值方程估计结果。危机前，只有菲律宾、美国等股票市场的指数收益率变动对斯里兰卡股指收益率变动产生影响，对其股市具有均值溢出效应。具体影响如下：从变量显著性水平来看，菲律宾股指收益率的滞后二期在1%的水平下显著；美国股指收益率的滞后二期在10%的水平下显著。

危机后，中国台湾、印度尼西亚、印度等股票市场的指数收益率变动对斯里兰卡股指收益率变动产生影响，对其股市具有均值溢出效应。具体影响如下：从变量显著性水平来看，中国台湾股指收益率的滞后一期和滞后三期分别在5%、10%的水平下显著；印度尼西亚股指收益率的滞后一期在5%的水平下显著；印度股指收益率的滞后三期在5%的水平下显著。

表 6 - 19　　　　　　　　斯里兰卡均值方程估计结果

危机前		危机后	
斯里兰卡（-1）	0.1301 *** (0.0000)	斯里兰卡（-1）	0.1565 *** (0.0000)
斯里兰卡（-3）	0.0454 * (0.0784)	中国台湾（-1）	0.0667 ** (0.0281)
菲律宾（-2）	-0.0276 * (0.0700)	中国台湾（-3）	0.0550 * (0.0665)
美国（-2）	-0.1199 * (0.0762)	印度尼西亚（-1）	0.0408 ** (0.0384)
		印度（-3）	-0.0478 ** (0.0258)

注：（1）*、**、*** 分别表示10%、5%、1%的显著性水平。
　　（2）括号内为 p 值。

（20）中国台湾股指收益率均值方程估计结果。表 6 - 20 是中国台湾股票市场日指数收益率的均值方程估计结果。危机前，印度、墨西哥、日本、中国沪深、巴西、美国等股票市场的指数收益率变动对中国台湾股指收益率变动产生影响，对其股市具有均值溢出效应。具体影响如下：从变量显著性水平来看，印度股指收益率的滞后一期在5%的水平下显著；墨西哥股指收益率的滞后一期和滞后三期分别在1%、5%的水平下显著；日本股指收益率的滞后一期在10%的水平下显著；中国沪深股指收益率的滞后一期在10%的水平下显著；巴西股指收益率的滞后二期在10%的水平下显著；美国股指收益率的滞后一期和滞后二期分别在5%、10%的水平下显著。美国对中国台湾的影响最为显著。

危机后，巴西、中国沪深、中国香港、日本、韩国、马来西亚、俄罗斯、新加坡、美国等股票市场的指数收益率变动对中国台湾股指收益率变动产生影响，对其股市具有均值溢出效应。具体影响如下：从变量显著性水平来看，巴西股指收益率的滞后一期在1%的水平下显著；中国沪深股指收益率的滞后一期和滞后二期分别在5%、1%的水平下显著；中国香港股指收益率的滞后一期在1%的水平下显著；日本股指收益率的滞后一期在1%的水平下显著；韩国股指收益率的滞后一期和滞后二期分别在1%、5%的水平下显著；马来西亚股指收益率的滞后一期、滞后二期和滞后三期分别在1%的水平下显著；智利股指收益率的滞后二期在10%的水平下显著；泰国股指收益率的滞后二期在 5% 的水平下显著；美国股指收益率的滞后一期和滞后二期分别在 1% 的水平下显著。

表 6 – 20   中国台湾均值方程估计结果

危机前		危机后	
中国台湾（－1）	－0.0811** (0.0274)	中国台湾（－1）	－0.0719* (0.0840)
印度（－1）	0.0579** (0.0209)	巴西（－1）	0.1332*** (0.0002)
墨西哥（－1）	0.0963*** (0.0082)	中国（－1）	－0.0484** (0.0477)
墨西哥（－3）	0.0822** (0.0275)	中国（－2）	－0.0793*** (0.0022)
日本（－1）	－0.0679* (0.0789)	中国香港（－1）	－0.0967** (0.0466)
中国（－1）	－0.0305* (0.0815)	日本（－1）	－0.1035*** (0.0074)
巴西（－2）	0.0403* (0.0828)	韩国（－1）	－0.0913*** (0.0039)
美国（－1）	0.2575** (0.0203)	韩国（－2）	－0.0645** (0.0436)
美国（－2）	0.2355* (0.0500)	马来西亚（－1）	－0.1773*** (0.0024)
		马来西亚（－2）	－0.1722*** (0.0041)
		马来西亚（－3）	－0.1684*** (0.0053)
		俄罗斯（－2）	0.0591** (0.0177)
		俄罗斯（－3）	0.0388* (0.0967)
		新加坡（－1）	0.1469*** (0.0058)
		美国（－1）	0.1035*** (0.0005)

注：（1）＊、＊＊、＊＊＊分别表示 10%、5%、1% 的显著性水平。
（2）括号内为 p 值。

（21）泰国股指收益率均值方程估计结果。表 6 - 21 是泰国股票市场日指数收益率的均值方程估计结果。危机前，智利、日本、马来西亚、新西兰、新加坡、美国等股票市场的指数收益率变动对泰国股指收益率变动产生影响，对其股市具有均值溢出效应。具体影响如下：从变量显著性水平来看，智利股指收益率的滞后一期在 5% 的水平下显著；日本股指收益率的滞后二期和滞后三期分别在 1% 、5% 的水平下显著；马来西亚股指收益率的滞后一期和滞后三期分别在 5% 的水平下显著；新西兰股指收益率的滞后二期在 5% 的水平下显著；新加坡股指收益率的滞后一期在 1% 的水平下显著；美国股指收益率的滞后一期在 1% 的水平下显著，美国的影响最大。

危机后，巴西、中国香港、印度尼西亚、秘鲁、美国等股票市场的指数收益率变动对泰国股指收益率变动产生影响，对其股市具有均值溢出效应。具体影响如下：从变量显著性水平来看，巴西股指收益率的滞后一期和滞后二期分别在 1% 、5% 的水平下显著；中国香港股指收益率的滞后三期在 1% 的水平下显著；印度尼西亚股指收益率的滞后一期在 5% 的水平下显著；马来西亚股指收益率的滞后三期在 10% 的水平下显著；秘鲁股指收益率的滞后一期在 5% 的水平下显著；美国股指收益率的滞后一期、滞后二期和滞后三期分别在 5% 、1% 、5% 的水平下显著。巴西、中国香港、马来西亚对泰国的影响都很明显，但只有美国的影响最大。

表 6 - 21　　　　　　　　　　　泰国均值方程估计结果

危机前		危机后	
泰国（-1）	0.0222 * （0.0531）	泰国（-1）	- 0.0714 * （0.0691）
智利（-1）	0.0866 ** （0.0261）	巴西（-1）	0.1406 *** （0.0008）
日本（-2）	- 0.1303 *** （0.0030）	巴西（-2）	0.0858 ** （0.0424）
日本（-3）	- 0.0918 ** （0.0281）	中国香港（-3）	0.1515 *** （0.0092）
马来西亚（-1）	- 0.0909 ** （0.0458）	印度尼西亚（-1）	- 0.0741 ** （0.0482）
马来西亚（-3）	0.0982 ** （0.0359）	马来西亚（-3）	- 0.1267 * （0.0846）

危机前		危机后	
新西兰 （-2）	0.0919 ** (0.0263)	秘鲁 （-1）	0.0743 ** (0.0344)
新加坡 （-1）	-0.1426 *** (0.0075)	美国 （-1）	0.2932 ** (0.0197)
美国 （-1）	0.2635 *** (0.0012)	美国 （-2）	0.3384 *** (0.0063)
		美国 （-3）	0.2849 ** (0.0274)

注：（1） *、**、*** 分别表示 10%、5%、1% 的显著性水平。
　　（2） 括号内为 p 值。

（22） 美国股指收益率均值方程估计结果。表 6 - 22 是美国股票市场日指数收益率的均值方程估计结果。危机前，澳大利亚、智利、马来西亚、日本、秘鲁、新加坡、巴西等股票市场的指数收益率变动对美国股指收益率变动产生影响，对其股市具有均值溢出效应。具体影响如下：从变量显著性水平来看，澳大利亚股指收益率的滞后三期在 10% 的水平下显著；智利股指收益率的滞后一期在 5% 的水平下显著；马来西亚股指收益率的滞后一期在 5% 的水平下显著；日本股指收益率的滞后二期在 10% 的水平下显著；巴西股指收益率的滞后二期在 1% 的水平下显著；秘鲁股指收益率的滞后一期在 10% 的水平下显著；新加坡股指收益率的滞后二期在 10% 的水平下显著；巴西股指收益率的滞后三期在 10% 的水平下显著。

危机后，加拿大、巴西、韩国、墨西哥、中国台湾、泰国、马来西亚、秘鲁、斯里兰卡、俄罗斯等股票市场的指数收益率变动对美国股指收益率变动产生影响，对其股市具有均值溢出效应。具体影响如下：从变量显著性水平来看，加拿大股指收益率的滞后一期在 5% 的水平下显著；巴西股指收益率的滞后二期在 10% 的水平下显著；韩国股指收益率的滞后二期在 10% 的水平下显著；墨西哥股指收益率的滞后二期在 5% 的水平下显著；中国台湾股指收益率的滞后二期在 5% 的水平下显著；泰国股指收益率的滞后三期在 10% 的水平下显著；马来西亚股指收益率的滞后二期在 10% 的水平下显著；秘鲁股指收益率的滞后一期在 10% 的水平下显著；斯里兰卡股指收益率的滞后二期在 10% 的水平下显著；俄罗斯股指收益率的滞后一期在 10% 的水平下显著。

表 6 – 22 美国均值方程估计结果

危机前		危机后	
美国 （-1）	-0.2300 *** (0.0024)	美国 （-1）	-0.0730 ** (0.0463)
美国 （-2）	-0.1655 ** (0.0386)	美国 （-2）	0.0215 ** (0.0185)
澳大利亚 （-3）	-0.0505 * (0.0926)	加拿大 （-1）	-0.1022 ** (0.0259)
智利 （-1）	0.0224 ** (0.0367)	巴西 （-2）	0.0584 * (0.0596)
马来西亚 （-2）	-0.0695 ** (0.0157)	韩国 （-2）	-0.0877 * (0.0032)
日本 （-2）	-0.0422 * (0.0927)	墨西哥 （-2）	-0.0928 ** (0.0158)
秘鲁 （-1）	-0.0220 * (0.0649)	中国台湾 （-2）	0.0717 ** (0.0320)
新加坡 （-2）	-0.0521 * (0.0531)	泰国 （-3）	0.0512 * (0.0524)
巴西 （-3）	-0.0305 * (0.0667)	马来西亚 （-2）	-0.0493 * (0.0632)
		秘鲁 （-1）	0.0043 * (0.0851)
		斯里兰卡 （-2）	0.0104 * (0.0752)
		俄罗斯 （-1）	0.0120 * (0.0582)

注：（1）*、**、*** 分别表示 10%、5%、1% 的显著性水平。
（2）括号内为 p 值。

2. 亚太股市间双向溢出效应分析

此次由美国引发的金融危机迅速波及全球，各国（地区）股市遭受到严重的冲击，亚太地区的股市尤为明显。金融危机引发的多米诺骨牌效应迅速地在各国（地区）股票市场传播开来，使得股票市场之间的影响格局发生明显的改变。

危机前对他国（地区）有影响的国家（地区）在危机后消失，而在危机前对他国（地区）没有影响的国家（地区）在危机后影响开始显现。

在前文对亚太股市收益率的溢出效应情况分析中（表6-1~表6-22）可以非常清晰地看到这种变化。以加拿大为例，危机前，澳大利亚、日本、新加坡分别在不同滞后期对加拿大产生影响，但危机后这种影响消失。反而，中国沪深、印度、韩国（双向）、马来西亚、秘鲁（双向）、中国台湾、泰国等对加拿大产生影响，可见，危机的发生，使对加拿大产生影响的格局完全发生改变。此外，除了哥伦比亚、印度、印度尼西亚和马来西亚，较危机前相比，危机后，各国（地区）受到其他国家（地区）影响的明显增加。表6-23清晰地反映了这种变化。仅从危机前后国家（地区）数量的变动来看，中国香港深受其他亚太各国（地区）的影响，其次是日本、韩国、新加坡、澳大利亚、美国等。斯里兰卡受到外面的影响较小，进一步印证了其自身股票市场与国际股票市场间的严重分割性。

表6-23　　危机前后对别国（地区）有影响的国家（地区）数量变化情况

国家（地区）	危机前	危机后
澳大利亚	9	10
巴西	3	8
加拿大	5	9
智利	4	8
中国	2	5
哥伦比亚	8	7
中国香港	7	15
印度	9	7
印度尼西亚	7	6
日本	8	13
韩国	6	13
马来西亚	7	5
墨西哥	3	7
新西兰	4	8
秘鲁	5	8
菲律宾	5	9

国家（地区）	危机前	危机后
俄罗斯	5	10
新加坡	7	11
斯里兰卡	2	3
中国台湾	6	9
泰国	6	6
美国	7	10

此外，全球金融危机的发生也使得亚太股指收益率之间的双向溢出效应有了很大的改变。其实，在前文的分析中已经对股市间的双向溢出效应进行了分析，为了更直观的了解各国（地区）双向溢出效应的变化情况，我们将以表的形式展现出来，表6-24描述的就是危机前后亚太股市间双向溢出效应的变动情况。从中可以看出危机前后的双向溢出效应情况发生明显的变化。仅以巴西为例，危机前，巴西与加拿大和美国之间存在着双向的均值溢出效应，危机后，巴西分别与哥伦比亚、韩国、马来西亚、秘鲁、中国台湾、泰国、美国之间存在着双向均值溢出效应。值得注意的是，危机前，中国沪深、中国香港、中国台湾、新西兰都不与其他股票市场存在双向均值溢出效应，危机后，情况有所改变。新加坡在危机前分别与加拿大、日本、秘鲁、美国间存在着双向均值溢出效应，危机后，这种关系消失。

表6-24　　　　　　危机前后各国（地区）双向溢出效应情况表

国家（地区）	危机前	危机后
澳大利亚	加拿大、印度、墨西哥、美国	智利、印度、韩国
巴西	加拿大、美国	哥伦比亚、韩国、马来西亚、秘鲁、中国台湾、泰国、美国
加拿大	澳大利亚、巴西、新加坡	韩国、秘鲁、美国
智利	马来西亚、美国	澳大利亚、韩国
中国		俄罗斯、日本
哥伦比亚	印度、印度尼西亚	巴西

国家（地区）	危机前	危机后
中国香港		印度、印度尼西亚、日本、泰国
印度	澳大利亚、哥伦比亚、美国、菲律宾	澳大利亚、中国香港、印度尼西亚、秘鲁
印度尼西亚	哥伦比亚	中国香港、印度、马来西亚、秘鲁
日本	新加坡、泰国	中国沪深、中国香港、菲律宾
韩国	秘鲁	澳大利亚、加拿大、智利、俄罗斯、美国、巴西
马来西亚	智利、美国	巴西、印度尼西亚、秘鲁、泰国、美国
墨西哥	澳大利亚	美国
新西兰		菲律宾
秘鲁	韩国、新加坡、美国	巴西、加拿大、印度、印度尼西亚、马来西亚、美国
菲律宾	印度	日本、新西兰、俄罗斯
俄罗斯		中国沪深、韩国、菲律宾、中国台湾、美国
新加坡	加拿大、日本、秘鲁、美国	
斯里兰卡		
中国台湾		巴西、俄罗斯、美国
泰国	日本	巴西、马来西亚、美国
美国	巴西、澳大利亚、智利、马来西亚、秘鲁、新加坡	加拿大、韩国、马来西亚、墨西哥、秘鲁、中国台湾、泰国

6.3.2　GARCH(1，1) – BEKK 波动溢出效应分析

此部分将采用 BEKK – GARCH(1，1) 模型分析亚太股市收益率之间的波动溢出效应情况，假定残差向量服从多元学生 t 分布。考虑到估计结果占有过多的篇幅，因此，在对亚太股市收益率之间波动溢出效应进行分析时，只将有显著影响的罗列出来，不具有显著性的剔除掉。使用 Stata 12.0 统计软件迭代 163 次得到参数的估计结果，如图 6 – 25 所示。该表详

细的描述了亚太股市在危机前后收益率的波动溢出情况。参数矩阵 A、B 的对角元素的值在危机前和危机后都显著异于 0，这说明各个股票市场的波动均受到自身以往波动的影响。因此，从单个市场来看，具有波动聚集特性。随着时间的推移，亚太股市收益率间的条件方差和条件协方差都显现出集聚的特性，而且，条件方差和条件协方差也呈现出动态变动，特别是在 2008 年全球金融危机发生后，方差和协方差的波动很剧烈，非常明显，说明全球金融危机的确给亚太股市造成很大的影响。图 6-1 清晰的描绘了亚太 22 个国家（地区）股市收益率条件方差在样本整个期间的波动情况，图 6-2 分别描绘了亚太 22 个股票市场相互之间在整个样本期间的协方差波动情形。这可以使我们从直观上清晰地了解全球金融危机给亚太各国（地区）彼此间造成的影响。

我们采用 Wald 法对亚太股市波动溢出效应进行检验。假设检验一：$a_{i,j} = b_{i,j} = 0$ 表示 i 国（地区）股票市场对 j 国（地区）股票市场不存在单向的波动溢出效应；假设检验二：$a_{j,i} = b_{j,i} = 0$ 表示 j 国（地区）股票市场对 i 国（地区）股票市场不存在单向的波动溢出效应；假设检验三：$a_{i,j} = b_{i,j} = a_{j,i} = b_{j,i} = 0$ 表示 i 国（地区）股票市场和 i 国（地区）股票市场之间不存在双向的波动溢出效应。

检验结果如下：

危机前：接受 $a_{2,6} = b_{2,6} = a_{6,2} = b_{6,2} = 0$，$a_{6,2} = b_{6,2} = 0$ 的原假设，拒绝 $a_{2,6} = b_{2,6} = 0$ 的原假设，说明巴西股票市场对中国香港股票市场有着单向的波动溢出效应；接受 $a_{5,20} = b_{5,20} = a_{20,5} = b_{20,5} = 0$，$a_{20,5} = b_{20,5} = 0$ 原假设，拒绝 $a_{5,20} = b_{5,20} = 0$ 原假设，说明中国大陆对中国台湾有着单向的波动溢出效应；接受 $a_{6,8} = b_{6,8} = a_{8,6} = b_{8,6} = 0$，$a_{8,6} = b_{8,6} = 0$ 原假设，拒绝 $a_{6,8} = b_{6,8} = 0$ 原假设，说明哥伦比亚对印度有着单向的波动溢出效应；接受 $a_{7,12} = b_{7,12} = a_{12,7} = b_{12,7} = 0$，$a_{12,7} = b_{12,7} = 0$ 原假设，拒绝 $a_{7,12} = b_{7,12} = 0$ 原假设，说明中国香港对马来西亚有着单向的波动溢出效应；接受 $a_{10,18} = b_{10,18} = a_{18,10} = b_{18,10} = 0$，$a_{18,10} = b_{18,10} = 0$ 原假设，拒绝 $a_{10,18} = b_{10,18} = 0$ 原假设，说明日本对中国香港有着单向的波动溢出效应；接受 $a_{11,20} = b_{11,20} = a_{20,11} = b_{20,11} = 0$，$a_{20,11} = b_{20,11} = 0$ 原假设，拒绝 $a_{11,20} = b_{11,20} = 0$ 原假设，说明韩国对中国台湾有着单向的波动溢出效应；接受 $a_{12,18} = b_{12,18} = a_{18,12} = b_{18,12} = 0$，$a_{18,12} = b_{18,12} = 0$ 原假设，拒绝 $a_{12,18} = b_{12,18} = 0$，说明马来西亚对新加坡有着单向的波动溢出效应；接受 $a_{22,3} = b_{22,3} = a_{3,22} = b_{3,22} = 0$，$a_{3,22} = b_{3,22} = 0$ 原假设，拒绝 $a_{22,3} = b_{22,3} = 0$ 原假设，说明美国对加拿大有着单向

的波动溢出效应；接受 $a_{22,18} = b_{22,18} = a_{18,22} = b_{18,22} = 0$，$a_{18,22} = b_{18,22} = 0$，拒绝 $a_{22,18} = b_{22,18} = 0$ 原假设，说明美国对新加坡有着单向的波动溢出效应；接受 $a_{22,20} = b_{22,20} = a_{20,22} = b_{20,22} = 0$，$a_{20,22} = b_{20,22} = 0$ 原假设，拒绝 $a_{22,20} = b_{22,20} = 0$，说明美国对中国台湾有着单向的波动溢出效应。

危机后，接受 $a_{1,11} = b_{1,11} = a_{11,1} = b_{11,1} = 0$，$a_{11,1} = b_{11,1} = 0$ 的原假设，拒绝 $a_{1,11} = b_{1,11} = 0$ 原假设，说明澳大利亚对韩国有着单向的波动溢出效应；拒绝 $a_{1,14} = b_{1,14} = a_{14,1} = b_{14,1} = 0$ 原假设，说明澳大利亚与新西兰之间有着双向的波动溢出效应；拒绝 $a_{1,22} = b_{1,22} = a_{22,1} = b_{22,1} = 0$ 原假设，说明澳大利亚与美国之间存在着双向波动溢出效应；接受 $a_{3,12} = b_{3,12} = a_{12,3} = b_{12,3} = 0$，$a_{12,3} = b_{12,3} = 0$，拒绝 $a_{3,12} = b_{3,12} = 0$ 原假设，说明加拿大对马来西亚有着单向的波动溢出效应；接受 $a_{3,13} = b_{3,13} = a_{13,3} = b_{13,3} = 0$，$a_{13,3} = b_{13,3} = 0$ 原假设，拒绝 $a_{3,13} = b_{3,13} = 0$ 原假设，说明加拿大对墨西哥有着单向的波动溢出效应；接受 $a_{3,18} = b_{3,18} = a_{18,3} = b_{18,3} = 0$，$a_{18,3} = b_{18,3} = 0$ 原假设，拒绝 $a_{3,18} = b_{3,18} = 0$ 原假设，说明加拿大对新加坡有着单向的波动溢出效应；拒绝 $a_{3,22} = b_{3,22} = a_{22,3} = b_{22,3} = 0$ 原假设，说明加拿大与美国之间存在双向波动溢出效应；拒绝 $a_{7,12} = b_{7,12} = a_{12,7} = b_{12,7} = 0$ 原假设，说明中国香港和马来西亚之间存在双向波动溢出效应。接受 $a_{7,18} = b_{7,18} = a_{18,7} = b_{18,7} = 0$，$a_{18,7} = b_{18,7} = 0$ 原假设，拒绝 $a_{7,18} = b_{7,18} = 0$ 原假设，说明中国香港对新加坡有着单向的波动溢出效应；接受 $a_{8,9} = b_{8,9} = a_{9,8} = b_{9,8} = 0$，$a_{9,8} = b_{9,8} = 0$，拒绝 $a_{8,9} = b_{8,9} = 0$ 原假设，说明印度对印度尼西亚有着单向的波动溢出效应；接受 $a_{11,7} = b_{11,7} = a_{7,11} = b_{7,11} = 0$，$a_{7,11} = b_{7,11} = 0$，拒绝 $a_{11,7} = b_{11,7} = 0$ 原假设，说明韩国对中国香港有着单向的波动溢出效应；接受 $a_{12,20} = b_{12,20} = a_{20,12} = b_{20,12} = 0$，$a_{20,12} = b_{20,12} = 0$ 原假设，拒绝 $a_{12,20} = b_{12,20} = 0$ 原假设，说明马来西亚对中国台湾有着单向的波动溢出效应；接受 $a_{13,6} = b_{13,6} = a_{6,13} = b_{6,13} = 0$，$a_{6,13} = b_{6,13} = 0$ 原假设，拒绝 $a_{13,6} = b_{13,6} = 0$，说明墨西哥对哥伦比亚有着单向的波动溢出效应；接受 $a_{22,2} = b_{22,2} = a_{2,22} = b_{2,22} = 0$，$a_{2,22} = b_{2,22} = 0$ 原假设，拒绝 $a_{22,2} = b_{22,2} = 0$ 原假设，说明美国对巴西有着单向的波动溢出效应；接受 $a_{22,4} = b_{22,4} = a_{4,22} = b_{4,22} = 0$，$a_{4,22} = b_{4,22} = 0$，拒绝 $a_{22,4} = b_{22,4} = 0$ 原假设，说明美国对智利有着单向的波动溢出效应；接受 $a_{22,5} = b_{22,5} = a_{5,22} = b_{5,22} = 0$，$a_{5,22} = b_{5,22} = 0$，拒绝 $a_{22,5} = b_{22,5} = 0$ 原假设，说明美国对中国有着单向的波动溢出效应；接受 $a_{22,7} = b_{22,7} = a_{7,22} = b_{7,22} = 0$，$a_{7,22} = b_{7,22} = 0$，拒绝 $a_{22,7} = b_{22,7} = 0$ 原假设，说明美国对中国香港有着单向的波动溢出效应；接受 $a_{22,9} = b_{22,9} = a_{9,22} = b_{9,22} = 0$，$a_{9,22} = b_{9,22} = $

0 原假设，拒绝 $a_{22,9} = b_{22,9} = 0$ 原假设，说明美国对印度尼西亚有着单向的波动溢出效应；接受 $a_{22,10} = b_{22,10} = a_{10,22} = b_{10,22} = 0$，$a_{10,22} = b_{10,22} = 0$ 原假设，拒绝 $a_{22,10} = b_{22,10} = 0$ 原假设，说明美国对日本有着单向的波动溢出效应；接受 $a_{22,11} = b_{22,11} = a_{11,22} = b_{11,22} = 0$，$a_{11,22} = b_{11,22} = 0$ 原假设，拒绝 $a_{22,11} = b_{22,11} = 0$ 原假设，说明美国对韩国有着单向的波动溢出效应；接受 $a_{22,12} = b_{22,12} = a_{12,22} = b_{12,22} = 0$，$a_{12,22} = b_{12,22} = 0$ 原假设，拒绝 $a_{22,12} = b_{22,12} = 0$ 原假设，说明美国对马来西亚有着单向的波动溢出效应；接受 $a_{22,14} = b_{22,14} = a_{14,22} = b_{14,22} = 0$，$a_{14,22} = b_{14,22} = 0$ 原假设，拒绝 $a_{22,14} = b_{22,14} = 0$ 原假设，说明美国对新西兰有着单向的波动溢出效应；接受 $a_{22,20} = b_{22,20} = a_{20,22} = b_{20,22} = 0$，$a_{20,22} = b_{20,22} = 0$ 原假设，拒绝 $a_{22,20} = b_{22,20} = 0$ 原假设，说明美国对中国台湾有着单向的波动溢出效应。

危机前后对比来看，金融危机爆发后，较危机前相比，各国（地区）之间的波动溢出效应明显增多。美国作为世界上经济、金融最发达的经济体，与世界众多国家经济、金融往来密切。此次全球金融危机的爆发，其影响不逊于 1929 年爆发的经济大萧条。许多国家在经济和金融上受到重创，与此同时，金融危机所引发的多米诺骨牌效应迅速地在亚太各国（地区）股市间传播，各国（地区）股市深受其害。更为严重的是，金融危机所引发的连锁反应在除了美国之外的亚太国家（地区）之间传播开来，各国（地区）经济发展都有不同程度的下滑，整体经济环境处于萧条状态。因此，亚太各股市之间（美国除外）便形成了"自促成"式的危机传染模式和不同程度的波动溢出效应。同时，各国（地区）经济、金融发展的低迷又对美国经济产生严重影响，从而对美国股市又形成了逆反馈形式的波动溢出效应。

表 6 - 25　　　　　　　　　波动溢出模型参数估计结果

	危机前				危机后		
$a_{1,1}$	0.1005 *** (0.0000)	$b_{1,1}$	0.9880 *** (0.0000)	$a_{1,1}$	0.0666 *** (0.0000)	$b_{1,1}$	0.9849 *** (0.0000)
$a_{2,2}$	0.0928 *** (0.0000)	$b_{2,2}$	0.9774 *** (0.0000)	$a_{2,2}$	0.1426 *** (0.0000)	$b_{2,2}$	0.9542 *** (0.0000)
$a_{3,3}$	0.0740 *** (0.0000)	$b_{3,3}$	0.9858 *** (0.0000)	$a_{3,3}$	0.1281 *** (0.0000)	$b_{3,3}$	0.9706 *** (0.0000)
$a_{4,4}$	0.1197 *** (0.0000)	$b_{4,4}$	0.9700 *** (0.0000)	$a_{4,4}$	0.1041 *** (0.0000)	$b_{4,4}$	0.9603 *** (0.0000)
$a_{5,5}$	0.1317 *** (0.0000)	$b_{5,5}$	0.9875 *** (0.0000)	$a_{5,5}$	0.0485 *** (0.0000)	$b_{5,5}$	0.9495 *** (0.0000)

	危机前				危机后		
$a_{6,6}$	0.2503 *** (0.0000)	$b_{6,6}$	0.9076 *** (0.0000)	$a_{6,6}$	0.0955 *** (0.0000)	$b_{6,6}$	0.9596 *** (0.0000)
$a_{7,7}$	0.1462 *** (0.0000)	$b_{7,7}$	0.9771 *** (0.0000)	$a_{7,7}$	0.0968 *** (0.0000)	$b_{7,7}$	0.9732 *** (0.0000)
$a_{8,8}$	0.1808 *** (0.0000)	$b_{8,8}$	0.9597 *** (0.0000)	$a_{8,8}$	0.0820 *** (0.0000)	$b_{8,8}$	0.9841 *** (0.0000)
$a_{9,9}$	0.1195 *** (0.0000)	$b_{9,9}$	0.9592 *** (0.0000)	$a_{9,9}$	0.0784 *** (0.0000)	$b_{9,9}$	0.9780 *** (0.0000)
$a_{10,10}$	0.0946 *** (0.0000)	$b_{10,10}$	0.9860 *** (0.0000)	$a_{10,10}$	0.0883 *** (0.0000)	$b_{10,10}$	0.9757 *** (0.0000)
$a_{11,11}$	0.1140 *** (0.0000)	$b_{11,11}$	0.9809 *** (0.0000)	$a_{11,11}$	0.1198 *** (0.0000)	$b_{11,11}$	0.9681 *** (0.0000)
$a_{12,12}$	0.1182 *** (0.0000)	$b_{12,12}$	0.9834 *** (0.0000)	$a_{12,12}$	0.0898 *** (0.0000)	$b_{12,12}$	0.9670 *** (0.0000)
$a_{13,13}$	0.0918 *** (0.0000)	$b_{13,13}$	0.9867 *** (0.0000)	$a_{13,13}$	0.1408 *** (0.0000)	$b_{13,13}$	0.9521 *** (0.0000)
$a_{14,14}$	0.0619 *** (0.0000)	$b_{14,14}$	0.9928 *** (0.0000)	$a_{14,14}$	0.0603 *** (0.0000)	$b_{14,14}$	0.9872 *** (0.0000)
$a_{15,15}$	0.0908 *** (0.0000)	$b_{15,15}$	0.9729 *** (0.0000)	$a_{15,15}$	0.1251 *** (0.0000)	$b_{15,15}$	0.9760 *** (0.0000)
$a_{16,16}$	0.0798 *** (0.0000)	$b_{16,16}$	0.9773 *** (0.0000)	$a_{16,16}$	0.0627 *** (0.0000)	$b_{16,16}$	0.9461 *** (0.0000)
$a_{17,17}$	0.1421 *** (0.0000)	$b_{17,17}$	0.9707 *** (0.0000)	$a_{17,17}$	0.1035 *** (0.0000)	$b_{17,17}$	0.9804 *** (0.0000)
$a_{18,18}$	0.1317 *** (0.0000)	$b_{18,18}$	0.9805 *** (0.0000)	$a_{18,18}$	0.1163 *** (0.0000)	$b_{18,18}$	0.9744 *** (0.0000)
$a_{19,19}$	0.3517 *** (0.0000)	$b_{19,19}$	0.8634 *** (0.0000)	$a_{19,19}$	0.2455 *** (0.0000)	$b_{19,19}$	0.9067 *** (0.0000)
$a_{20,20}$	0.1075 *** (0.0000)	$b_{20,20}$	0.9815 *** (0.0000)	$a_{20,20}$	0.0978 *** (0.0000)	$b_{20,20}$	0.9575 *** (0.0000)
$a_{21,21}$	0.1305 *** (0.0000)	$b_{21,21}$	0.9587 *** (0.0000)	$a_{21,21}$	0.0929 *** (0.0000)	$b_{21,21}$	0.9616 *** (0.0000)
$a_{22,22}$	0.0927 *** (0.0000)	$b_{22,22}$	0.9918 *** (0.0000)	$a_{22,22}$	0.1913 *** (0.0000)	$b_{22,22}$	0.9468 *** (0.0000)

续表

危机前				危机后			
$a_{2,6}$	0.0138 ** (0.0420)	$b_{2,6}$	0.0211 ** (0.0359)	$a_{1,11}$	0.0183 * (0.0529)	$b_{1,11}$	-0.0581 ** (0.0327)
$a_{5,20}$	-0.0893 ** (0.0182)	$b_{5,20}$	0.1003 *** (0.0064)	$a_{1,14}$	0.0739 ** (0.0214)	$b_{1,14}$	0.0903 ** (0.0148)
$a_{6,8}$	0.0350 ** (0.0421)	$b_{6,8}$	0.1102 *** (0.0050)	$a_{1,22}$	0.0610 ** (0.0338)	$b_{1,22}$	0.1001 *** (0.0059)
$a_{7,12}$	0.1301 *** (0.0076)	$b_{7,12}$	0.2301 *** (0.0033)	$a_{3,12}$	-0.0434 * (0.0551)	$b_{3,12}$	0.1021 *** (0.0097)
$a_{10,18}$	0.0803 * (0.0541)	$b_{10,18}$	0.0621 ** (0.0437)	$a_{3,13}$	0.1022 ** (0.0103)	$b_{3,13}$	0.1237 *** (0.0012)
$a_{12,18}$	0.0539 ** (0.0420)	$b_{12,18}$	0.1579 *** (0.0012)	$a_{3,18}$	0.0401 * (0.0533)	$b_{3,18}$	0.0780 ** (0.0479)
$a_{22,3}$	0.1238 *** (0.0049)	$b_{22,3}$	0.1547 *** (0.0031)	$a_{3,22}$	0.1025 *** (0.0013)	$b_{3,22}$	0.0741 ** (0.0337)
$a_{22,18}$	0.0314 * (0.0522)	$b_{22,18}$	0.0112 * (0.0720)	$a_{7,12}$	-0.0701 ** (0.0439)	$b_{7,12}$	0.0425 ** (0.0379)
$a_{22,20}$	0.1201 *** (0.0024)	$b_{22,20}$	0.1435 *** (0.0006)	$a_{7,18}$	0.0840 ** (0.0219)	$b_{7,18}$	0.1520 ** (0.0169)
				$a_{8,9}$	0.0535 * (0.0511)	$b_{8,9}$	0.0387 * (0.0679)
				$a_{11,7}$	0.0405 * (0.0561)	$b_{11,7}$	0.1072 ** (0.0237)
				$a_{12,7}$	0.0679 ** (0.0318)	$b_{12,7}$	0.0537 ** (0.0410)
				$a_{12,20}$	-0.0580 * (0.0602)	$b_{12,20}$	0.0351 ** (0.0439)
				$a_{13,6}$	0.0711 ** (0.0215)	$b_{13,6}$	0.0653 * (0.0539)
				$a_{14,1}$	0.0115 * (0.0890)	$b_{14,1}$	0.0354 * (0.0647)
				$a_{22,1}$	0.1418 *** (0.0079)	$b_{22,1}$	0.5039 *** (0.000)
				$a_{22,2}$	0.0910 ** (0.0328)	$b_{22,2}$	0.1305 *** (0.0019)

危机前			危机后	
	$a_{22,3}$	0. 2301 *** (0. 0000)	$b_{22,3}$	0. 1205 *** (0. 0000)
	$a_{22,4}$	0. 1003 ** (0. 0172)	$b_{22,4}$	0. 0317 ** (0. 0310)
	$a_{22,5}$	0. 1422 ** (0. 0215)	$b_{22,5}$	0. 1713 *** (0. 0000)
	$a_{22,7}$	0. 0872 ** (0. 0329)	$b_{22,7}$	0. 2681 *** (0. 0000)
	$a_{22,9}$	0. 1021 ** (0. 0102)	$b_{22,9}$	0. 0994 * (0. 0537)
	$a_{22,10}$	0. 1383 *** (0. 0010)	$b_{22,10}$	0. 1362 *** (0. 0036)
	$a_{22,11}$	0. 0988 ** (0. 0207)	$b_{22,11}$	0. 1538 *** (0. 0000)
	$a_{22,12}$	− 0. 0381 * (0. 0563)	$b_{22,12}$	0. 0574 * (0. 0673)
	$a_{22,14}$	0. 0882 ** (0. 0339)	$b_{22,14}$	0. 0635 ** (0. 0437)
	$a_{22,20}$	0. 1870 *** (0. 0023)	$b_{22,20}$	0. 2131 *** (0. 0000)

注：（1） ***，**，*分别表示1%、5%、10%的显著性水平。
（2）括号内的数值为 p 值。

6.4 本章结论

6.4.1 收益均值溢出效应

1. 澳大利亚

危机前后对比发现，澳大利亚股市收益率危机前后都受到自身滞后期的显著影响。从对澳大利亚股指收益率产生影响的国家（地区）变化来看，除了智利、印度、秘鲁、菲律宾、美国在危机前后仍对澳大利亚在不同滞后期产生影响外，危机后，加拿大、日本、墨西哥、新加坡的影响消失，同时，巴西、中国、印度尼西亚、韩国、马来西亚的影响开始显现。此外，智利、印度、秘鲁、美国等对澳大利亚的影响程度较危机前有所增强，菲律宾对澳大利亚的影响较危机前有所下降。

2. 巴西

危机前后对比发现，巴西股市收益率危机前后都受到自身滞后期的显著影响。其中，危机前，巴西的滞后一期在 10% 水平下显著；危机后，巴西的滞后一期和滞后二期分别在 10% 的水平下显著。从对巴西股指收益率产生影响的国家（地区）变化来看，危机后，对巴西股市产生影响的国家（地区）增加。其中，加拿大和菲律宾股指收益率变动不再对巴西产生溢出效应，中国沪深、哥伦比亚、韩国、马来西亚、秘鲁、中国台湾、泰国等分别在不同滞后期和不同显著水平下对巴西股市收益率变动产生影响。美国对巴西的影响较危机前有所下降。

3. 加拿大

危机前后对比发现，加拿大股市收益率危机前后都受到自身滞后期的显著影响。其中，危机前，加拿大的滞后二期在 10% 水平下显著；危机后，加拿大的滞后三期在 5% 的水平下显著。从对加拿大股指收益率产生影响的国家（地区）变化来看，金融危机的发生，使得对加拿大股市有影响的国家（地区）明显增加。危机后，澳大利亚、日本、新加坡对加拿大的影响消失。中国沪深、印度、韩国、泰国、中国台湾、马来西亚、秘鲁等对加拿大在不同显著性水平下有溢出效应。同时，巴西和美国对加拿大的影响较危机前有很大程度的提升。

4. 智利

危机前后对比发现，智利股市收益率危机前后都受到自身滞后期的显著影响。其中，危机前，加拿大的滞后一期在 5% 水平下显著；危机后，加拿大的滞后一期在 1% 的水平下显著。从对智利股指收益率产生影响的国家（地区）变化来看，危机后，马来西亚的影响消失，除了加拿大、韩国和美国继续对智利股市有影响外，巴西、印度、秘鲁、菲律宾、中国台湾均在不同的显著性水平下对智利产生溢出效应。加拿大和美国对智利的影响较危机前有明显提升，韩国对智利的影响由危机前的正向影响转变为危机后的负向影响。

5. 中国

危机前后对比发现，中国股市收益率危机前后都受到自身滞后期的显著影响。其中，危机前，中国的滞后一期在10%水平下显著；危机后，中国的滞后一期在5%的水平下显著。从对中国股指收益率产生影响的国家（地区）变化来看，危机后，巴西的影响消失。与此同时，智利、日本、马来西亚、俄罗斯等均在不同的显著性水平下对中国产生溢出效应。而且，无论危机前后，美国都是对中国股市产生最大影响的国家。

6. 哥伦比亚

危机前后对比发现，哥伦比亚股市收益率危机前后都受到自身滞后期的显著影响。其中，危机前，哥伦比亚的滞后一期在1%水平下显著；危机后，哥伦比亚的滞后一期在5%的水平下显著。从对哥伦比亚股指收益率产生影响的国家（地区）变化来看，危机后，印度、秘鲁、菲律宾、印度尼西亚、韩国对哥伦比亚的影响消失，马来西亚、新西兰、俄罗斯、中国台湾对哥伦比亚的影响开始显现，巴西、墨西哥、美国在危机前后依旧对哥伦比亚在不同滞后期产生影响。虽然，美国对哥伦比亚的影响最大，但危机后对其影响较危机前还是有所下降。

7. 中国香港

危机前后对比发现，中国香港股市收益率危机前后都受到自身滞后期的显著影响。其中，危机前，中国香港的滞后一期在10%水平下显著；危机后，中国香港的滞后一期在5%的水平下显著。从对中国香港股指收益率产生影响的国家（地区）变化来看，危机后，对中国香港股市产生影响的国家（地区）明显增多。危机后，中国台湾对中国香港的影响消失，与此同时，巴西、智利、印度、印度尼西亚、秘鲁、斯里兰卡、泰国、墨西哥、菲律宾等对中国香港的影响开始显现。加拿大、中国沪深、日本、马来西亚、新加坡、美国等国在危机前后对中国香港都有影响，只是影响的显著性水平有所变化。并且，无论在危机前，还是危机后，美国对香港的影响都是最大的。

8. 印度

危机前后对比发现，印度股市收益率危机前后都受到自身滞后期的显著影响。其中，危机前，印度的滞后一期在10%水平下显著；危机后，印度的滞后二期在10%的水平下显著。从对印度股指收益率产生影响的国家（地区）变化来看，金融危机发生后，对印度股市产生影响的国家（地区）减少。哥伦比亚、墨西哥、新西兰、菲律宾等国不再对印度产生影响，同时，秘鲁在危机后开始对印度产生影响。另外，澳大利亚、巴西、中国沪深、中国香港、美国都在危机前后以不同的显著性水平对印度产生影响，并且美国的影响最大。

9. 印度尼西亚

危机前后对比发现，印度尼西亚股市收益率危机前后都受到自身滞后期的显著影响。其中，危机前，印度尼西亚的滞后一期在10%水平下显著；危机后，印度尼西亚的滞后三期在1%的水平下显著。从对印度尼西亚股指收益率产生影响的国家（地区）变化来看，危机后，对其有影响的国家（地区）发生明显变化。其中，加拿大、哥伦比亚、墨西哥、菲律宾、中国台湾等在危机后对印度尼西亚的影响消失，同时，中国香港、印度、马来西亚、秘鲁等对印度尼西亚产生。此外，美国和巴西在危机前后都对印度尼西亚产生影响。无论危机前后，美国对印度尼西亚的影响都是最大的。

10. 日本

危机前后对比发现，日本股市收益率危机前后都受到自身滞后期的显著影响。其中，危机前，日本的滞后一期在1%水平下显著；危机后，日本的滞后一期和滞后二期分别在1%的水平下显著。从对日本股指收益率产生影响的国家（地区）变化来看，危机后，对日本产生影响的国家（地区）增多，哥伦比亚和印度对日本的影响消失，同时，加拿大、智利、中国沪深、中国香港、马来西亚、斯里兰卡、菲律宾等对日本的影响显现。此外，巴西、墨西哥、俄罗斯、新加坡、泰国、美国等危机前后对日本均产生不同显著性水平的影响。还发现，危机前，美国对日本的影响最大，但危机后，影响减弱，新加坡和马来西亚的影响反而加大。

11. 韩国

危机前后对比发现，韩国股市收益率危机前后都受到自身滞后期的显著影响。其中，危机前，韩国的滞后一期在1%水平下显著；危机后，韩国的滞后一期和滞后二期分别在1%的水平下显著。从对韩国股指收益率产生影响的国家（地区）变化来看，危机后，对韩国有影响的国家（地区）迅速增多，除了秘鲁、中国台湾、墨西哥等在危机后不对韩国有影响外，澳大利亚、加拿大、智利、中国沪深、中国香港、印度、马来西亚、俄罗斯、新加坡、泰国等在危机后对韩国的影响开始显现。巴西、日本、美国对韩国的影响并未因为危机的发生而变化，只是影响的显著性水平略有变化。美国依然是影响韩国股市最大的国家。

12. 马来西亚

危机前后对比发现，马来西亚股市收益率危机前后都受到自身滞后期的显著影响。其中，危机前，马来西亚的滞后一期跟滞后三期分别在1%、5%水平下显著；危机后，马来西亚的滞后一期在1%的水平下显著。从对马来西亚股指收益率产生影响的国家（地区）变化来看，危机后，对哥伦比亚有影响的国家（地区）减少。智利、中国沪深、印度、墨西哥、中国台湾等危机后不再对哥伦比亚产生影响，同时，印度尼西亚、秘鲁、泰国等在危机后对哥伦比亚的影响开始显现。另外，巴西和美国在危机前后都在不同显著性水平下对哥伦比亚产生影响。危机前后期，美国对哥伦比亚的影响都是最大的。

13. 墨西哥

危机前后对比发现，墨西哥股市收益率危机前后都受到自身滞后期的显著影响。其中，危机前，墨西哥的滞后二期在5%水平下显著；危机后，墨西哥的滞后二期在1%的水平下显著。从对墨西哥股指收益率产生影响的国家（地区）变化来看，危机后，澳大利亚和智利对墨西哥的影响消失，印度尼西亚、加拿大、秘鲁、马来西亚、中国台湾、泰国等的影响在危机后显现。美国在危机前后都是对墨西哥影响最大的国家。

14. 新西兰

危机前后对比发现，新西兰股市收益率危机前后都受到自身滞后期的显著影响。其中，危机前，新西兰的滞后二期在10%水平下显著；危机后，新西兰的滞后二期在10%的水平下显著。从对新西兰股指收益率产生影响的国家（地区）变化来看，危机后，澳大利亚不再对新西兰产生影响，反而，加拿大、韩国、墨西哥、斯里兰卡、中国台湾等对新西兰的影响增加。美国在危机前后依然是对新西兰影响最大的国家，尤其是危机后，这种影响更加明显。另外，巴西和菲律宾对新西兰的影响较危机前有明显增加。

15. 秘鲁

危机前后对比发现，秘鲁股市收益率危机前后都受到自身滞后期的显著影响。其中，危机前，秘鲁的滞后二期在10%水平下显著；危机后，秘鲁的滞后二期在5%的水平下显著。从对秘鲁股指收益率产生影响的国家（地区）变化来看，危机后，韩国、新加坡不再对秘鲁产生影响，巴西、中国台湾、马来西亚、印度尼西亚、斯里兰卡在危机后开始对秘鲁产生影响。加拿大、印度和美国在危机前后都在不同显著水平上对秘鲁有影响，但较危机前该影响有所下降。值得注意的是，美国在危机前的影响程度为0.5471，危机后则为 -0.2855。

16. 菲律宾

危机前后对比发现，菲律宾股市收益率危机前后都受到自身滞后期的显著影响。其中，危机前，菲律宾的滞后一期在5%水平下显著；危机后，菲律宾的滞后二期在1%的水平下显著。从对菲律宾股指收益率产生影响的国家（地区）变化来看，危机后，印度、印度尼西亚和中国台湾对菲律宾的影响消失，巴西、日本、新西兰、秘鲁、加拿大、俄罗斯、新加坡等对菲律宾的影响开始显现。墨西哥和美国在危机前后都对菲律宾产生不同显著性水平的影响，美国的影响最大，墨西哥在危机后期对菲律宾的影响有所下降。

17. 俄罗斯

危机前后对比发现，俄罗斯股市收益率危机前后都受到自身滞后期的显著影响。其中，危机前，俄罗斯的滞后一期在5%水平下显著；危机后，俄罗斯的滞后一期在5%水平下显著。从对俄罗斯股指收益率产生影响的国家（地区）变化来看，金融危机发生后，对俄罗斯股市产生影响的国家（地区）明显增多。除了巴西和美国外，秘鲁、菲律宾、中国台湾、韩国、墨西哥、中国沪深、印度、印度尼西亚对俄罗斯的影响增加，此外，危机后，加拿大和哥伦比亚对俄罗斯的影响消失。

18. 新加坡

危机前后对比发现，新加坡股市收益率危机前后都受到自身滞后期的显著影响。其中，危机前，新加坡的滞后一期在5%水平下显著；危机后，新加坡的滞后一期在5%的水平下显著。从对新加坡股指收益率产生影响的国家（地区）变化来看，危机后，加拿大、印度、日本、秘鲁、中国台湾等不再对新加坡有影响，而对新加坡有影响的国家（地区）转变为澳大利亚、巴西、中国、印度尼西亚、马来西亚、斯里兰卡、秘鲁、智利、泰国。美国和墨西哥在危机前后都从不同的显著性水平对新加坡产生影响。美国对新加坡的影响在危机后提升幅度很大。

19. 斯里兰卡

危机前后对比发现，斯里兰卡股市收益率危机前后都受到自身滞后期的显著影响。其中，危机前，斯里兰卡的滞后一期在1%水平下显著；危机后，斯里兰卡的滞后一期在1%的水平下显著。从对斯里兰卡股指收益率产生影响的国家（地区）变化来看，危机后，菲律宾和美国对斯里兰卡不再有影响，反而中国台湾、印度尼西亚和印度对斯里兰卡产生影响。

20. 中国台湾

危机前后对比发现，中国台湾股市收益率危机前后都受到自身滞后期的显著影响。其中，危机前，中国台湾的滞后一期在5%水平下显著；危机后，中国台湾的滞后一期在10%的水平下显著。从对中国台湾股指收益率产生影响的国家（地区）变化来看，危机后，印度和墨西哥对中国台湾的影响消失，韩国、马来西亚、俄罗斯、新加坡、中国香港等对中国台湾的影响开始显现。日本、中国沪深、巴西、美国均在危机前后以不同的显著性水平对中国台湾产生影响。危机后，美国对中国台湾的影响减弱，新加坡、马来西亚对中国台湾的影响加强。

21. 泰国

危机前后对比发现，泰国股市收益率危机前后都受到自身滞后期的显著影响。其中，危机前，泰国的滞后一期在10%水平下显著；危机后，泰国的滞后一期在10%的水平下显著。从对泰国股指收益率产生影响的国家（地区）变化来看，危机后，智利、日本、马来西亚、新西兰、新加坡对泰国的影响消失，巴西、中国香港、印度尼西亚、秘鲁的影响开始显现。美国在危机前后都是对泰国影响的国家。

22. 美国

危机前后对比发现，美国股市收益率危机前后都受到自身滞后期的显著影响。其中，危机前，美国的滞后一期和滞后二期分别在1%、5%水平下显著；危机后，美国的滞后一期和滞后二期分别在5%的水平下显著。从对美国股指收益率产生影响的国家（地区）变化来看，危机后，澳大利亚、智利、马来西亚、日本、新加坡、巴西对美国的影响消失，加拿大、巴西、韩国、墨西哥、中国台湾、泰国、马来西亚、斯里兰卡、俄罗斯等对美国产生影响。从影响系数来看，虽然上述这些国家（地区）对美国有影响，但影响程度很小，不足以引起美国股市的强烈波动。

6.4.2　波动溢出效应

危机前后对比来看，金融危机爆发后，较危机前相比，各国（地区）之间的波动溢出效应明显增多。危机所带来的动荡以多米诺骨牌效应传染到其他国家（地区）股票市场后，又继续在亚太各股市之间（美国除外）传染，形成了"自促成"式的危机传染模式，与此同时，又对美国股市形成了逆反馈形式的波动溢出效应。

危机前，巴西对中国香港、中国大陆对中国台湾、哥伦比亚对印度、中国香港对马来西亚、日本对中国香港、韩国对中国台湾、马来西亚对新加坡、美国对加拿大、美国对新加坡、美国对中国台湾等有着单向的波动溢出效应。

危机后，澳大利亚对韩国、加拿大对马来西亚、加拿大对墨西哥、加拿大对新加坡、中国香港对新加坡、印度对印度尼西亚、韩国对中国香港、马来西亚对中国台湾、墨西哥对哥伦比亚、美国对巴西、美国对智利、美国对中国、美国对中国香港、美国对印度尼西亚、美国对日本、美国对韩国、美国对马来西亚、美国对新西兰、美国对中国台湾有着单向的波动溢出效应。澳大利亚分别与新西兰和美国有着双向的波动溢出效应；加拿大与美国之间存在双向波动溢出效应；中国香港和马来西亚之间存在双向波动溢出效应。

第 7 章

本书的主要结论和进一步研究的方向

7.1 本书的主要结论

本书主要对亚太 22 个国家（地区）股票市场在 2004 年 1 月 1 日至 2012 年 10 月 24 日期间的联动性进行实证研究，并以全球金融危机的爆发为分界点，采用 Granger 因果检验、Johansen 协整检验、脉冲响应和方差分解以及 VAR（3）– GARCH（1，1）– BEKK 模型分析危机前后联动性的变化情况，本书研究的主要结论如下。

（1）通过对亚太各国（地区）股市间的相关程度分析后发现，从整体来看，无论是收益间的相关性，还是波动间的相关性，都由于金融危机的发生而提高。

（2）Granger 因果检验表明，金融危机的发生使得亚太股市间的影响关系发生明显变化，打破了危机之前各股市之间关系的原有格局，同时，每个国家（地区）对其他国家（地区）的影响范围也发生了很大程度的变化。美国在全球经济、金融中所具有的特殊地位，无论是在危机前，还是在危机后，其股票市场的变化都对其他各国（地区）股票市场有着显著的影响。

（3）方差分解表明，金融危机前后期不同国家（地区）股市波动对其他国家（地区）股市波动的贡献度各有不同，危机后，有的贡献度增加，有的贡献度减少。有两个国家（地区）比较例外，一个是中国，另一个是斯里兰卡。中国和斯里兰卡无论是在危机前还是在危机后，股市波动绝大部分来自于自身冲击的影响，受到外部的干扰较少。脉冲响应也从不同程度反映了危机前后各国（地区）股市冲击对其他各国（地区）股市产生的影响，总体来看，危机后，一国（地区）股市对他国（地区）股市所造成的冲击幅度和持续期要强于危机前。

（4）采用 VAR(3) – GARCH(1，1) – BEKK 模型对亚太各国（地区）股市间的收益均值溢出效应和波动溢出效应进行危机前后的比较研究。研究结果表明，金融危机的发生使亚太股市间联动的格局发生明显的变化。从收益均值溢出效应分析结果来看，危机前后亚太股市间相互影响的国家在数量上发生明显变化，危机前，一国（地区）股市收益受到多个国家（地区）股市收益变动的影响，但危机后，受到影响的国家（地区）数量减少；有的国家（地区）则发生完全相反的情况，危机前受到影响的国家（地区）数量少，但危机后，数量却明显增多。同时，金融危机的发生，使得亚太股市彼此间在收益上的双向溢出效应明显增加，VAR(3) 模型详细地说明了危机前后亚太各国（地区）在均值溢出效应方面的影响程度。GARCH(1，1) – BEKK 模型则详细的分析了亚太股市间的波动溢出效应情况，分析发现，危机前后，亚太股市间的单向和双向波动溢出效应明显不同。受金融危机的影响，危机后，亚太股市间的波动溢出效应无论是在单向溢出效应还是在双向溢出效应上都明显增加。

在这里需要单独分析的是斯里兰卡和美国，斯里兰卡在危机前后都不与其他国家（地区）存在相互影响，而且在危机之前斯里兰卡的股市变动也不对其他国家（地区）产生影响，危机后，其本国股票市场的变动才对少数国家（地区）产生影响。美国在全球经济、金融中所具有的特殊地位，无论是在危机前，还是在危机后，其股票市场的变化都对其他各国（地区）股票市场有着显著的影响。从分析的结果来看，危机前后，美国股市的变动都不对斯里兰卡产生影响。其他绝大部分国家（地区）股票市场也不对斯里兰卡产生影响。之所以出现这种情况的主要原因在于，斯里兰卡股票市场与各国（地区）股票市场之间的严重分割性，股票市场的国际化程度极低，斯里兰卡股票市场几乎处于完全自我的发展状态。

7.2 本书的局限和进一步研究的方向

本书主要从国际投资者的视角对亚太 22 个国家（地区）股票市场在危机前后的联动性变化情况进行较为详细的研究，得出一些有意义的结果，但仍有存在着许多值得日后继续研究和探讨的问题，同时也是本书的不足之处，主要体现在：

（1）本书仅用相关系数来研究不同股市之间的相关性，没有考虑非线性相关的可能性。

（2）在分析不同股市间波动率的相关性方面，采用由 GARCH 模型估计出的时变方差作为不同股市波动率的代理变量来研究其相关性，但该估计量是市场真实波动率的有偏估计，不能很好地刻画真实波动率的各种特征，从而会影响论文的实证结论。因此，需采用更为稳健的波动率估计量（例如基于高频数据的已实现波动率估计量）来研究不同股市间波动率的相关性。

（3）出于多元学生 t 分布能更好地捕捉金融时间序列的尖峰、厚尾特征，且较多元正态分布仅多了一个形态参数——自由度，在估计上不会增加太多计算的考虑，在对亚太各国（地区）股市波动溢出效应进行研究时，假定残差向量服从多元学生 t 分布。尽管多元正态分布没有多元学生 t 分布的优势，但在实证分析中也有必要考虑在多元正态分布下波动溢出效应的结果，通过对比发现两种方法的差异。同时，为了更好的分析亚太各股市之间危机前后联动性的变化情况，应该采用动态条件相关性加以分析。

（4）在模型的选择上，我们采用对称的 GARCH(1，1) - BEKK 模型进行波动溢出效应分析。其实，非对称 GARCH(1，1) - BEKK 模型的分析结论更有说服力。但限于本人的能力，以及对该方法的掌握程度不够，担心分析时出现偏差，便没用此模型。这些问题都是在以后的学习和研究中加以深入研究的。

（5）前沿文献中一般假设存在一个全球性联动因子和区域性联动因子，促使不同股市之间产生联动性，因此，可以通过构建两因子的潜在动态因子模型来分析股票市场的联动性问题。

参 考 文 献

［1］程梵．美国和"金砖四国"股市联动性研究［D］．东华大学硕士学位论文．2011．

［2］陈潇，杨恩．中美股市杠杆效应与波动溢出效应——基于GARCH模型的实证分析［J］．财经科学，2011（4）：17－24．

［3］陈守东，韩广哲，荆伟．主要股票市场指数与我国股票市场指数间的协整分析［J］．数量经济技术经济研究，2003（5）：124－129．

［4］傅传锐．中美股票市场周期波动的联动性研究——基于频带分解的新证据［J］．福州大学学报（哲学社会科学版）．2012（2）：36－44．

［5］方建武，安宁．中美股市的联动性分析及预测［J］．经济问题探索．2010（4）：80－86．

［6］龚朴，黄荣兵．次贷危机对中国股市影响的实证分析——基于中美股市的联动性分析［J］．管理评论，2009（2）：21－32．

［7］高铁梅．计量经济分析方法与建模——Eviews应用及实例（第二版）［M］．北京：清华大学出版社，2009．

［8］胡秋灵，刘伟．金融危机背景下中港美股市联动性分析——基于收益率的实证研究［J］．科学·经济·社会，2009（4）：39－44．

［9］金雪军．中国股市和美国股市之间联动性研究［D］．浙江大学博士学位论文，2007．

［10］李红权，洪永淼，汪寿阳．我国A股市场与美股、港股的互动关系研究——基于信息溢出视角［J］．经济研究，2011（8）：15－37．

［11］李晓广，张岩贵．我国股票市场与国际市场的联动性研究——对次贷危机时期样本的分析［J］．国际金融研究，2008（11）：75－80．

［12］李艺娜．东盟五国股票市场一体化研究［D］．厦门大学硕士学位论文，2009．

［13］莫扬．股票市场波动性的国际比较研究［J］．数量经济技术经济研究，2004（10）：49－56．

［14］饶卫，闵宗陶．金融危机对股市间波动的联动性影响［J］．财经问题研究，2011（12）：60 - 66.

［15］潘文荣．QFII 及 QDII 制度下中国股市与世界联动性研究［D］．江西财经大学博士学位论文，2010.

［16］沈钦华，谈儒勇，赵雷．金融危机期间各国股市联动性分析［J］．学海，2011（4）：87 - 93.

［17］吴刘杰，乔桂明．后危机时代美国、中国香港和中国大陆股市的联动性研究——基于美国金融危机时期的数据验证［J］．金融理论与实践，2011（4）：49 - 52.

［18］王志芬，张雪玲．次贷危机对中美股市联动性的影响分析［J］．经济评论，2009（9）：33 - 35.

［19］吴英杰．全球金融危机背景下的股市联动性变化——基于 DAG 和结构 VECM 的实证分析［J］．南方金融，2010（4）：64 - 70.

［20］徐有俊，王小霞，贾金金．中国股市与国际股市联动性分析——基于 DCC - GARCH 模型研究［J］．经济经纬，2010（5）：124 - 128.

［21］西村友作．中美两国股票市场联动性研究——基于 CCF 检验法的新证据［J］．经济评论，2009（2）：43 - 49.

［22］谢麟．A 股市场与国际市场的动态一体化程度研究——基于多维 GARCH - BEKK(1，1) 的实证分析［D］．厦门大学硕士学位论文，2009.

［23］杨飞虎，熊家财．国际金融危机背景下国内外股市波动溢出效应的实证研究［J］．当代财经，2011（8）：42 - 51.

［24］张兵，范致镇，李心丹．中美股票市场的联动性研究［J］．经济研究，2010（11）：141 - 151.

［25］赵倩倩．中美股市联动性实证研究［D］．首都经济贸易大学硕士学位论文，2011.

［26］张朋飞．上海股票市场与世界主要股票市场及汇率的联动效应研究［D］．东北财经大学硕士学位论文，2010.

［27］Alexei G. Orlov. "Capital controls and stock market volatility in frequency domain". *Economics letters*. 2006（91）：222 - 228.

［28］Angela Ng. "Volatility spillover effects from Japan and the US to the Pacific - Basin". *Journal of International Money and Finance*. 2000（19）：207 - 233.

［29］Bala，L.，Premaratne，G. "Stock market volatility examining North

America, Europe and Asia". *Far Eastern Meeting of the Econometric Society*, No. 479. 2004.

[30] Bekaert, G. , Harvey, C. "Emerging equity market volatility". *Journal of Financial Economics*. 1997 (43): 29 –77.

[31] Colm Kearney. "The determination and international transmission of stock market volatility". *Global Finance Journal*. 2000 (11): 31 –52.

[32] Chris Brooks, Olan T. Henry. "Linear and non-linear transmission of equity return volatility: evidence from the US, Japan and Australia". *Economic Modelling*. 2000 (17): 497 –513.

[33] Chuang, Y. , Lu, J. , Tswei, K. "Interdependence of international equity variances: Evidence from East Asian markets". *Emerging Markets Review*. 2007 (8): 311 –327.

[34] Connolly Robert A. , F. Albert Wang. "Economic news and stock markets linkages: Evidence from the US, UK, Japan". *Proceeding of the second Joint Central Bank Research Conference on Risk Management and Systemic risk*. 1998 (1): 211 –240.

[35] Fazeel M. Jaleel, Lalith P. Samarakoon. "Stock market liberalization and return volatility: Evidence from the emerging market of Sri Lanka". *Journal of Multinational Financial Management*. 2009 (19): 409 –423.

[36] Fazal Husain, Abdul Qayyum. "Stock Market Liberalizations in the South Asian Region". *Working Paper No. 6. http: //papers. ssrn. com/sol3/papers. cfm? abstract_id =963577*. 2006.

[37] Hamao Y. , Masulis, Ronald W. , Ng V. "Correlations in price changes and volatility across international stock markets". *Review of Financial Studies*. 1990 (3): 281 –307.

[38] Ibrahim, Mansor H. "International linkage of ASEAN stock prices: An analysis of response asymmetries". *Applied Econometrics and International Development*. 2006 (3): 191 –202.

[39] Francis In, Sangbae Kim, Jai Hyung Yoon, Christopher Viney. "Dynamic interdependence and volatility transmission of Asian stock markets evidence from the Asian crisis". *International Review of Financial Analysis*. 2001 (10): 87 –96.

[40] Jorg Bley, Mohsen Saad. "The effect of financial liberalization on

stock ruturn volatility in GCC markets". *Journal of International Financial.* 2011（21）：662 – 685.

[41] Juncal Cunado Eizaguirre, Javier Gmnez Biscarri, Fernando Perez de Gracia Hidalgo. "Structual changes in volatility and stock market development: Evidence for Spain". *Journal of International Financial.* 2004（28）：1745 – 1773.

[42] Jussi Nikkinen, Mohammad M. Omran, Petri Sahlström, Janne Äijö. "Stock returns and volatility following the September 11 attacks: Evidence from 53 equity markets". *International Review of Financial Analysis.* 2008（17）：27 – 46.

[43] Junye Li. "Volatility components, leverage effects, and the return-volatility relations". *Journal of Banking and Finance.* 2011（35）：1530 – 1540.

[44] Jin Gil Jeong. "Cross – border transmission of stock price volatility: evidence from the overlapping trading hours". *Global Finance Journal.* 1999（1）：53 – 70.

[45] Jianxin Wang. "Foreign equity trading and emerging market volatility: Evidence from Indonesia and Thailand". *Journal of Development Economics.* 2007（84）：798 – 811.

[46] Jianxin Wang. "Forecasting Volatility in Asian markets: Contributions of Local, Regional, and Global Factors". *Asian Development Review.* 2011（2）：32 – 57.

[47] Jang, H., Sul, W. "The Asian financial crisis and the comovement of Asian stock markets". *Journal of Asian Economics.* 2002（13）：94 – 104.

[48] Johnson, R., Soenen, L. "Asian econonmic integration and stock market comovement". *Journal of Financial Research.* 2002（25）：141 – 157.

[49] John Wei – Shan Hu, Mei – Yuan Chen, Robert C. W. Fok, Bwo – Nung Huang. "Causality in volatility and volatility spillover effects between US, Japan and four equity markets in the South China Growth Triangular". *Journal of International Financial Markets, Institutions and Money.* 1997（7）：351 – 367.

[50] Jinho Jeong. "Dynamic Stock Market Integration and Financial Cri-

sis: The Case of China, Japan, and Korea". *Working paper. http: //papers. ssrn. com/sol3/papers. cfm? abstract_id* = 1983652. 2012.

[51] John Beirne, Guglielmo Maria Caporale, Marianne Schulze – Ghattas, Nicola Spagnolo. "Global and regional spillovers in emerging stock markets: A multivariate GARCH in mena analysis". *Emerging Markets Review.* 2010 (11): 250 – 260.

[52] Kuanpin Lin, Albert J. Menkveld, Zhishu Yang. "Chinese and world equity market: A review of the volatility and correction in the first fifteen years". *China Economic Review.* 2009 (20): 29 – 45.

[53] Kee Hong Bae, Takeshi Yamada, Keiichi Ito. "Interaction of investor trades and market volatility: Evidence from the Tokyo Stock Exchange". *Pacific – Basin Finance Journal.* 2008 (16): 370 – 388.

[54] Khaled Amira, Abderrahim Taamouti, Georges Tsafack. "What drives international equity correlations? Volatility or market direction?". *Journal of International Money and Finance.* 2011 (30): 1234 – 1263.

[55] Karolyi G. Andrew, Rene M. Stulz. "Why markets move together? An investigation of US, Japan stock return comovements using ADRS". *The Review of Financial Studies.* 1995 (3): 5 – 33.

[56] Kyung – Chun Mun. "Volatility and correlation in international stock markets and the role of exchange rate fluctuations". *International Financial Markets, Institutions and Money.* 2007 (17): 25 – 41.

[57] K. C. John Wei, Yu Jane Liu, Chau Chen Yang, Guey Shiang Chaung. "Volatility and price change spillover effects across the developed and emerging markets". *Pacific Basic Finance Journal.* 1995 (3): 113 – 136.

[58] Kedar nath Mukherjee, Ram Kumar Mishra. "Stock market integration and volatility spillover: India and its major Asian counterparts". *Research in International Business and Finance.* 2010 (24): 235 – 251.

[59] Kamil Yilmaz. "Return and volatility spillovers among the Asian equity markets". *Journal of Asian Economics.* 2010 (21): 304 – 313.

[60] Louis H. Ederington, Wei Guan. "How asymmetric is US stock market volatility?" *Journal of Financial Markets.* 2010 (13): 225 – 248.

[61] Latha Ramchand, Raul Susmel. "Volatility and cross correlation across major stock markets". *Journal of Empirical Finance.* 1998 (5): 397 –

416.

[62] Ling T. He. "Time variation paths of international transmission of stock volatility: US vs. Hong Kong and South Korea". *Global Finance Journal*. 2001 (12): 79 – 93.

[63] Liu, Y. A., Pan. "Mean and volatility spillover effects in the US and Pacific – Basin stock markets". *Multinational Finance Journal*. 1997 (1): 47 – 62.

[64] Lee, J. S. "Volatility spillover effects among six Asian countries". *Applied Economic Letters*. 2009 (16): 501 – 508.

[65] M. Kabir Hassan, Neal C. Maroney, Hassan Monir EI – Sady, Ahmad Telfah. "County risk and stock market volatility, predictability, and diversification in the Middle East and Africa". *Economics Systems*. 2003 (27): 63 – 82.

[66] Mehmet Umutlu, Levent Akdeniz, Aslihan Altay – Salih. "The degree of financial liberalization and aggregated stock ruture volatility in emerging Markets". *Journal of Banking and Finance*. 2010 (34): 509 – 521.

[67] Monica Billio, Loriana Pelizzon. "Volatility and shocks spillover before and after EMU in European stock markets". *Journal of Multinational Financial Management*. 2003 (13): 323 – 340.

[68] Nuno B. Ferreira, Rui Menezes, Diana A. Mendes. "Asymmetric conditional volatility in international stock markets". *Physica A*. 2007 (2): 73 – 80.

[69] Ng, A. "Volatility spillover effects from Japan and the US to the Pacific – Basin". *Journal of international Money and Finance*. 2000 (19): 207 – 233.

[70] Omid Sabbaghi. "Asymmetric volatility and trading volume: The G5 evidence". *Global Finance Journal*. 2011 (22): 169 – 181.

[71] Premaratne, Miyakoshi, T. "Spillover of stock return volatility to Asian equity markets from Japan and the US". *Journal of International Financial Markets, Institutions and Money*. 2002 (13): 383 – 399.

[72] Panayiotis F. Diamandis. "Financial liberalization and changes in the dynamic behavior of emerging market volatility: Evidence from four Latin American equity markets". *Research in International Business and Finance*. 2008

（22）: 362 – 377.

[73] Qi Li, Jian Yang, Cheng Hsiao, Young Jae Chang. "The relation-ship between stock returns and volatility in international stock markets". *Journal of Empirical Finance*. 2005 （12）: 650 – 665.

[74] Ramaprasad Bhar, Biljana Nikolova. "Return, Volatility spillovers and dynamic correlation in the BRIC equity market: An analysis using a bivari-ate EGARCH framework". *Global Finance Journal*. 2009 （19）: 203 – 218.

[75] Sang Hoon Kang, Chong cheul Cheong, Seong Min Yoon. "Long memory volatility in Chinese stock markets". *Physica A*. 2010 （9）: 1425 – 1433.

[76] Sebastian Edwards, Raul Susmel. "Volatility dependence and conta-gion in emerging equity markets". *Journal of Development Economics*. 2001 （66）: 505 – 532.

[77] Shigeru Iwata, Shu Wu. "Stock market liberalization and interna-tional risk sharing". *Journal of International Financial Markets, Institutions and Money*. 2009 （19）: 461 – 476.

[78] Sebastian Edwards, Javier Go' mez Biscarri, Fernando Perez de Gracia. "Stock market cycles, financial liberalization and volatility". *Journal of International Money and Finance*. 2003 （22）: 925 – 955.

[79] Shamila Jayasuriya. "Stock market liberalization and volatility in the presence of favorable market characteristics and institutions". *Emerging Markets Review*. 2005 （6）: 170 – 191.

[80] Tatsuyoshi, Miyakoshi. "Spillovers of stock return volatility to Asian equity markets from Japan and the US". *International Financial Market, Insti-tutions and Money*. 2003 （13）: 383 – 399.

[81] Turhan Korkmaz, Emran I. Cevik, Erdal Atukeren. "Return and Volatility spillovers among CIVETS stock markets". *Emerging Markets Re-view*. 2012 （13）: 230 – 252.

[82] Vasiliki D. Skintzi, Apostolos N. Refenes. "Volatility spillovers and dynamic correlation in European bond markets". *International Financial Mar-kets, Institutions and Money*. 2006 （16）: 23 – 40.

[83] Worthington, A. , Higgs, H. "Transmission of equity returns and volatility in Asian developed and emerging markets: A multivariate GARCH

analysis". *International Journal of Finance and Economics.* 2004 (9): 71 – 80.

[84] Wongswan, J. "Transmission of information across international equity markets". *Review of Financial Studies.* 2006 (19): 1157 – 1189.

[85] Wan Mansor Mahmood, Nazihah Mohd Dinniah. "Stock Returns and Macroeconomic Influences: Evidence from the Six Asian – Pacific Countries". *Working Paper. http: //papers. ssrn. com/sol3/papers. cfm? abstract_id* = 995108. 2007.

[86] Xiangyi Zhou, Weijin Zhang, JieZhang. "Volatility spillovers between the Chinese and world equity markets". *Pacific – Basin Finance Journal.* 2012 (20): 247 – 270.